Lk 7 13/5

HISTOIRE

DE BRAINE

ET DE SES ENVIRONS.

IMPRIMERIE DE PILLET AINÉ,
7, rue des Grands-Augustins.

ANCIENNE MAISON A BRAINE.
Place du Martroy

HISTOIRE
DE BRAINE

ET DE SES ENVIRONS,

PAR STANISLAS PRIOUX.

ORNÉE DE GRAVURES SUR ACIER

Par Jules Roze.

PARIS,

DUMOULIN, LIBRAIRE-ÉDITEUR,
QUAI DES AUGUSTINS, 13.

1846.

RAINE, dont l'origine est inconnue, tient une place importante dans l'histoire par le choix que les Mérovingiens en avaient fait pour leur résidence de prédilection. Cette ville a été pour nous l'objet de beaucoup de recherches, à cause de sa haute antiquité et de l'obscurité qui enveloppe les premiers tems de son existence. Les documens les plus éloignés que nous en ayons remontent à l'invasion des Romains dans la

Gaule belgique, et se trouvent dans le deuxième livre des *Commentaires* de Jules César, qui en parle sous le nom de Bibrax.

Il y eut bien des conjectures au sujet de cette place, et les opinions ont été très-partagées sur sa position. L'abbé Lebœuf, Danville, Samson et plusieurs autres écrivains, l'ont prise tour à tour pour Bièvre, Laon, Fisme et Braine. Quant à nous, nous avons l'intime conviction que Braine seule était l'ancien Bibrax de Jules César, et pour donner plus de poids à ce que nous avançons, nous allons rapporter ici le passage des *Commentaires* de ce héros historien, qui nous indique la manière dont une partie de ses troupes vint à la défense de Bibrax, attaquée par les Belges : « César, après la soumission des
» Rémois, fut informé par ces derniers et par
» ses éclaireurs que les Belges marchaient en
» masse sur lui ; à cette nouvelle, il se hâta de
» faire passer à son armée la rivière d'Aisne,
» qui est à l'extrême frontière du pays Rémois,
» et il porta son camp sur l'autre rive (rive

» gauche). Ainsi, la rivière même défendait un
» côté du camp : cette position mettait à l'abri
» toute la suite de César, et facilitait ses com-
» munications avec le Rémois et autres pays
» d'où il pouvait tirer ses vivres sans danger.
» Sur cette rivière était un pont où il plaça une
» garnison, laissant de l'autre côté (rive droite)
» Q. Titurius Sabinus à la tête de six cohortes. »

César ajoute qu'à huit milles de son camp était la place de Bibrax, commandée par le Rémois Iccius, un des députés envoyés aux Romains au sujet de la soumission des Rémois.

Il est évident, d'après ce passage, que la rivière d'Aisne était la limite du Rémois au nord et que le camp était sur la rive gauche. Le comte Turpin de Crissé, de qui nous avons une des meilleures traductions des *Commentaires* de César, place dans un plan très-exact ce camp sur la rive gauche de l'Aisne.

Puisque Bibrax, comme nous l'avons dit plus haut, était à 8 milles du camp de J. César, et faisait partie du Rémois, ce ne pouvait donc être ni Bièvre ni Laon qui étaient au delà de la rivière, dans le Vermandois, pays alors ennemi du Rémois. Resterait encore Fisme, dont la position géographique répondrait aussi bien que Braine aux distances marquées par J. César. Pour lever tous les doutes à cet égard, nous n'avons qu'à consulter l'itinéraire d'Antonin [*], qui trace ainsi un chemin romain de Therrouanne à Reims :

Iter à Tarvanna Durocortorum :

Nemetacum, Arras ;
Camaracum, Cambray ;
Augustam Veromanduorum, Saint-Quentin ;
Contra Aginnum, Condron ;
Augustam Suessonum, Soissons ;
Fines, Fisme ;
Durocortorum, Reims.

[*] On croit généralement que cet itinéraire fut commencé par Jules César, et terminé par Antonin-le-Pieux.

Nous voyons, d'après ce tracé, qu'il y avait entre Soissons et Reims une place du nom de *Fines*.

Or, *Fines* est incontestablement Fisme, ce qui, du reste, nous est parfaitement démontré par la similitude qui existe entre les noms de ces deux villes, et par leur même position géographique.

Il ne nous reste donc plus que Braine qui puisse être *Bibrax;* d'ailleurs l'analogie de ces deux noms vient encore appuyer les preuves que nous venons de donner.

Ceci posé, nous n'avons plus à parler des autres passages de notre histoire, qui ne présentent aucune incertitude; ils s'expliqueront assez bien, nous l'espérons, par eux-mêmes. Nous préviendrons seulement que, si des digressions viennent de tems en tems entraver la marche de l'action, elles étaient nécessaires au développement des événemens arrivés dans notre pays.

Nous offrons ce livre à nos lecteurs comme

un travail consciencieux et désintéressé. C'est dans un but patriotique que nous avons entrepris cette Histoire, qui, à défaut de style, offrira du moins un aperçu presque complet de tous les faits importans qui se sont passés à Braine et dans les environs. Du reste, cet ouvrage nous a demandé beaucoup de recherches, et, à la fin du volume, nous citerons les noms de tous les chroniqueurs auxquels nous avons eu recours. Ce que nous avons cherché avant tout, c'est de réunir des matériaux par ordre chronologique, que des hommes plus capables pourront peut-être un jour utiliser, et si nous n'avons pas complètement réussi, nous espérons du moins trouver notre excuse dans la bonne intention que nous avons eue.

HISTOIRE DE BRAINE

ET DE SES ENVIRONS.

CHAPITRE PREMIER.

Introduction.

ANS des tems très-reculés, avant l'invasion des Romains, Braine *(Bibrax)* faisait partie du nord de la Gaule, appelée Gaule belgique. Pour servir d'introduction à l'histoire de cette ville, qui a tenu une place importante sous les rois de la première race, nous allons parler des

mœurs et coutumes de ce pays, dont une portion seulement fait partie de la France actuelle.

La Gaule belgique, qui, du tems de César, était comprise entre l'Océan, le Rhin, la Marne et la Seine, fut primitivement envahie par la mer, qui la recouvrait presque entièrement. Les bancs de sable et les coquilles marines qui se présentent constamment, nous indiquent que les eaux séjournèrent long-tems dans les terres que nous labourons aujourd'hui. Plusieurs personnes ont attribué au déluge tous ces objets pétrifiés que l'on rencontre presque à chaque pas; mais il est impossible qu'un déluge momentané, eût-il duré plusieurs années, puisse donner raison de tous ces phénomènes étonnans que nous offre le sein de la terre.

Bel ou Belus, fils de Chus, donna son nom à la Belgique, qui le regardait comme un dieu et l'adorait sous l'emblème du veau d'or. Des colonies grecques étant venues habiter ce pays, il se forma une religion mixte, dont les prêtres furent appelés Druides. Ces prêtres gouvernèrent la Belgique pendant plusieurs siècles. Il y avait un collége de druides, dont le chef portait le titre de souverain. Sa place était héréditaire : le fils aîné succédait à son père, et portait de même le titre de roi. Ce collége était formé à l'instar des corporations religieuses. On s'y présentait comme postulant à la candidature, puis pour recevoir les grades, et être initié aux mystères d'Apollon Belenus et Mythra, qu'ils adoraient, il fallait supporter des épreuves pénibles, telles que la faim, la soif, la nudité, le feu, le froid, etc., etc.

Pendant la consécration, le souverain druide était vêtu d'un habit long, large et resserré sur le corps par une ceinture. On lui posait sur la tête un bonnet à cornes qui pendaient parallèlement à ses oreilles. Il portait au doigt un anneau orné de pierreries, et l'on croit qu'il avait des sonnettes au bas de sa robe.

Les doctrines des Belges reconnaissaient pour principe fondamental un dieu suprême et des dieux subalternes. Ils croyaient à l'immortalité de l'âme et à la métempsycose. Les prêtres jouissaient de toutes sortes de prérogatives. Ils étaient exempts de charges et de contributions. On avait pour eux un très-grand respect. Tous ces avantages augmentèrent beaucoup le nombre des candidats. L'autorité des druides était telle qu'on ne pouvait élire de magistrats ni tenir d'assemblées sans eux. Ils étaient juges de presque toutes les controverses publiques ou particulières, civiles ou religieuses.

La cérémonie la plus sacrée de leur religion était la récolte du gui de chêne. Ils regardaient cette production comme un don de Dieu. Quand ils avaient découvert le gui, les druides allaient le cueillir avec le plus grand respect. Ils préparaient sous l'arbre tout l'appareil d'un sacrifice : ils amenaient deux taureaux blancs, qu'ils immolaient; ensuite le prêtre, revêtu d'une robe blanche, montait sur le chêne, et coupait le gui avec une faucille d'or.

Outre cette cérémonie, il y avait de grandes célébrations qui se faisaient ordinairement la nuit, et à la lueur des flambeaux, pour donner un aspect plus lugubre à ce spectacle imposant, et dans lesquelles on immolait des victimes humaines : sacrifices barbares et cruels qui servaient, suivant eux, à préserver le pays des dangers qui pouvaient le menacer. Les victimes étaient prises parmi les criminels, et, s'il ne se trouvait pas de condamnés, on prenait des captifs de guerre; à défaut de ces derniers, le sang innocent était répandu.

Quant à leurs mœurs et à leur caractère, les Belges étaient superstitieux, légers, querelleurs, mais braves et hospitaliers. Ils ne connurent la culture de la terre qu'après l'invasion des Romains. Ils trouvaient leur nourriture dans les produits de leur pêche et de leur chasse. L'hydromel ou la bière, qu'ils appelaient *zytus*, était leur boisson. La culture de la vigne était alors inconnue.

Les pères de famille avaient droit de vie et de mort sur leurs femmes et sur leurs enfans; mais leur tendresse conjugale et paternelle mettait un frein à cette puissance.

Dans l'origine, les Belges allaient presque nus; leurs seuls vêtemens étaient des peaux à longs poils qu'ils attachaient sur leur poitrine, et qu'ils appelaient *lène*. Plus tard, ils empruntèrent la fabrication des étoffes aux Méridionaux, et ils se firent des espèces de tuniques qui descendaient jusqu'aux genoux, et qui ressemblaient beaucoup aux blouses que l'on porte dans les campagnes.

On distinguait les différentes classes de citoyens par la variété de leurs vêtemens. Le peuple se couvrait de peaux, comme nous venons de le dire; les nobles avaient des tuniques sur lesquelles étaient des bandes verticales de diverses couleurs; les druides avaient des vêtemens blancs qui descendaient presque à terre. Quant aux bardes*, ils portaient des tuniques de couleur brune.

Les Belges avaient pour coiffure des bonnets longs et pointus. Leur chaussure consistait en des semelles de bois fixées à leurs pieds avec des courroies. Les nobles, les chefs militaires et les druides se distinguaient par de longues barbes, des colliers et des boucles en or.

Plus tard, les Romains, n'admettant point dans leur religion des rites contraires à leurs principes, expulsèrent les druides, qui étaient établis depuis long-tems dans les Gaules, et y propagèrent leur religion, dont nous parlerons dans un de nos chapitres suivans.

---

* Les bardes étaient une classe de citoyens, en assez grand nombre, qui composaient des hymnes qu'ils publiaient eux-mêmes, en les chantant pour célébrer les actions héroïques.

CHAPITRE II.

Invasion des Romains.

(57 ans av. J.-C.)

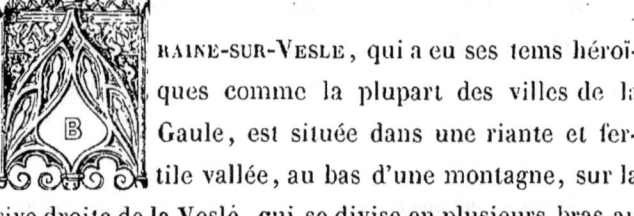aine-sur-Vesle, qui a eu ses tems héroïques comme la plupart des villes de la Gaule, est située dans une riante et fertile vallée, au bas d'une montagne, sur la rive droite de la Veslé, qui se divise en plusieurs bras au pied des habitations. Cette ville existait avant l'invasion des Romains sous le nom de Bibrax, mais l'on ne peut préciser l'époque de sa fondation. Les premiers et les meilleurs documens ne remontent qu'à Jules César, et c'est dans ses Commentaires que nous allons les puiser.

César, l'illustre général romain, s'était rendu maître

de l'Helvétie et de la partie orientale de la Celtique, où il avait laissé des garnisons dans différentes places. Il était allé hiverner dans la Gaule citérieure ou cisalpine. Sur ces entrefaites, les Belges, dans la crainte que l'armée romaine n'entrât sur leur territoire, et sur les instances d'un grand nombre de Celtes, qui supportaient impatiemment le joug des Romains, se liguèrent contre eux.

Labienus, lieutenant de César, lui fit connaître les desseins et les préparatifs des Belges. Sur cet avis, César fit passer de nouvelles troupes dans la Gaule intérieure, et, après avoir pourvu son armée des subsistances nécessaires, il vint se mettre lui-même à la tête de ses soldats.

Les Sénonais et autres voisins des Belges furent chargés par César d'observer les actions de ces derniers et de l'en instruire. A la première nouvelle qu'ils levaient des troupes et formaient une armée, les Romains se mirent en route, et arrivèrent en quinze jours aux frontières de la Belgique.

A l'approche inattendue de César, les Rémois lui envoyèrent deux députés, Iccius et Antébrogius, personnages éminens dans leur cité, pour lui déclarer qu'ils se mettaient, eux et leurs biens, sous la foi et la puissance du peuple romain.

Après avoir accepté les propositions des Rémois, César fit entrer ses troupes dans leur pays. Ayant été informé que les Belges marchaient en masse sur lui et n'étaient qu'à une très-petite distance, il fit passer à la hâte la rivière d'Aisne à son armée, et porta son camp sur la rive gauche. Cette rivière, qui formait les limites du Rémois, avait un pont où César laissa une garnison de six cohortes, commandée par Q. Titurius Sabinus. Le camp de César était entouré d'un rempart de douze pieds de hauteur, et d'un fossé de dix-huit pieds de profondeur.

Bibrax se trouvait à huit milles de ce camp. Les Gaulois et les Belges avaient les mêmes coutumes dans leurs attaques pour s'emparer des places fortes. Ils les cernaient avec toutes leurs troupes, lançaient des pierres de tous côtés jusqu'à ce qu'ils eussent écarté tous ceux qui les défendaient; alors ils mettaient leurs boucliers sur leurs têtes, formaient la tortue et sapaient les murailles.

Les Belges, dans leur marche, attaquèrent Bibrax suivant la manière que nous venons d'exposer. Le combat fut très-acharné; la nuit seule y mit fin, et c'est à sa faveur que le Rémois Iccius, commandant la place de Bibrax, trouva moyen d'envoyer à César la nouvelle de sa position fâcheuse : « Je ne suis plus en état de tenir, lui » mandait-il; si demain je n'ai pas de secours, je suis » forcé de rendre la ville. » Dans cette même nuit, César fit partir, pour aller au secours des assiégés, sa cavalerie légère, composée de Numides, ses archers crétois et ses frondeurs baléares. Ces auxiliaires relevèrent le courage des assiégés, et firent perdre l'espérance aux assiégeans, qui satisfirent leur fureur en dévastant les campagnes, brûlant les villages et toutes les habitations qui se trouvaient sur leur route; après quoi ils se dirigèrent vers le camp des Romains.

Il n'entre pas dans notre plan de suivre les Romains et les Belges dans leurs guerres; nous dirons seulement que les Romains furent victorieux; qu'après cette époque la place de Bibrax resta en leur pouvoir, et que la Belgique fut subjuguée par Jules César. A mesure que ce grand général faisait des progrès, il laissait dans les villes conquises des lieutenans ou gouverneurs. Reims fut choisi pour la métropole de toute la province.

CHAPITRE III.

Gouvernement et administration romaine.

N 696, 57 ans avant J.-C., les habitans du Soissonnais étaient gouvernés par Galba. Ce fut à cette époque que les Romains envahirent la Gaule belgique, et détrônèrent ce roi, dont la mémoire fut ensevelie dans l'oubli. Néanmoins, les Suessions conservèrent leurs lois, leurs coutumes, et le droit de choisir les magistrats pour l'administration du pays; mais ils perdirent celui de former une armée, et ils furent contraints de payer tribut aux Romains. Les hostilités, que la légèreté et la pétulance de leur caractère occasionaient et rendaient presque permanentes, disparurent à cette époque, et une paix, qui

dura près de quatre siècles répandit ses bienfaits dans toute la province.

Jusqu'alors ces peuples avaient été nomades. Uniquement occupés de leurs travaux, se procurant leur nourriture et leurs vêtemens par leur guerre aux animaux sauvages, ils habitaient de vastes forêts dont le pays était alors couvert. L'esprit agreste des habitans, étant en contact avec les Romains, s'adoucit insensiblement, et ce peuple presque sauvage finit par jouir du fruit de la civilisation, et par s'occuper de l'agriculture et des arts, jusqu'alors inconnus ou entièrement négligés. Ce pays, jusqu'à la moitié du IV⁰ siècle, ne fut plus inquiété par d'autres guerres que par certaines attaques des Bataves et des Germains. Les Romains avaient constamment des camps dans les provinces, soit pour comprimer le caractère turbulent des Belges, toujours prêts à se soulever, soit pour repousser les attaques des voisins. Une place d'armes fut donc nécessaire dans la Belgique, et Soissons fut choisi à cet effet. Les motifs de ce choix furent sans doute la position heureuse de la ville, voisine de la métropole de Reims, où résidait le gouverneur, la fertilité du pays et la navigation sur l'Aisne, qui vient se jeter dans la Seine par l'Oise.

CHAPITRE IV.

Des grands chemins romains.

ous n'avons pas de preuves certaines pour fixer l'époque où les Romains firent leurs différens travaux dans le Soissonnais. Cependant, il y a tout lieu de croire que ce fut vers l'époque de la naissance de Jésus-Christ, lorsque l'empereur Auguste fit un voyage dans les Gaules.

Les grands chemins qui existaient dans la Gaule belgique, et que l'on voit encore en plusieurs endroits, ont été la cause de bien des fables au sujet de leur origine. Quelques auteurs anciens et sans crédit ont prétendu que Brunchaldus, cinquième roi des Belges, qui passait pour sorcier, les avait fait faire en trois jours par son démon, afin de faciliter la circulation de son armée dans la Belgique, qui était alors très-marécageuse.

Quelques poètes flatteurs ont voulu les attribuer à la reine Brunehault, femme de Sigebert, roi d'Austrasie. Grégoire de Tours, qui était contemporain de cette reine, nous dit bien qu'elle aimait à bâtir, et qu'elle fit faire plusieurs églises et plusieurs monastères, mais il ne parle aucunement de chemins. Toutefois, c'est sans doute à cause du roi Brunehaldus et de la reine d'Austrasie qu'on a nommé ces chemins chaussées Brunehault. Les habitans de la campagne les appelaient chemins ferrés, à cause des cailloux noirâtres ou couleur de fer qui les composaient, comme on dit en Espagne de la voie de Salamanque, *via argentea*, parce qu'elle est faite de cailloux blancs.

Le géographe Strabon, qui a vécu plusieurs siècles avant la reine Brunehault, dit que ces chemins furent faits sous les ordres d'Agrippa, gendre d'Auguste César. D'autres auteurs sont aussi de son avis. Nous adoptons cette opinion, qui est la plus vraisemblable.

Strabon ajoute, et nous dirons avec lui, qu'Agrippa fit faire quatre grands chemins romains, qui prirent leur source à Lyon et allèrent aux quatre extrémités de la Gaule.

Le premier suivait le Rhône, et s'étendait jusqu'aux Pyrénées.

Le deuxième avait plus d'étendue que le premier, et allait jusqu'au confluent du Rhône et de la Meuse, qui se jette dans l'Océan.

Le troisième (et c'est le seul qui ait rapport à notre histoire) était le plus long de tous, et avait un grand nombre de petits chemins aboutissans dont le pays est encore rempli. On peut voir le tracé de cette route sur l'itinéraire d'Antonin, depuis Lyon, de ville en ville, de place en place, jusqu'au port de Boulogne, dit par les Latins *Gessoriacus portus*. Ce chemin allait de Lyon à Troyes en Champagne, en traversant la Bourgogne, d'où il passait par Châlons-sur-Marne, Reims, Fisme et Basoche; de là il quittait la grande route actuelle, près de la ville de Braine, à un endroit appelé Chauderolles, et passait derrière cette première ville, du côté opposé à la Folie, pour aller rejoindre la Vesle, près du moulin de Quincampoix, où l'on a vu long-tems les débris d'un pont; puis il allait reprendre à Sermoise la grande route de Soissons, qu'il traversait pour continuer, par Noyon et Amiens, jusqu'à Boulogne.

Le quatrième s'étendait le long du Rhin, pour aller à la mer Méditerranée en se terminant au port de Marseille, au pied d'un grand rocher en forme d'amphithéâtre et exposé au midi.

Les Romains avaient pour habitude de placer sur le bord de leurs grands chemins plusieurs pierres taillées qui servaient aux cavaliers pour monter à cheval, et aux piétons pour se reposer. Ces pierres n'étaient éloignées les unes des autres que de dix pieds. Outre cela, il y avait des pierres milliaires placées sur des piédestaux, et qui marquaient les distances. On voyait encore, il y a quelques années, entre Fisme et Braine, une de ces pierres; mais le tems en avait effacé les marques.

CHAPITRE V.

Du Paganisme.

Es Romains comprirent que, pour être plus sûrs des peuples nouvellement conquis, il fallait faire disparaître de chez ces derniers les anciennes mœurs, coutumes et religion. Ils sentirent que le meilleur moyen de les initier à leur culte, était d'employer la douceur, sans chercher à heurter leurs principes. Ils eurent donc l'idée de porter ces peuples à s'habituer d'eux-mêmes à leurs coutumes, qui, par l'attrait et les avantages qu'elles pouvaient leur procurer, donneraient plus de force à leurs enseignemens. Ainsi, lorsque les Gaulois, dans les premières années, récoltèrent les fruits de la terre, qu'ils

avaient cultivée et ensemencée; lorsqu'ils reconnurent la commodités et les avantages des vêtemens dont ils se couvraient depuis peu pour se garantir de la rigueur du tems; lorsqu'enfin les Romains eurent construit des temples majestueux en l'honneur de leurs dieux dans les villes principales des pays conquis, ces nouveaux peuples virent la pompe imposante de la religion païenne et la comparèrent aux cérémonies qu'ils faisaient dans les forêts en l'honneur de leurs divinités; ces peuples, disons-nous, contractèrent sans peine les coutumes de leurs vainqueurs, et adoptèrent facilement leur religion. Il resta cependant dans les campagnes des traces de leur culte barbare, qui formèrent un schisme que les empereurs Tibère et Claude anéantirent par des rescrits.

Les Lupercales, fêtes célèbres, étaient une des cérémonies du paganisme. Néanmoins, elles étaient connues des Gaulois avant l'invasion des Romains. Ces peuples, en effet, avaient été en contact avec ces derniers par plusieurs guerres, puisqu'ils étaient parvenus même à incendier la ville de Rome, sous les ordres de Brennus. C'est alors qu'ils en rapportèrent, sans doute, la connaissance des Lupercales, ou fêtes en l'honneur de Pan, dieu des bergers. Pendant la célébration, il se commettait toutes sortes d'extravagances qui allaient jusqu'à la cruauté et l'indécence, car ils immolaient des victimes humaines; les femmes allaient nues, et se laissaient fouetter afin de devenir fécondes. Toutefois, les Lupercales, qui durent leur origine à la chasse qu'on faisait aux bêtes féroces qui dévoraient les troupeaux, furent utiles à jeter les premiers germes de la civilisation chez les peuples montagnards qui quittaient les cavernes, les bois et les montagnes, pour se réunir en sociétés et célébrer ces fêtes.

Auguste, voulant faire cesser les immoralités qui se commettaient pendant ces célébrations, rendit un décret par lequel il défendait de courir nu durant ces jeux infâmes. Tibère renouvela cette défense, et l'étendit même jusqu'aux baisers lascifs, qu'une mauvaise coutume avait mis en usage lorsqu'on s'entresaluait.

CHAPITRE VI.

Établissement du Christianisme dans le Soissonnais.

Epuis la mort de Jésus-Christ, la prédication de l'Evangile faisait faire des progrès à la religion chrétienne, progrès qui furent souvent étouffés par la persécution. Ce ne fut que vers le milieu du III⁰ siècle que la doctrine de Jésus-Christ fut établie dans le Soissonnais.

Crépin et Crépinien, illustres personnages animés d'un zèle ardent pour les principes de l'Evangile, résolurent de venir d'Italie pour les propager dans le Soissonnais. Cette époque était très-fatale aux chrétiens. Maximien Hercule, qui était alors empereur des Romains, avait ordonné une persécution cruelle contre les néophytes de Jésus-Christ, et afin que son édit fût exécuté plus fidèlement, il fit un voyage dans les Gaules, et passa à Soissons.

Crépin et Crépinien, dont les succès étaient naissans, sentirent que les faibles germes de la foi qu'ils avaient déjà jetés allaient être anéantis, s'ils tombaient eux-mêmes sous les coups du barbare persécuteur. Bien que leur zèle fût assez grand pour braver la mort, ils crurent cependant que l'intérêt de leur mission exigeait qu'ils gardassent l'incognito, du moins pour quelque tems. Ces saints hommes exercèrent le simple métier de cordonnier, état qui leur procurait le moyen de vivre sans éclat, et leur permettait de répandre les lumières de la religion chez les personnes avec lesquelles ils communiquaient. Malgré leurs précautions, et le petit nombre de prosélytes qu'ils avaient faits, ils n'échappèrent pas à la surveillance active des magistrats. Maximien, qui était encore à Soissons, les fit venir devant lui, et, soit par exhortation, soit par menace, il voulut les faire renoncer à la doctrine de Jésus-Christ et les forcer à reconnaître les dieux païens.

Ces deux héros de la foi résistèrent à ces infâmes tyrannies, et se montrèrent inébranlables. L'empereur les livra à la férocité du préfet des Gaules, Riccius Varus, qui les fit mettre à mort près de la ville de Soissons.

Pendant que ces deux martyrs expiaient dans les tortures leur dévouement et leur zèle pour la doctrine de l'Evangile, deux de leurs collègues, Rufin et Valère, cherchaient, comme eux, à propager, dans une autre partie du Soissonnais, la foi chrétienne et la morale de Jésus-Christ. Ils étaient intendans des greniers du fisc et des granges du domaine impérial, qui existaient à Basoche, village situé entre Fisme et Braine, et dont nous aurons occasion de parler dans la suite de cette histoire.

Leur zèle et leur ardeur pour la religion du vrai Dieu étant parvenus jusqu'à la connaissance du persécuteur Varus, celui-ci ordonna qu'on les lui amenât. A cette nouvelle, ils se cachèrent dans une caverne située près de la chaussée romaine, où ils furent découverts, et de là conduits devant leur juge implacable, qui employa tout pour les faire renoncer à leur religion. Ces hommes inébranlables firent connaître qu'ils étaient au dessus des souffrances qu'on voulait leur faire endurer, et ils confessèrent hautement, et avec un courage héroïque, qu'ils étaient chrétiens.

A cette déclaration, on les chargea de chaînes et on les conduisit en prison. Le lendemain, ils furent mis à la question; on les attacha sur un chevalet; on déchira leur corps à coups de fouet, et, après tous ces tourmens, on les condamna à être décapités. Leur exécution eut lieu sur la place du château de Basoche, près d'un souterrain dont on vit long-tems les traces. Après le supplice, les ennemis du christianisme s'emparèrent des corps de leurs victimes, et les jetèrent dans un cloaque qui existait dans le château de Basoche. Pendant la nuit, les fidèles enlevèrent ces corps des égoûts, et les firent enterrer honorablement.

Le martyr de ces saints eut lieu le 30 juin 287 ou 289, à peu près en même tems que celui de leurs collègues saint Crépin et saint Crépinien.

Ces quatre héros de la foi eurent des disciples même après leur mort. Leur sang répandu fut comme une semence jetée en terre dans un tems opportun, et qui produit le centuple. Parmi les personnes qui connurent leur mort, un grand nombre voulut en connaître les motifs, et chercha à se pénétrer du principe de cette religion qui inspirait le courage de braver les tortures et la mort.

C'est ainsi que les premières bases de la religion chrétienne se répandirent et furent admirées; mais l'œuvre n'était encore qu'ébauchée. Ces martyrs, n'étant pas ordonnés prêtres, ne purent conférer cette dignité à personne. La doctrine de Jésus-Christ était donc dénuée d'apôtres, et ne pouvait ainsi se répandre que très-lentement et très-imparfaitement. Les néophytes, peu instruits, d'ailleurs, n'avaient pas assez de zèle et de courage pour braver la persécution de leurs ennemis. On sait qu'il y eut encore dans le Soissonnais d'autres martyrs de l'Evangile; mais leurs noms nous sont restés inconnus.

Malgré le départ de Maximien et la mort du féroce Riccius Varus, les premières sociétés chrétiennes ne se formèrent cependant pas sans dangers ni sans difficultés. Les fidèles se réunissaient pendant la nuit dans des souterrains, quelquefois dans des cimetières, et de la tombe d'un père ou d'un frère, ils faisaient un autel. Malgré tous ces obstacles, le christianisme faisait de jour en jour des progrès, et c'est de l'année 291 que date son établissement dans le Soissonnais. Ce fut alors que les missionnaires Sixte et Sinice furent envoyés par le pape dans la Belgique pour y cultiver les dogmes de la religion chrétienne que de saints martyrs avaient déjà semés. Ces deux confesseurs, dont le premier était évêque et l'autre prêtre, s'arrêtèrent d'abord à Reims, où ils échouèrent dans leurs bienveillantes tentatives; de là, ils vinrent à Soissons, et y furent mieux accueillis. Le courageux Sixte, qui fut le premier évêque de cette ville, ne se rebuta point. Voyant que la religion chrétienne prenait racine dans le Soissonnais, il y laissa Sinice, son compagnon, et retourna à Reims, où il parvint, cette fois, à former une église dont il fut le premier pasteur.

Dioclétien et Maximien avaient abdiqué. Constance Chlore était César de la Gaule et de la Bretagne. Son fils, Constantin, qui était à la cour de Galérius, en Orient, ayant appris que son père était malade, vint à York, où il le trouva mort. Il fut reconnu César à sa place. C'est à partir de cette époque que les chrétiens, loin d'être persécutés, furent favorisés par ce prince, et la religion de Jésus-Christ eut alors les mêmes circonscriptions épiscopales que celles du gouvernement civil. Chaque cité forma un diocèse; et, de même que Reims était la métropole de l'administration civile, de même l'évêque de cette ville fut l'évêque métropolitain de la Gaule belgique.

CHAPITRE VII.

Institutions romaines.

N n'est pas certain de l'époque à laquelle les institutions romaines furent établies dans le Soissonnais. La barbarie de ce pays presque sauvage ne cessa entièrement que lorsque Julien commença à y faire germer les fruits de la civilisation, en pacifiant cette contrée et en repoussant les hordes des Barbares et des Germains qui y avaient apporté le désordre et la terreur.

Julien consacra deux années à chasser de la Belgique ces bandes de maraudeurs, qui forçaient les propriétaires à quitter leurs habitations de campagne. Toutefois, ils y laissaient des esclaves pour cultiver leurs biens, et se retiraient dans les villes fortifiées.

L'entretien ruineux des troupes romaines et les rapines continuelles des agens de Florentius, préfet des Gaules, avaient réduit le pays à la plus déplorable misère.

Après avoir fait évacuer des Gaules ces hordes qui les dévastaient, Julien entreprit de gagner l'amour des sujets de l'empire par le rétablissement des institutions, conformément aux lois romaines. Les malheurs de la guerre et le désordre qui régnait dans l'administration des provinces le servirent dans son projet.

C'est vers le même tems aussi que la langue celtique, mélangée à la langue latine, donna naissance à un nouvel idiôme, qui reçut le nom de langue romane. D'après cela, nous pouvons supposer que *Bibrax* perdit son nom pour prendre celui de *Brennacum*, qui devint insensiblement *Brenna*, *Brenne*, et enfin *Braine*.

Il y avait, dans chaque cité ou diocèse, une ville capitale où résidaient les autorités supérieures. Le peuple était partagé en quatre classes : la première, ou les privilégiés, était composée des fonctionnaires publics, des sénateurs, des chefs militaires et du clergé. Cette classe était exempte d'impôts, et cette exemption était héréditaire. La deuxième était composée des propriétaires, que l'on appelait aussi *décurions;* ils ne devaient pas posséder moins de 25 arpens de terre. La troisième, ou le peuple, comprenait les petits propriétaires, les marchands, les artisans, et généralement tous les citoyens qui n'avaient pas 25 arpens de terre. Cette dernière classe était admise aux fonctions sacerdotales et militaires; mais elle ne l'était jamais aux fonctions municipales. La quatrième était formée d'esclaves, qui n'étaient assujettis à aucune charge et ne jouissaient d'aucun privilége. Ils ne possédaient et ne pouvaient rien posséder; ils appartenaient à des maîtres qui les employaient à leur service; enfin ces malheureux esclaves étaient presque traités comme des bêtes de somme.

Le sénat était un corps formé d'hommes choisis par la curie, et les membres s'appelaient sénateurs. Cette dignité, qui était héréditaire, était un titre de noblesse. Si l'on remonte ensuite au gouvernement supérieur, on trouve que les Romains avaient nommé des préfets ou comtes (titre conservé par la noblesse du moyen-âge) par chaque subdivision de province, et un préfet, plus élevé que tous, qui correspondait avec l'empereur.

Les agens du gouvernement s'arrogèrent peu à peu les propriétés communales; il résulta de ces usurpations que les curiales furent entièrement dépouillés de leurs biens, et que cette institution fut dissoute. Le gouvernement s'aperçut alors des exactions de ses agens, et les empereurs crurent devoir s'y opposer en nommant un nouveau magistrat appelé *defensor* ou défenseur, chargé spécialement de prendre les intérêts des citoyens. Cette charge acquit une telle influence, que le défenseur se trouva bientôt au dessus de tous les autres magistrats. Il pouvait être élu parmi toutes les classes de citoyens; mais le clergé parvint bientôt à faire accorder cette autorité à l'évêque, qui réunit ainsi sur sa tête les deux pouvoirs suprêmes de la cité, le spirituel et le temporel.

CHAPITRE VIII.

Établissement des Francs.

epuis long-tems les peuples germaniques faisaient des irruptions dans les Gaules; mais les armées gallo-romaines les repoussaient, et toutes leurs tentatives étaient devenues infructueuses. Enfin, les Francs s'établirent au nord des Gaules.

Tous les princes qui ont précédé Clovis, depuis Pharamond inclusivement, laissent à douter de leur existence réelle comme rois de France. Les peuples francs étaient partagés en tribus : Clovis, qui n'avait que quinze ans quand il monta sur le trône, régna sur la plus grande de toutes, celle des Saliens. Ce ne fut que cinq ans après son avènement au trône, en 486, qu'il vint attaquer et prendre Soissons, dont il fit sa capitale jusqu'à la conquête de Paris. Dans la suite, il donna à la France les limites qu'elle a encore de nos jours, les Pyrénées, les Alpes, etc. Les domaines de Clovis, qui, selon l'usage de l'époque, lui tenaient lieu d'impôts, étaient, entre autres, le château de Cuise et la forêt du même nom, ainsi que le château de Braine, qui existait déjà avec la vaste et belle forêt qui s'étendait jusque sur les bords de la Marne, et dont il ne nous reste plus aujourd'hui que la forêt de Daulle.

On sait que Clovis, qui avait épousé Clotilde, la fille très-chrétienne du roi de Bourgogne, fut baptisé sur les instances de cette reine, le jour de Noël, par saint Remi, évêque de Reims. Pendant vingt ans, ce roi habita Soissons, sa capitale, berceau de la monarchie française, et transféra sa résidence à Paris, en 507 ; quatre ans après, la trentième année de son règne, il mourut, âgé de quarante-cinq ans. Dans le partage qui fut fait de son royaume, c'est à Clotaire qu'échut la Neustrie, dont Soissons était la capitale. Il habitait ordinairement cette ville ; mais il allait aussi très-souvent à Braine où éta une résidence royale qui faisait partie de son héritage, et qu'il affectionnait particulièrement.

CHAPITRE IX.

Braine habitée par Clotaire.

L e *Palatium Brennacum* (ou palais de Braine) existait sous le règne de Clotaire, comme nous venons de le dire au chapitre précédent; mais nous n'avons aucun témoignage sur son origine. Nous sommes donc obligés d'avoir recours aux hypothèses et aux conjectures relativement à ses premiers tems, qui paraîtront cependant à nos yeux comme des étoiles lumineuses dont l'éloignement nous absorbe une partie des rayons. Ce palais dut être construit par les Romains sur l'emplacement de Bibrax. Les premiers renseignemens que nous avons sur cet antique et curieux monument viennent de Grégoire de Tours et du poète Fortunatus. Ce château ne présentait aucun de ces aspects militaires et lugubres dont est frappée la vue quand on considère les vieux manoirs du moyen-âge. Le principal corps-de-logis était entouré d'un portique carré artistement sculpté, et se continuait par plusieurs rangées d'habitations destinées aux officiers de la maison du roi, dont les uns étaient Barbares et les autres d'origine romaine. Il y avait dans Braine un grand nombre d'artisans qui se livraient à divers métiers, tels que l'orfévrerie, l'armurerie, la tisseranderie, la broderie en soie et en or, et la préparation du fil et de la laine.

A cette époque, les habitans de Braine étaient généralement d'origine gauloise; néanmoins il y avait plusieurs Germains mêlés, qui étaient sans doute venus en ce pays pour y exploiter quelques arts ou quelques métiers. Toutes ces familles, quelle que fût leur origine, étaient au même rang et désignées par le même nom, *fiscalins*, qui veut dire attaché au fisc. Les bâtimens de Braine étaient : les maisons des artisans, des cultivateurs, les cabanes des esclaves (serfs) et les bâtimens d'exploitation agricole, tels que les écuries, bergeries, granges, etc. Braine ressemblait assez aux petites villes de l'ancienne Germanie, mais elle annonçait plus de civilisation.

C'est dans cette ville, dont nous venons d'essayer de faire la topographie, que Clotaire choisit sa demeure favorite. Ce roi, même lorsqu'il devint le seul maître de toute la monarchie française, ne changea pas de goût relativement à son château, où il séjournait fréquemment. C'était là qu'il cachait toutes ses richesses. Dans un appartement secret étaient de grands coffres à triples serrures, qui renfermaient son or et son argent monnoyés, ses vases, ses bijoux, en un mot, tout ce qu'il possédait de plus précieux.

C'était encore à Braine qu'il accomplissait les principaux actes de sa puissance royale; il y convoquait les évêques de son royaume pour les conciles ou les synodes; il y recevait les ambassadeurs étrangers, et y présidait les grandes assemblées franques. Toutes ces assemblées ou fêtes étaient suivies de célèbres festins, où des sangliers et des daims étaient servis entiers sur la table, et des tonneaux défoncés placés aux quatre coins de la salle. Tout le loisir que lui laissaient les guerres, Clotaire l'employait à aller d'un domaine à l'autre : de Braine à Attigny, d'Attigny à Compiègne, de Compiègne à Verberie. Dans ces différens domaines, il se livrait avec ses *leudes* aux plaisirs de la table, aux exercices de la chasse, de la pêche, de la natation, et surtout au recrutement de ses nombreuses maîtresses, qu'il prenait le plus souvent parmi les filles du peuple (ou des *fiscalins*). Ces filles, de concubines, devenaient facilement épouses et reines. C'est ainsi qu'il épousa Ingonde, femme d'une rare beauté, de laquelle il eut cinq fils et une fille. Nous ne croyons pas déplacé ici de rapporter comment Clotaire épousa la sœur de sa femme, pour laquelle il avait beaucoup d'amour. Ingonde lui fit un jour cette demande : « Mon » seigneur et roi a fait de sa servante ce qu'il a voulu; il » m'a reçue dans sa couche; maintenant, pour mettre le » comble à ses bonnes grâces, que mon seigneur veuille » bien écouter ce que sa servante lui demande. Je vous » prie de chercher pour ma sœur Arégonde, attachée à » votre service comme esclave, un mari capable et riche, » qui puisse m'élever au lieu de m'abaisser, et me pro-» cure le moyen de vous servir encore avec plus d'atta-» chement. »

A cette proposition, qui piqua la curiosité de Clotaire et réveilla ses passions voluptueuses, il s'enflamma d'amour pour Arégonde, non moins belle que sa sœur; il partit le même jour pour la campagne où elle résidait, et se l'attacha par les liens du mariage. Quelques jours après il retourna près d'Ingonde, et lui dit avec cette bonhomie ironique qui le caractérisait si bien : « Je t'ai » accordé la grâce que ta douce personne m'a demandée » en cherchant à ta sœur un homme riche, sage et digne » d'être uni à elle; sache que je n'ai rien trouvé de mieux » que moi-même, et que j'ai fait d'elle ma femme; je ne » pense pas que cela te déplaise. — Que mon maître fasse » ce que bon lui semble, répondit-elle sans émotion ap-» parente; qu'il le fasse; mais que sa servante vive tou-» jours en bonne grâce avec le roi. »

Nous savons qu'en 560, Clotaire, après une expédition

contre son fils Chram, qui s'était révolté contre lui, le fit brûler, avec sa femme et ses enfans, dans la cabane d'un pauvre homme où il s'était réfugié. L'année suivante, ce roi alla visiter le tombeau de saint Martin, réfléchit sur toutes les fautes qu'il avait pu commettre en sa vie, et supplia ce saint de lui en obtenir le pardon. Il quitta ce tombeau dans un calme parfait d'esprit et de conscience, pour revenir à son château de Braine. Comme le tems de la chasse d'automne s'approchait, il quitta cette ville avec une nombreuse suite et un grand appareil de chasse, pour se rendre dans l'immense forêt de Cuise (Compiègne). Au milieu de la chasse, il fut atteint d'une fièvre ardente qui le força de se faire conduire à sa maison de Compiègne. Cruellement tourmenté par sa maladie, il s'écria : « Ah! que croyez-vous que soit le roi du ciel, qui » tue ainsi les plus grands rois de la terre! » C'est dans cette pensée qu'il rendit l'ame à Dieu, après avoir régné cinquante ans. Ses quatre fils, Charibert, Gontran, Chilpéric et Sigebert lui firent de pompeuses funérailles et le firent ensevelir à Soissons, dans la basilique de Saint-Médard.

CHAPITRE X.

Chilpéric à Braine.

es funérailles de Clotaire étaient à peine terminées (561), que Chilpéric, le troisième des quatre frères, voulut régner seul. Il s'empresse d'aller à Braine, où étaient, comme nous l'avons dit plus haut, les trésors de son père. Arrivé dans ce domaine, il force les gardiens à lui en remettre les clés, s'empare des richesses, les distribue en partie aux principaux Francs qui habitaient Braine et les environs, et, pour prix de ses largesses, il reçoit le titre de roi. Les Francs, émerveillés de tant de munificence, lui jurent fidélité, et promettent de le suivre partout où il voudra. Ce nou-

veau roi se met à leur tête, se rend à Paris, et occupe le siége de Charibert, qui meurt en 567 ; mais son triomphe dure peu ; car ses frères se réunissent contre lui, et le forcent à faire un partage légal avec eux. Le sort donne à Chilpéric l'ancien royaume de son père, c'est-à-dire la Neustrie, dont Soissons était la capitale.

Chilpéric, cet homme ambitieux et jaloux, couvert d'iniquités, vit les malheurs tomber en foule sur sa famille, comme châtiment de ses crimes. Ce fut celui des fils de Clotaire qui eut le plus de femmes ou reines, qu'il épousait selon la loi franque, par l'anneau et le denier. Audowere, sa première femme, et de laquelle il eut trois fils et deux filles, fut aussi sa première victime. Une suivante fut la complice de tous les crimes de Chilpéric. Frédégonde, d'origine franque, était d'une rare beauté ; elle excita vivement par ses charmes l'amour de Chilpéric. Cet amour, qui devait éveiller la jalousie et l'indignation de la reine Audowere, n'effraya cependant pas l'ambitieuse et rusée Frédégonde, qui chercha tous les moyens possibles pour amener une séparation entre le roi et la reine. La crédulité d'Audowere et la connivence d'un évêque fournirent bientôt à Frédégonde l'occasion de mettre ses projets à exécution. Chilpéric, qui venait de se joindre à son frère Sigebert, pour marcher contre les peuples d'outre-Rhin, avait laissé sa femme enceinte de quelques mois dans son domaine royal de Braine. Peu de tems avant le retour du roi, la reine accoucha d'une fille. Frédégonde, qui, par son esprit insinuant, sut captiver la confiance de la reine, fut consultée par elle afin de savoir s'il fallait baptiser l'enfant avant le retour du roi. « Madame, répondit-elle, lorsque le roi mon sei- » gneur reviendra victorieux et plein de gloire, verrait-il » avec plaisir sa fille, si elle n'avait pas reçu le bap- » tême? » La trop confiante Audowere suivit les conseils de la perfide Frédégonde. Un jour et une heure étant indiqués pour la cérémonie, l'évêque, en habits pontificaux, et la reine, avec sa suite, se rendirent à la chapelle; mais on attendit en vain la marraine, qui ne parut point. La reine, étonnée de cet incident, ne savait que faire, lorsque Frédégonde lui dit : « Il ne faut pas vous » inquiéter d'une marraine ; aucune de nos dames fran- » ques ne vous vaut pour tenir votre enfant sur les fonts; » je vous conseille de la tenir vous-même. » La pauvre reine ne comprit pas où la conséquence de l'acte religieux qu'elle allait accomplir pouvait la conduire.

L'évêque, qui était le complice de Frédégonde, dut un jour se repentir de l'indignité de sa conduite.

Quand la guerre fut presque terminée, Chilpéric revint à son domaine royal. A son approche, les jeunes filles allèrent au devant de lui, semant des fleurs sur son passage et chantant ses louanges. L'une d'elles, Frédégonde, s'approcha de Chilpéric et lui dit : « Que Dieu soit » loué, puisque la victoire a été remportée par notre sei- » gneur et roi sur ses ennemis, et qu'une fille lui est

» née! Avec qui mon maître va-t-il coucher cette nuit,
» puisque la reine est sa commère et la marraine de sa
» fille? — Eh bien! lui dit le roi, je veux coucher avec
» toi, si je ne puis coucher avec la reine. » Chilpéric
trouva Audowere sous le portique du palais, tenant son
enfant sur son sein. Lorsque la reine, les yeux remplis de
larmes de joie, vint près de son royal époux lui présenter
sa fille, Chilpéric lui dit en affectant le regret : « Tu as
» accompli un fait criminel en devenant la marraine de
» ta propre fille, et désormais tu ne peux plus être ma
» femme. »

Le roi envoya en exil l'évêque qui avait baptisé sa fille, épousa Frédégonde et fit prendre le voile de religieuse à sa femme Audowere, qui se retira dans un monastère de la ville du Mans, où elle mourut quinze ans après, victime de son ancienne suivante, qui la fit assassiner.

Dans ces circonstances, Sigebert, qui n'éprouvait que du mépris et du dégoût pour ses frères, craignant que la honte de leur conduite ne rejaillît jusqu'à lui, songea à épouser une fille de race royale. Il envoya une ambassade en Espagne pour demander la main de Brunehaut, fille du roi Atanagilde. Cette princesse, douée des grâces de son sexe, était remplie d'honnêteté et de sagesse. Son père accueillit la demande de Sigebert avec empressement, et lui envoya, avec sa fille, de grands trésors. A la vue de ce mariage, qui releva la gloire du roi de Neustrie, Chilpéric, quoiqu'il eût plusieurs femmes, demanda Galsuinthe, sœur aînée de Brunehaut, en promettant toutefois d'abandonner ses autres femmes. Le roi des Visigoths accepta ses promesses, et lui envoya Galsuinthe, comme il avait envoyé Brunehaut à Sigebert, avec de grandes richesses. En effet, Chilpéric tint parole : il congédia toutes ses femmes et toutes ses maîtresses ; il n'excepta même pas Frédégonde, sa favorite. Frédégonde se soumit à cette proscription avec une résignation apparente, et fit si bien qu'elle obtint du roi la grâce de rester au palais, et d'être comme autrefois la servante de la reine. Le roi ne vit point que cette femme, qui consentait à devenir de reine servante, nourrissait, sous le masque de l'hypocrisie, des projets infâmes.

Soit par vanité, soit par avarice, Chilpéric, pendant les premiers tems de son mariage, témoigna un vif amour pour sa femme, d'une naissance illustre, et qui lui avait apporté en dot de grands trésors. Cette affection se refroidit insensiblement. Galsuinthe, méconnue dans la dignité de son rang, se plaignit au roi des outrages qu'elle avait à subir chaque jour, et lui demanda, pour prix des trésors qu'elle avait apportés, qu'il la renvoyât libre dans son pays. Dans la crainte de perdre ses richesses, Chilpéric, dissimulant, chercha à apaiser sa femme par des paroles caressantes. Cette jeune et vertueuse reine eut confiance dans les belles protestations de son époux ; mais un matin Galsuinthe fut trouvée morte dans son lit : elle avait été étranglée la nuit par un esclave caché dans sa chambre. Le roi versa des larmes feintes sur cette mort qu'il avait commandée, et, peu de jours après, il épousa une seconde fois Frédégonde, et lui donna le titre de reine. Ce fut le signal de la guerre qui arma la France contre Chilpéric. Brunehaut se chargea du soin de venger sa sœur. A ses prières, Sigebert et Gontran prirent les armes contre Chilpéric, et le forcèrent d'abandonner à la reine d'Austrasie le *morgengab* (cadeau du matin ou cadeau de noces), cause malheureuse du crime consommé sur sa sœur. Après cette restitution, Chilpéric et Sigebert, qui étaient ennemis mortels, se réconcilièrent, du moins en apparence.

Le roi de Neustrie avait alors trois fils d'Audowere, sa première femme : Théodebert, Mérovée et Clovis.

CHAPITRE XI.

Sigebert à Braine.
(574 à 575.)

ENDANT quelques années, il y eut plusieurs guerres entre les fils de Clotaire; mais, en 574, Chilpéric et Gontran, irrités contre leur frère Sigebert, se liguèrent contre lui et allèrent jusqu'à Reims, en brûlant et saccageant toute la Champagne. A cette nouvelle, Sigebert prend les armes. Il fait passer le Rhin en toute hâte à ses bandes d'Allemands et de Saxons, et repousse Chilpéric, qui s'enfuit en tremblant à Tournay, où il s'enferme avec sa femme et ses enfans. Profitant de cette fuite, le roi d'Austrasie s'empare du royaume de Soissons, où il se fixe pour quelque tems. Sigebert fit aussi du palais royal de Braine sa résidence favorite. C'est en cette année que s'y passa en partie l'épisode que nous allons raconter, d'après Grégoire de Tours.

Andarchius, qui fut d'abord esclave du sénateur Félix, et destiné à son service particulier, s'appliqua, avec son jeune maître, à l'étude des lettres. Il fit de grands progrès, et enflé de sa science, il méprisa ses maîtres, et se recommanda au patronage du duc Loup. Ce duc le recommanda lui-même au roi Sigebert, qui lui confia différentes affaires, et lui donna occasion de se distinguer à la guerre.

Par ce moyen, Andarchius se fit considérer comme un personnage en dignité. Il alla à Clermont, et se lia d'amitié avec Ursus, citoyen de cette ville. Ce dernier avait une fille dont la beauté fit désirer à Andarchius de l'obtenir pour épouse. Pour arriver à ce but, il cacha sa cuirasse dans un secrétaire, disant à la mère de la jeune fille : « Je te recommande la somme en or renfermée dans ce » secrétaire; il y a plus de seize mille pièces; si tu me » donnes ta fille en mariage, elles t'appartiendront. » Cette femme crédule promit de la lui donner sans consulter son mari. Andarchius, étant retourné vers le roi, sollicita et obtint un privilége, et, muni de cette pièce, il alla de nouveau à Clermont, et exhiba cette lettre patente au juge du lieu, pour qu'il le mariât avec la jeune fille. « J'ai donné, disait-il, des arrhes pour obtenir sa » main. » Le père refusa, en répliquant : « Je ne te con-

» nais pas, et n'ai rien à toi. » La discussion fut chaude
et prolongée. Andarchius demanda qu'Ursus comparût
devant le roi. Étant retourné à Braine, où était Sigebert,
il chercha un homme qui portât le nom d'Ursus, l'emmena devant un autel, et lui fit prononcer ce serment :
« Je jure dans ce saint lieu et sur les reliques des bien-
» heureux martyrs, que, si je ne donne pas ma fille en
» mariage à Andarchius, je m'oblige à lui compter sans
» délai une somme de 16,000 sols d'or. » Or, Andarchius
avait fait cacher des témoins dans la sacristie, de manière
qu'ils entendissent les paroles d'Ursus, sans voir sa personne. Cette supercherie étant exécutée, le fourbe Andarchius apaisa Ursus, qui s'en retourna dans sa patrie sans
voir le roi. Aussitôt qu'il fut parti, Andarchius présenta à
Sigebert l'écrit qui contenait le serment dont nous venons
de parler, et lui demanda un ordre qui obligeât Ursus à
lui livrer sa fille, ou bien qui l'autorisât à se mettre en
possession de ses biens jusqu'au paiement des 16,000 sols
d'or. Après avoir obtenu l'ordre sollicité, Andarchius retourna de nouveau à Clermont, et alla même jusque dans
le Velay, où s'était retiré Ursus. Il entra dans sa maison
et commanda en maître qu'on lui fît chauffer de l'eau
pour se laver, et qu'on lui préparât à souper. Les esclaves
de la maison ne s'empressèrent point d'obéir à ce maître
inconnu, qui frappa alors les uns à coups de bâton, et
les autres avec des verges, et bouleversa ainsi toute la
maison. Après s'être lavé avec de l'eau chaude, il fit un

repas copieux et se coucha. Il avait avec lui sept domestiques, qui allèrent se reposer en même tems. Ceux-ci, appesantis autant par le sommeil que par le vin, dormaient profondément. Ursus, après avoir réuni ses gens, ferma les portes de sa maison, l'entoura de meules de blé, et y mit le feu. Bientôt, l'incendie consuma la maison, qui était construite en planches. Ainsi périrent Andarchius et sa suite.

Revenons à notre sujet.

Par suite de ces guerres interminables, Chilpéric, se voyant réduit aux extrémités, et Frédégonde, désirant mettre fin à toutes ces catastrophes, gagna deux hommes par l'argent et le vin. Ces hommes, armés de couteaux empoisonnés, se rendirent près de Sigebert, qui était alors à Vitry sur la Scarpe, où ses guerriers le nommaient roi. Les meurtriers s'approchèrent de lui, comme s'ils avaient quelque message à remplir, et le frappèrent à droite et à gauche. Sigebert poussa un cri, tomba et mourut (573). Tous les succès de ce roi s'évanouirent avec lui, et toutes les villes qu'il avait conquises rentrèrent sous la puissance de Chilpéric.

CHAPITRE XII.

Concile tenu à Braine.

n 580, Chilpéric convoqua tous les évêques de son royaume, afin d'examiner une accusation portée par Leudaste contre Grégoire de Tours.

Leudaste, fils d'un vigneron de l'île de Rhé, fut employé, dans sa jeunesse, aux cuisines du roi; mais comme il avait les yeux chassieux, et que la fumée l'incommodait, il laissa le pilon et prit le pétrin. Quoique paraissant se plaire dans la boulangerie, il s'enfuit et quitta le service. On le ramena plusieurs fois, et, pour le punir, on lui coupa une oreille. Ne pouvant plus cacher cette marque d'infamie, il alla trouver Marcovièvre,

qui, comme lui, était de basse condition. Cette reine —
car elle avait épousé Charibert — l'accueillit avec bonté,
et lui confia la garde de ses meilleurs chevaux. Par la
suite, Leudaste sut gagner les bonnes grâces du roi Charibert, qui le nomma comte des étables, puis comte de
Tours. Dans l'exercice de ses fonctions, cet homme ambitieux, arrogant et avare, se rendit ignoble par ses adultères, et s'enrichit de rapines et de la possession illégale
d'immenses trésors. Sur ces entrefaites, Charibert mourut, et la Touraine échut en partage à Sigebert. Leudaste
se rangea du côté de Chilpéric, et quand ce roi envahit
la ville de Tours, Grégoire en était déjà l'évêque. Leudaste lui fut recommandé par Chilpéric. Cet homme, qui
paraissait humble, soumis et religieux, manifestait souvent à Grégoire la crainte que sa ville épiscopale ne retombât sous la puissance de Sigebert, ce qui arriva en
effet. Mais, ce roi étant mort, Chilpéric rendit le comté
à Leudaste, qui accusa faussement Grégoire d'avoir conseillé à Mérovée de lui enlever ses richesses pendant
qu'il s'était tenu caché en Bretagne. Sa méchanceté ne
se borna pas là : il s'adjoignit le prêtre Riculf, homme
aussi cruel que lui, alla trouver Chilpéric à Soissons, et
lui dit :

« Jusqu'ici, très-pieux roi, j'avais gardé ta ville de
» Tours; maintenant que cette fonction m'est enlevée,
» cherche un moyen de la garder; car sache que l'évêque
» Grégoire a le dessein de la livrer au fils de Sigebert. »

A ces mots, le roi répondit : « Cela n'est pas vrai ! c'est
» parce que tu es destitué que tu inventes de pareils pro-
» pos. » Mais Leudaste lui répondit avec une asssurance
pleine d'effronterie : « L'évêque tient encore sur toi des
» propos plus insolens ; car il dit que la reine ta femme
» est en liaison d'adultère avec l'évêque Bertrand. » Il
ajouta que si Platon, archidiacre de l'évêque, et Gallien,
son ami, étaient mis à la question, ils attesteraient par
leurs déclarations que Grégoire avait ainsi accusé Frédégonde. Alors le roi, indigné de cet audacieux récit,
frappa l'imposteur à coups de pieds et de poings, le fit
charger de chaînes et conduire en prison. Or, cet homme
prétendit tenir les faits qu'il venait d'avancer d'un témoin auriculaire, du sous-diacre Riculf, homme audacieux comme l'autre et facile à séduire. Leudaste devenant l'accusateur de ce clerc, fut relâché, et celui-ci,
arrêté et enchaîné à son tour, débita mille faussetés contre Grégoire et les siens.

Cependant, les intrigues de Leudaste furent poussées
si loin, que des soupçons parvinrent à germer dans l'esprit de Chilpéric. Il fit arrêter les prêtres Riculf et Platon, ainsi que Gallien, leur ami.

Au jour désigné pour le synode, le roi, sa famille et
tous les évêques se rendirent à Braine. Les membres du
concile reçurent l'ordre de se rendre dans la grande salle
qui servait aux assemblées nationales. Les guerriers
franks, les vassaux et une grande partie des habitans de

Braine et des environs se pressaient en foule devant la porte du palais. Ce n'était pas seulement la curiosité de voir rassemblés tous les plus grands savans de la Gaule, qui avait réuni toute cette population, mais aussi le désir de témoigner à l'illustre accusé tout le respect, la sympathie et les bonnes dispositions qu'elle avait à son égard.

Au milieu de la salle d'audience était une grande table entourée de bancs sur lesquels les évêques devaient prendre place. Un siége particulier était réservé pour le roi, qui vint bientôt s'y placer. À son arrivée dans la salle, Chilpéric avait une contenance moins assurée que d'habitude : cela provenait-il du scandale qui mettait en doute la vertu de sa femme? tremblait-il au moment de se trouver en face d'un adversaire tel que le vertueux évêque de Tours? En entrant, il salua tous les évêques, reçut leur bénédiction, et ouvrit le concile par une longue pièce de vers composée par Venantius Fortunatus, qui la lui avait adressée, ainsi qu'aux évêques. Après la lecture de cette œuvre littéraire, Bertrand, l'évêque de Bordeaux, impliqué lui-même dans l'affaire, comme étant accusé de complicité des adultères de la reine, exposa les faits, et interpella Grégoire comme auteur de l'accusation. L'évêque de Tours lui répondit : « Je n'ai » jamais tenu de pareils propos, et si d'autres les ont en- » tendus, pour moi, j'y suis entièrement étranger. » Le peuple, qui était à la porte de la salle du concile, faisait grand bruit, et disait en poussant des clameurs qui pénétraient jusque dans l'audience : « Pourquoi de telles » incriminations contre un prêtre de Dieu? comment le » roi poursuit-il une pareille affaire? Se peut-il qu'un » évêque ait tenu de semblables propos, même sur un » esclave? Hélas! mon Dieu, secourez votre servi- » teur! »

Après l'interpellation de Bertrand, la réponse de Grégoire de Tours et les cris d'opposition qui venaient de tous côtés, le roi se leva plein de calme, et dit d'une voix forte, afin que tout le monde l'entendît : « Une accusation con- » tre la reine est un opprobre pour moi. Si vous pensez » que je doive produire des témoins à charge contre l'é- » vêque, je les ai là; si, au contraire, vous croyez qu'une » enquête soit inutile, et qu'on doive s'en rapporter à la » bonne foi de l'évêque, manifestez, je vous prie, votre » opinion à cet égard; je suis disposé à me soumettre à » tout ce que vous déciderez. » Tout le monde admira la prudence et la modération de Chilpéric, et tous furent d'avis qu'on ne devait pas admettre le témoignage d'un inférieur contre son évêque. En effet, il n'y avait plus que le sous-diacre Riculf qui persistât dans son accusation; Platon et Gallien déclaraient qu'ils n'avaient rien à dire. Leudaste, profitant du désordre qui existait, s'éloigna du théâtre des débats. La preuve étant ainsi écartée, il fallut s'en tenir au serment de l'accusé. Chilpéric ne dit rien sur le fond du jugement, mais il fit des obsjections sur la forme. Soit par caprice, soit par superstition, il voulut que Grégoire, pour se justifier, dît la messe à trois autels différens, et qu'il jurât à la fin de chaque messe n'avoir pas tenu les propos qu'on lui imputait. L'évêque de Tours ne consentit à le faire qu'en considération du roi; car cela était tout-à-fait contraire aux canons de l'Eglise. Toute la maison du roi était aussi fortement émue de cette affaire. La reine Rigonthe, fille de Frédégonde, compâtissant aux peines de l'accusé, jeûna, ainsi que toutes les personnes attachées à son service, jusqu'à ce qu'un serviteur vint lui annoncer que l'évêque était reconnu innocent.

Les évêques quittèrent leurs places et accompagnèrent l'accusé à la chapelle du palais de Braine, où les trois messes furent dites et les trois sermens prêtés.

De retour auprès du roi, qui avait déjà repris sa place dans la salle du concile, les évêques, par l'organe du président de l'assemblée, lui dirent : « L'évêque a accompli » tout ce qu'on voulait de lui; son innocence est recon- » nue : que faut-il faire alors, si ce n'est de te priver de » la sainte communion, ainsi que Bertrand, accusateur » d'un de ses frères? » Le roi, qui ne s'attendait pas à cette sentence, répondit d'un air confus : « Je n'ai répété » que ce qu'on m'a dit. » Le président du concile lui demanda quel était l'auteur de ces propos injurieux. Chilpéric, encore tout ému, lui dit : « C'est de Leudaste que » je les tiens. » A cette déclaration, l'ordre fut donné d'amener ce calomniateur pour être jugé; mais celui-ci, comme nous l'avons dit, avait pris la fuite. Alors tous les évêques résolurent que l'audacieux accusateur de leur collègue, le calomniateur d'une reine et l'auteur d'un tel scandale, fût excommunié et exclus de toutes les églises, pour s'être soustrait à leur jugement. Après que le président eut prononcé l'anathême selon les formules de l'Eglise, les membres du concile envoyèrent une circulaire aux évêques qui n'avaient pu assister à l'assemblée, et qui était signée de chacun des assistans. Puis on passa au jugement du clerc Riculf, accusé de faux témoignage par la justification de l'évêque Grégoire. Il fut condamné à mort. Mais le généreux évêque de Tours sollicita sa grâce, qu'il obtint avec peine; cependant il ne put le soustraire aux tortures qu'on lui fit endurer, non comme supplice, mais comme interrogatoires. Ce fut avec regret que l'implacable Frédégonde ratifia cet acte de clémence. Mais elle fit sur ce malheureux l'expérience de ce qu'un homme peut souffrir sans mourir. De tous les vassaux de cette reine, c'était à qui serait le bourreau de ce misérable. On le laissa suspendu à un arbre, les pieds et les mains liés, depuis trois heures après midi jusqu'à neuf. A cette heure, on le détacha pour l'étendre sur une roue et le frapper avec des bâtons, des verges et des courroies. Ce n'étaient pas une ou deux personnes qui le frappaient, mais tous ceux qui pouvaient s'approcher de lui. Se voyant près de mourir, cet infortuné voulut mettre la vérité à jour, et divulgua alors le complot tramé en secret. Il déclara qu'en accusant Frédégonde d'adultère, ils avaient pour but de la faire chasser du trône avec ses deux fils, et, en cas de succès, Clovis, après le meurtre de ses frères, serait resté seul pour succéder au royaume de Chilpéric, son père; Leudaste en aurait eu le gouvernement; le prêtre Platon, ami de Clovis, aurait obtenu l'épiscopat de Tours; et quant à lui, le sous-diacre Riculf, il aurait eu des droits à l'archidiaconat.

Après avoir fait ses adieux au roi, Grégoire ne voulut pas quitter Braine sans avoir embrassé le bienheureux Sauve, évêque d'Albi. Laissons parler Grégoire :

« Je me disposai à revenir chez moi; je ne voulus pas » partir sans avoir embrassé cet homme; je le cherchai » et le trouvai dans le vestibule de notre maison de » Braine. Alors je lui annonçai mon départ. Étant placés » à l'écart, et parlant de choses et d'autres : « Vois-tu sur » ce toit, me dit-il, ce que j'y aperçois moi-même? — Je » n'y vois rien, répondis-je, que la toiture supérieure, » dernièrement construite par ordre du roi Chilpéric. — » Tu ne vois rien autre chose? — Non, rien autre chose. » » Pensant qu'il voulait plaisanter, j'ajoutai : « Si tu vois » quelque chose de plus, dis-moi ce que c'est. — Je » vois, répliqua-t-il en poussant un profond soupir, le » glaive de la colère divine tiré et suspendu au dessus de » cette maison. »

En effet, la prédiction de l'évêque d'Albi se réalisa;

car, vingt jours après, une grande maladie sévissait à Braine, et les deux fils de Chilpéric, Clodobert et Dagobert, en moururent.

CHAPITRE XIII.

Mort des fils de Chilpéric.

uelques jours étaient à peine écoulés après le concile dont nous venons de parler, qu'une maladie contagieuse, une maladie d'entrailles, sévissait dans toute la Gaule belgique, et Braine en fut cruellement attaquée. Les personnes que ce fléau atteignit éprouvaient une forte fièvre, beaucoup de vomissemens, de grandes douleurs dans les reins, et une pesanteur dans le cou et dans la tête : les matières qu'elles rendaient par la bouche étaient jaunes ou verdâtres. On croyait vulgairement que les malades avaient des pustules au cœur; car, lorsqu'on leur appliquait des ventouses, soit aux jambes, soit aux épaules, un sang corrompu sortait des cloches. Beaucoup de personnes furent guéries par ce remède; mais un plus grand nombre fut sauvé par un breuvage préparé avec des herbes qui combattaient les poisons. Les jeunes enfans étaient plus particulièrement atteints de cette épidémie, et en mouraient presque tous.

Chilpéric, qui résidait encore à Braine, fut sérieusement attaqué de cette maladie. Dès le commencement de sa convalescence, son plus jeune fils, Dagobert, tomba malade à son tour. Comme on craignait pour la vie de cet enfant, qui n'avait pas été régénéré par l'eau et le Saint-Esprit, on le lava dans les eaux du baptême. Il allait déjà mieux quand Clodomir, son frère aîné, fut aussi atteint du même mal. Frédégonde, leur mère, à la vue du danger qu'ils couraient, fut saisie d'un repentir, hélas! trop tardif, et dit au roi : « Depuis long-tems, le
» seigneur Dieu supporte nos mauvaises actions; il nous
» avertit par des maladies, et nous ne nous sommes point
» soumis à lui. Maintenant nous perdons nos fils; les la-
» mentations des pauvres, les larmes des veuves et les
» cris des orphelins les font mourir, et nous sommes sans
» espoir d'amasser pour personne. Nous thésaurisons sans
» savoir pourquoi, et les biens que nous amassons vont
» rester sans possesseurs, ainsi que tous nos trésors,
» fruits de malédictions et de rapines. Nos celliers ne sont-
» ils pas remplis de vin, nos greniers de grains, nos cof-
» fres d'or, d'argent, de pierreries, de colliers et d'autres

» parures royales? Et ce que nous avons de plus cher
» et de plus beau, nos enfans, nous le perdons! Si tu
» veux, brûlons ces registres iniques : que ce qui suffi-
» sait au fisc de ton père Clotaire nous suffise aussi. »

Après avoir parlé ainsi, Frédégonde se frappa la poitrine, fit apporter tous les rôles, qu'un nommé Marc avait fait venir de chaque cité, et les jeta au feu ; puis, se tournant vers le roi, elle lui dit : « Comment ! tu hési-
» tes ! imite-moi ; et, si nous perdons nos enfans, échap-
» pons du moins aux peines éternelles. » Chilpéric, ému et plein de repentir, jeta au feu tous les registres qui restaient encore ; ensuite il envoya des agens pour empêcher la levée des impôts dans ses états. A peine cet acte était-il accompli, que le plus jeune de leurs enfans, Dagobert, mourut au milieu d'atroces douleurs. Accablé de chagrin, Chilpéric fit transporter les restes de son fils de Braine à Saint-Denis, où il fut enterré dans l'église. Quant à Clodobert, qui donnait peu d'espoir, il fut placé sur un brancard, porté à Soissons, et exposé dans l'église Saint-Médard, devant le tombeau de ce saint. On fit pour son rétablissement des vœux qui ne furent pas exaucés ; car, au milieu de la nuit, affaibli par la douleur et épuisé par la maladie, il rendit l'ame à Dieu. Son tombeau fut placé dans l'église Saint-Crépin et Saint-Crépinien.

La mort de ces princes fut un grand jour de deuil pour le peuple. On voyait les hommes et les femmes en pleurs, et recouverts de vêtemens lugubres. Chilpéric, après avoir essuyé tant de malheurs, fit de grandes aumônes, et se retira dans sa maison de Chelles.

Clovis, fils de Chilpéric et d'Audowère, qui avait des vues ambitieuses sur le royaume de son père, et tenait des propos insultans contre Frédégonde, fut envoyé à Braine, où la maladie qui avait enlevé ses frères régnait encore; mais ce prince y échappa miraculeusement. Frédégonde, ayant perdu ses fils, devint furieuse en voyant que le royaume de Neustrie allait passer à Clovis. Elle accusa ce prince de les avoir empoisonnés, de concert avec une fille du palais, dont il était aimé. Clovis fut arrêté et envoyé au château de Noisy, où il fut détenu, puis assassiné.

CHAPITRE XIV.

Mort de Chilpéric Ier, Concile du Mont-Notre-Dame et règne de Clotaire II.

près la mort de tant d'enfans, la naissance d'un fils, Clotaire II, venait de renouveler la postérité éteinte de Chilpéric (583). A cette occasion, le roi se montra clément envers son peuple, en faisant ôter les fers aux captifs et en n'exigeant pas les amendes qui étaient dues au fisc.

Sur ces entrefaites, Chilpéric se rendit à sa maison de Chelles pour y passer la saison des chasses. Un jour, en rentrant, au moment où il descendait de cheval, et qu'il avait encore la main appuyée sur l'épaule de son serviteur, un homme s'approcha de lui, le frappa d'un coup de couteau au cœur, puis d'un second lui perça le ventre. Il tomba en rendant à grands flots le sang par la bouche, et expira aussitôt (584). La mort de Chilpéric, que la tradition attribue à Frédégonde, fut le signal d'une désertion universelle; tous les siens abandonnèrent ses restes; il ne demeura près de lui que Malculf, évêque de Senlis, qui fit transporter son corps sur un bateau, en chantant des psaumes, jusqu'à Paris, où il le fit ensevelir dans l'église Saint-Vincent, aujourd'hui Saint-Germain-l'Auxerrois.

Frédégonde vint presque en même tems à Paris pour se réfugier dans la cathédrale, avec son fils et tous ses trésors. Childebert, profitant de la confusion qui régnait dans le royaume de Soissons, s'en empara, et y plaça tour à tour les ducs Ranchin et Magnovald, qu'il fit mettre ensuite à mort pour cause de rapines et de violences exercées contre les habitans.

Soissons avait alors pour évêque Droctogisil, qui avait perdu la raison par suite de son intempérance. On fut obligé de l'interdire et de l'envoyer à la campagne. La ville, en chassant son prélat, qui avait toute l'autorité civile, restait donc sans défenseur. Soissons, jalouse du séjour de Frédégonde et de son fils au château de Vaudreuil, et se regardant par là comme dépossédée de son rang de capitale, députa quelques-uns d'entre ses principaux habitans, qui allèrent à Strasbourg demander à Childebert de leur donner pour roi son fils aîné Théodebert. Le roi accueillit cette demande avec empressement. Au mois d'août de cette année (589), il le fit partir, afin de satisfaire au vœu qui lui avait été exprimé. Ce prince, accompagné d'une suite nombreuse de guerriers, fit son entrée dans Soissons au milieu des acclamations du peuple.

Lorsque Théodebert fut arrivé, Droctogisil, exilé depuis près de quatre ans, réclama sa réintégration. Bien que son état fût amélioré, le nouveau roi ne voulut pas prendre sur lui de réinstaller à la tête de l'église de sa ville capitale le prélat que son inconduite en avait fait chasser; et, pour faire droit à la réclamation de l'évêque, il convoqua tout exprès un concile à *Sauriacum* (Saurel), et depuis le Mont-Notre-Dame.

On voit, par d'anciens titres latins, que le Mont-Notre-Dame, dont nous donnerons l'origine du nom en son tems, s'appelait autrefois *Sauriacus* (Saurèle); il existe encore aujourd'hui dans ce pays un lieu appelé Saurèle.

Le roi et l'évêque-primat, afin de vérifier plus facilement les informations dirigées contre Droctogisil, choisirent ce village, situé presque au milieu de la province de Reims, et où se trouvait une maison de campagne faisant partie de l'évêché de Soissons. Les évêques, après s'être assemblés, déclarèrent, par l'organe de leur président, que leur frère Droctogisil était guéri de sa mauvaise passion, et le réhabilitèrent sur son siège épiscopal, qu'il occupa honorablement tout le reste de sa vie.

Cependant, à force d'intrigues de la part de Frédégonde, Gontran consentit à tenir Clotaire sur les fonts de baptême (590); et, devenu ainsi son protecteur, il contraignit le roi d'Austrasie à restituer à ce jeune prince Soissons et tout le pays dont il s'était emparé depuis la mort de Chilpéric. Peu de tems après, le roi de Bourgogne mourut, et laissa les trois quarts de son royaume à Childebert, son héritier. Le bon ordre maintenu par Gontran entre ses deux neveux, ou plutôt entre Frédégonde et Brunehault, cessa tout à coup de régner; Clotaire, le plus jeune, paraissant le plus faible, fut attaqué par Childebert, qui crut que le moment de venger la mort de son père était venu. En effet, il assembla une armée nombreuse, et entra avec confiance sur le territoire de Soissons. Mais Frédégonde, la mère du jeune Clotaire, ayant appris que Childebert voulait encore s'emparer du royaume de son fils, leva en toute hâte une armée, qu'elle passa elle-même en revue à Braine. Au lieu d'y paraître avec son fils, alors âgé de dix ans, comme c'était l'habitude à cette époque, cette femme habile se servit d'un moyen bien plus sûr pour encourager ses soldats : elle fit de grands présens aux chefs, et distribua à chaque homme une assez forte somme d'argent. Néanmoins, l'astucieuse Frédégonde, comprenant son infériorité, imagina un stratagème assez bizarre, et qui lui réussit, ainsi qu'on va le voir.

Les cavaliers franks avaient la coutume, lorsque leurs tentes étaient établies, de laisser paître leurs chevaux dans la campagne, en leur mettant toutefois des sonnettes au cou, afin de les retrouver plus facilement. Frédégonde en fit aussi attacher une au cou des chevaux de ses cavaliers, et plaça entre les mains de ces derniers des branches d'arbres garnies de leurs feuilles. Ensuite, cette armée, qui ressemblait à une forêt, s'avança en cet état jusqu'à Trucy, petit bourg situé sur les confins de la province de Soissons, et où était le camp de Childebert. Le jour commençait à paraître lorsque l'armée de Frédégonde, en tête de laquelle étaient les cavaliers recouverts de leurs branches, et laissant aller les sonnettes de leurs chevaux, arriva à peu de distance du camp ennemi. La sentinelle d'un poste avancé courut vers ses camarades en s'écriant : « Qu'est-ce que cela ? j'aperçois un bois taillis » où l'on ne voyait hier qu'une plaine découverte ? — » Eh ! n'entendez-vous point, lui dit-on, les sonnettes de » nos chevaux qui broutent le long de ce petit bois ? » En cet instant, les trompettes firent entendre un bruit éclatant, et le bois s'ouvrit pour laisser passage aux bataillons du jeune Clotaire, qui allèrent fondre à l'improviste sur le camp, encore tout endormi. Il se fit un massacre épouvantable, et il y eut une déroute complète. Tant d'une part que de l'autre, il resta sur la place 30,000 hommes, morts ou blessés. Frédégonde, victorieuse, poursuivit les vaincus, et poussa ses ravages jusqu'en vue de Reims. Elle revint ensuite à Soissons, qu'elle venait de sauver (593).

Trois ans plus tard, Childebert mourut, laissant à Théodebert, son fils aîné, l'Austrasie, et à Thierry la Bourgogne. Ces deux enfans étaient âgés, l'un de onze ans, et l'autre de dix.

L'année suivante (597), après une guerre avec Brunehault, Frédégonde tomba malade, et alla rejoindre Chilpéric à l'église Saint-Vincent, sans avoir pu mettre à profit la victoire qu'elle venait de remporter. Cette reine, en mourant, laissa à son fils, âgé de treize ans seulement, le fardeau du gouvernement. Clotaire II eut d'abord quelques succès; mais, après une bataille sanglante qu'il perdit, il fut obligé de se retirer à Melun.

Quelques années après, Théodebert et Thierry se firent une guerre si acharnée, qu'elle coûta la vie au roi d'Austrasie. Par cette mort, Thierry devint seul maître des deux royaumes de son père, et ne put en jouir bien long-tems; car il fut attaqué d'une dyssenterie qui l'emporta en quelques jours. Il laissa quatre fils, dont l'aîné avait dix ans. Clotaire, afin de rester seul de sa race, s'empara de ces enfans et les fit égorger. Ce prince réunit donc sous son pouvoir, comme son aïeul Clotaire Ier, toute la monarchie française. Le royaume de Neustrie, qui avait duré plus d'un siècle, fut confondu dans le royaume de France, et Soissons, sa capitale, fut abandonné des princes, ainsi que le château royal de Braine, qui était, à l'égard de Clotaire et de Chilpéric, ce que fut Versailles à Louis XIV et à Louis XV.

Depuis Clovis jusqu'à cette époque, presque tout l'intérêt de notre récit ne vient que de meurtres, de crimes, et autres actions sanglantes. Cependant, ici se terminent ces guerres intestines, ces luttes atroces et obscures des Mérovingiens, dont Chilpéric et Frédégonde, personnages d'une nature primitive et barbare, d'un caractère étrange et féroce, furent en quelque sorte les instigateurs.

Grégoire de Tours existait en ce tems. C'était un homme vertueux, ferme et plein de naïveté. Sa célébrité vient du monument historique qu'il nous a laissé sur la Gaule franque. C'est dans cette œuvre qu'il est parlé pour la première fois du *Palatium Brennacum*. Le savant abbé Lebœuf, qui avait quelquefois des opinions très-erronées, a contesté ce *Palatium* à Braine; mais, en consultant les anciennes chroniques, et les histoires modernes qui ont pour auteurs des savans illustres, tels que Michelet, Aug. Thierry, Henri Martin, etc., on sera suffisamment éclairé sur ce sujet, et l'on verra que le *Palatium Brennacum* était bien à Braine-sur-Vesle.

CHAPITRE XV.

Donation de la terre et du château de Braine.

ous ne saurions dire en quelle année la terre de Braine fut donnée au père de saint Ouen, le seigneur Authaire; mais nous pouvons affirmer que ce fut sous le règne de Clotaire II. Ce seigneur résidait ordinairement à Sancy, près Soissons, et faisait valoir par des intendans sa terre de Braine, ainsi que celle de Condé.

Saint Ouen naquit à Sancy vers l'an 609. Il reçut une éducation religieuse qui porta ses fruits. Tout en vivant en grand seigneur, il sut se consacrer au jeûne et à la prière. Son mérite le fit élever sur le siége épiscopal de la ville de Rouen. A la mort de son père, il eut en partage les terres de Braine, de Condé et de Sancy, qu'il donna à l'église dont il était le chef. Ces propriétés, arrosées par la Vesle, navigable à cette époque, étaient très-fertiles en productions de toutes sortes, et ne manquaient pas d'être très-utiles et très-agréables à leurs possesseurs.

L'église de Rouen jouit en paix des dons de son bienfaiteur jusqu'à la décadence de la maison de Charlemagne. Sous les successeurs de cet illustre empereur, Rouen souffrit beaucoup des nombreuses irruptions des Normands. L'évêque et le chapitre de cette ville, prévoyant les désastres qui pouvaient arriver, délibérèrent sur le moyen de prévenir les ravages que ces furieux pouvaient commettre. Ils résolurent donc d'envoyer à Braine les objets les plus précieux de la cathédrale, tels que les reliques, les trésors, la plus grande partie des vases sacrés, les plus riches ornemens et la bibliothèque, qui était en ce tems-là une des plus considérables de la France. Toutes ces choses précieuses trouvèrent plus de sûreté à Braine, qui était éloignée de l'embouchure de la Seine, par où les barbares avaient l'habitude d'entrer. Dans cette circonstance, on fortifia le château, afin de pouvoir repousser les attaques des vagabonds et des factieux qui désolaient le pays. Il est présumable que la translation des reliques, des trésors et de la bibliothèque eut lieu vers la fin du règne de Louis-le-Pieux, qui mourut le 20 juin 840.

Parmi les reliques qui furent transférées à Braine, étaient les corps de saint Yved et de saint Victrice, évêques de Rouen. Afin qu'ils ne subissent pas de dégradation, et pour leur faire honneur, on les plaça dans des châsses ornées de dorures et de pierreries. Ces reliques attirèrent à Braine un grand concours de pélerins, qui venaient de toutes parts pour accomplir leurs vœux.

Pendant près d'un siècle, le château de Braine conserva dans son sein ces richesses de l'église de Rouen. En 922, la bibliothèque y était encore. On lit dans les annales des Bénédictins qu'en cette même année un clerc de Soissons vint pour y puiser des renseignemens sur la vie de saint Romain. Peu de tems après, une partie de ce trésor de littérature fut consumée par les flammes, et l'autre fut pillée et dissipée. Ce fut une très-grande perte, non-seulement pour Braine et Rouen, mais encore pour toute la France.

En 931, le domaine de Braine devint la propriété de Hugues-le-Grand, duc de France. Suivant Frodoard, ce duc l'aurait enlevé de force à l'église de Rouen, et, suivant Marlot, il lui aurait été concédé par le chapitre de cette église. Mais, quelle que soit la manière dont Hugues devint le maître de ce château, il est constant qu'à cette époque il était en sa possession.

Des dissensions politiques s'étant élevées entre lui et Herbert, comte de Vermandois, ce dernier envoya un détachement de troupes commandées par un de ses vassaux. Tandis que Hugues était absent, le comte de Vermandois s'empara de son château et le fit abattre presque entièrement, afin de se venger de ce prince, qui était alors partisan de Louis d'Outre-Mer. Hugues, outré de ce procédé, se plaignit au roi, qui partagea son indignation. Ce monarque rassembla promptement une armée qu'il commanda en personne, marcha contre Herbert, et assiégea la ville de Braine. A l'arrivée du roi, les assiégés, épouvantés, firent très-peu de résistance. Louis les chassa, et rendit au duc de France les restes du château de Braine et toutes ses dépendances.

Ce château, bâti en bois, fut cruellement endommagé dans les différens événemens dont il avait été le théâtre. Hugues le fit réparer, ou plutôt rebâtir, avec beaucoup de soin. Il le garda jusqu'à sa mort, qui arriva le 6 juin 956. Hugues-Capet, son fils aîné, qui devait lui succéder au duché de France, hérita du château de Braine, et le conserva en montant sur le trône. Vers la fin du Xe siècle, ce prince le céda aux comtes de Champagne, qui le mirent d'abord sous la dépendance de leur vicomté d'Ouchy.

CHAPITRE XVI.

Les Comtes de Braine.

ndré de Baudiment, un des descendans de Robert, duc de Normandie, et de Gifflette, fille de Charles-le-Simple, était issu d'une des maisons les plus illustres de la Champagne et de la Brie. Thibaut-le-Grand, comte de Champagne, à qui appartenait alors la terre de Braine, avait une fille remplie de vertus. André la demanda en mariage. Il fut accueilli favorablement; et comme il jouissait d'une grande considération auprès de Thibaut, celui-ci le créa pair et sénéchal de Champagne, et donna en dot à Agnès la terre et le château de Braine, qui reçut le titre de comté. A cette terre il joignit, pour être tenues

de lui et de ses successeurs, en foi et hommage-lige, les seigneuries de Fère-en-Tardenois, de Nesle, de Pont-Arcy, de Longueville, de Quincy, et la forêt de Daulle.

Le mariage du seigneur de Baudiment et de la dame Agnès eut lieu vers la fin du XIe siècle, sans que nous puissions en préciser la date. Il nous reste très-peu de chose sur la vie de ces deux personnages. Le nom d'André de Baudiment est cité dans une charte de l'an 1120, et dans une autre qui est sans date. Cette dernière fait mention que le seigneur de Baudiment, étant avec l'abbé d'Igny au Mont-Notre-Dame, fit don à l'abbaye d'Igny de tout ce qu'il possédait sur le territoire de Ressons. Son nom est encore cité dans une charte de 1123, concernant Saint-Martin-des-Champs.

Quand André de Baudiment entra en possession de la ville et du comté de Braine, les moines qui desservaient la collégiale du château depuis la translation des reliques de saint Yved avaient tant de fois changé de règle, qu'ils finirent par ne plus observer aucune des pratiques instituées au tems de leur installation. Leur vie scandaleuse et débauchée excita l'indignation d'André de Baudiment. Ce seigneur voulut les réformer; cependant, avant d'exécuter sa résolution, il alla consulter Goislein, évêque de Soissons, qui, en cette qualité, avait des droits sur l'église Saint-Yved de Braine. Ce prélat l'engagea à renouveler cette communauté, au lieu de la supprimer. Il lui conseilla aussi d'augmenter les revenus de leurs prébendes, et fit abandon lui-même à l'église de Braine de tous les droits qu'il pouvait exercer sur elle. André, qui ne voulait que le bien-être de l'église, accepta les conditions que l'évêque lui proposait; et afin d'engager les chanoines à remettre leurs prébendes en communauté, il en augmenta les revenus. Goislein, qui fut chargé de renouveler la collégiale, crut qu'en substituant des chanoines réguliers aux chanoines séculiers il parviendrait à arrêter les anciens abus, et à prévenir ceux qui pourraient naître (1130).

Les ordres religieux, alors nombreux, étaient plutôt un sujet de scandale que d'édification, par le mépris qu'ils faisaient des vertus monastiques. Souvent même ils forçaient les règles de leurs institutions à se plier aux exigences de leurs passions voluptueuses.

Goislein conçut des espérances plus solides et plus durables sur l'ordre des Prémontrés, qui venait de se former, que sur ceux dont nous venons de parler. La circonstance fixa son choix. Il plaça dans la collégiale de Braine autant de religieux Prémontrés qu'il y avait de prébendes *. Il donna pour chef à ces religieux un abbé nommé Gislebert. André et Agnès, son épouse, approuvèrent cette installation en leur accordant de nouveaux bienfaits. Ils leur donnèrent la redîme de Braine avec les dîmes de Saint-Aubin, à la charge par eux de leur célébrer un anniversaire commémoratif le 16 juillet.

* CARL., *Hist. Duch. de Vall.*

Peu d'années après cette donation, les dîmes de Saint-Aubin furent enlevées aux Prémontrés de Braine par un nommé Hugues de Gung. En 1197, Nivelon de Cherisy, évêque de Soissons, le contraignit à les restituer aux religieux de Saint-Yved.

André de Baudiment avait quatre fils : André, Thibaud, Guy et Valeran, et trois filles, dont l'aînée s'appelait Eustache, la seconde Helvide ou Haroise, et la troisième Hubeline.

André, l'aîné de ses fils, embrassa la vie religieuse dans l'abbaye de Pontigny, ordre de Cîteaux. Au renouvellement du monastère de Chalis, il fut choisi pour le gouverner en qualité d'abbé. Sa conduite, remplie de sagesse et de régularité, le fit avantageusement remarquer.

Le second, Thibaud, passa une partie de sa vie dans le monde, sans contracter de mariage, et plus tard il se retira dans le cloître de Fontenille, où était sa mère. Il finit ses jours sous l'habit de l'ordre des Prémontrés.

Guy, le troisième, épousa une dame nommée Alix, et, par la suite, il hérita de tous les biens de son père. Nous aurons occasion de parler de lui ultérieurement.

Valeran, le dernier des fils, fut d'abord destiné à l'état ecclésiastique. A peine avait-il atteint l'âge de raison, qu'il fut revêtu de la dignité d'abbé du chapitre de Saint-Martin d'Épernay. Après avoir joui des prérogatives de sa charge, il abdiqua (1128), et se fit moine à Clairvaux.

La même année, saint Bernard l'envoya, avec douze religieux, à Orcamp, pour occuper l'abbaye que l'évêque Simon venait de fonder. Ce religieux en fit bâtir l'église. Cette église fut consacrée par Renaud, archevêque de Reims, assisté de plusieurs suffragans de la province. L'abbé Valeran, qui était dans la vie spirituelle un des plus grands maîtres de son siècle, s'acquit bientôt une grande réputation de vertu et de sagesse. Tout le monde vénérait la communauté qu'il dirigeait, lorsqu'il la quitta, ainsi que ce monde, le 27 juin 1142. Il fut enterré avec pompe à Igny.

Les filles d'André de Baudiment s'engagèrent toutes trois dans les liens du mariage : l'aînée, Eustache, épousa en premières noces Eudes, comte de Corbeil; après la mort de celui-ci, elle se remaria à Guillaume de Garlande, sénéchal de France et seigneur de Livry. Helvide fut unie à Guy de Dampierre; enfin Hubeline épousa Gauthier, comte de Brienne.

L'an 1137, André de Baudiment, fatigué du bruit du monde, se retira dans un monastère, et fit l'abandon de tous ses biens à son fils Guy, le seul qui n'eût pas embrassé la vie monastique. Il se retira dans le cloître de Clairvaux, où il mourut peu de tems après en odeur de sainteté. Agnès, sa femme, imita son exemple et entra au couvent de Fontenille, afin d'y consacrer à Dieu le reste de ses jours.

Revenons maintenant à Guy, le seul des fils d'André

qui laissa des héritiers du comté de Braine. Il eut de son union avec Alix deux fils et une fille. Hugues, le premier, fut surnommé le Blanc, à cause de son teint pâle. Ce jeune seigneur reçut de son père la terre de Chérisy, et mourut dans un âge peu avancé. Guidon, son frère, mourut aussi avant son père, et sans être marié. Agnès, leur sœur, qui portait le nom de son aïeule, devint, par la mort de ses frères, héritière présomptive du comté de Braine et de ses dépendances. Cette jeune fille épousa Milon, comte de Bar-sur-Seine, qui la rechercha autant pour sa vertu que pour l'appât de ses richesses. Peu de tems après son alliance, en 1144, Agnès perdit son père, Guy de Braine, qui s'était retiré dans un monastère. Ce dernier fit peu d'actions mémorables; cependant, après la retraite de son père et de sa mère, il combla les Prémontrés de bienfaits. De son tems, la nouvelle communauté reçut les dîmes de Blanzy, en exceptant, toutefois, celles de l'église et celles du prêtre. Ces dîmes et autres possessions de Braine ont été confirmées en 1141, par une charte de Goislein, évêque de Soissons. Cette charte, que nous rapporterons à la fin de ce volume, se trouve dans la *Gallia christiana.*

Le comte Milon eut de son mariage avec Agnès de Braine deux filles, Pétronille et Marie : celle-ci mourut célibataire, et Pétronille épousa Hugues du Puyset, vicomte de Chartres, qui devint plus tard, par la mort de son beau-père, comte de Bar-sur-Seine.

Agnès de Braine perdit le comte Milon, son mari, et Alix, sa mère, presque en même tems. Une charte de l'année 1150, délivrée par Goislein, évêque de Soissons, porte que la dame Agnès donna à l'église de Braine la pêche, le fonds et le cours d'eau d'un étang sis à Cuissy, et une rente à prendre sur l'autel de Bruyères, à la condition que les religieux de Saint-Yved fissent des prières pour le repos de l'ame de son époux.

Le veuvage d'Agnès dura peu. Les biens immenses qu'elle possédait, tant du chef de son père, de ses oncles, de ses frères que de son mari, la rendirent un des plus riches partis de la France. Tous ses biens, réunis à ses vertus et à ses qualités, la firent rechercher par Robert Ier, comte de Dreux, frère de Louis VIII. Le comte fut accueilli favorablement, et le mariage conclu et célébré en 1152. Cette alliance fut la tige des comtes de Dreux et de Braine, et plus tard de celle des comtes de Bretagne. Les comtes de Dreux n'ont presque pas cessé de résider au château de Braine jusqu'à l'extinction de cette illustre branche, dont nous parlerons plus loin, en revenant à Robert Ier.

CHAPITRE XVII.

Reliques de saint Rufin et saint Valère; seigneurs de Bazoche.

Autrefois, le village de Bazoche était un bourg qui comprenait le territoire de deux paroisses, Saint-Rufin et Saint-Thibaud. Clovis Ier donna ce domaine aux archevêques de Reims, qui, plus tard, au VIIe siècle, le cédèrent aux évêques de Soissons. Les deux collégiales existaient, l'une au château, l'autre au hameau de Saint-Thibaud.

Ce fut sous le règne de Constantin-le-Grand, protecteur de la religion chrétienne, que se rallumèrent les souvenirs presque éteints de saint Rufin et de saint Valère. Pour honorer ces saints, on éleva à Bazoche un oratoire sur leur sépulcre. Comme on appelait ces sortes de chapelles *Basilica* et *Bisulca*, le territoire prit le nom de *Bazoche*, mot traduit du vieux latin *Bisulca*. Dans la suite, la chapelle ayant été renouvelée et agrandie, saint Loup, évêque de Soissons, y forma un chapitre de soixante-douze clercs ou chanoines, en mémoire des soixante-douze disciples de Jésus-Christ. Ces clercs la desservirent jusqu'en 1136, époque à laquelle elle fut réunie à l'abbaye de Marmoutiers.

Au VIIe siècle, lorsqu'on bâtit l'oratoire en l'honneur de saint Rufin et de saint Valère, leurs reliques furent inhumées pour être exposées à la vénération des fidèles. Ces reliques donnèrent lieu à plusieurs translations, et furent cause de plusieurs miracles.

Frodoard dit que, peu de tems après la mort de ces deux saints, on voulut porter leurs reliques à Reims, mais que les châsses étaient devenues si pesantes, qu'il fut impossible de les soulever et d'aller plus loin. « Ce » qui advint ainsi, dit-il, par la volonté de Dieu, afin » que leurs corps pussent jouir d'un repos paisible au » lieu même où ils avaient tant de fois consolé les pau- » vres, en leur distribuant des aumônes. »

En 882, les Normands répandirent leurs ravages dans cette contrée; et, pour soustraire à la persécution de ces barbares les restes de ces deux saints, on les transféra à Reims dans l'église de Saint-Pierre, où on les garda pendant deux ans en grande vénération. Les guerres étant terminées et le calme rétabli, le curé de Bazoche désirant faire revenir ces précieuses reliques dans leur propre église, se hâta d'aller lui-même à Reims les chercher.

Après avoir célébré une messe, les reliques furent levées et emportées au milieu d'un grand concours de peuple. C'était un dimanche : il faisait un orage épouvantable; le tonnerre grondait; et le vent soufflait si fort qu'il éteignit les lumières que l'on portait en l'honneur des deux saints. Après quelques heures de marche, on arriva à la rivière de Vesle *(Vidula)*, qui était alors navigable. Le cierge que l'on portait devant les reliques, et qui était éteint depuis long-tems, se ralluma tout à coup, à la grande admiration des spectateurs. Cette lumière miraculeuse dura près de deux lieues, malgré les tourbillons de vent, de pluie et de grêle. Plus tard, en mémoire de ce miracle, le curé de Bazoche fit faire un autre cierge avec la même cire et sous une autre forme. Par un nouveau miracle, la cire amollie s'augmenta avec profusion dans les mains des clercs occupés à la confection de ce cierge. Au bruit causé par l'admiration que produisit ce prodige, le curé arriva et crut, en voyant la cire ainsi accrue, qu'on en avait ajouté sans son ordre; mais, d'après la réponse négative des clercs, il reconnut un miracle, rendit grâces à Dieu, et fit placer cette cire dans l'église, en mémoire d'un si grand événement. Riculphe, évêque de Soissons, voulut en avoir quelques parcelles. Les prêtres de plusieurs communes voisines en demandèrent aussi par dévotion. On leur en accorda à tous une partie, qu'ils placèrent religieusement dans leurs églises.

En 937, il y eut une autre translation de ces reliques. Pour les soustraire encore à la persécution des ennemis, on les transporta de Bazoche à Soissons, où elles furent gardées dans la cathédrale avec les honneurs qui leur étaient dus. Le péril étant passé, il fut question de ramener les deux châsses à Bazoche; mais l'évêque de Soissons en garda une et renvoya l'autre. Comme on la rapportait, un boiteux, se traînant avec peine, suivait avec les autres le corps de saint Rufin. Arrivé à Vasseny, village près de la route entre Soissons et Braine, il fut guéri tout à coup, et marcha aussi droit qu'avant l'accident qui lui avait ôté le libre usage de ses jambes. Il jeta alors ses béquilles et alla remercier Dieu, qui se montrait si grand et si admirable en mémoire de ses saints. Peu de tems après la translation de ces reliques, plusieurs églises des environs, celles de Coulonges, Loupeignes, Vierzi, Vrégny et Ourgues, eurent l'honneur d'en posséder quelques parcelles.

« Nous allons montrer, ajoute encore Frodoard, com-
» bien la justice divine était prompte à punir ceux qui
» violaient les lieux saints, et qui osaient porter une
» main profane sur les biens que les fidèles donnaient aux
» bienheureux martyrs.

» Tandis qu'il existait des discordes entre le roi Eudes

» et le roi Charles, il se commettait impunément, et
» sans prétexte, des rapines et des pillages qui désolaient
» la France. La justice divine n'effrayait pas plus les
» coupables que la justice humaine; on n'observait ni
» droit ni loi; tout allait par la force et la violence. Un
» jour donc, il arriva que des malfaiteurs vinrent au
» bourg de Bazoche. Ils commencèrent à enlever aux
» pauvres habitans le peu qu'ils possédaient. Alors, une
» femme jeune encore, emportant avec elle tout ce
» qu'elle possédait, s'enfuit vers l'église Saint-Rufin.
» Mais bientôt elle fut aperçue par un des pillards, qui
» était à cheval. Celui-ci, dans l'espoir de l'atteindre, de
» lui enlever ce qu'elle avait ou d'assouvir une passion
» brutale, se mit à sa poursuite en lançant son cheval
» au galop. Un des assistans lui cria : « Misérable! garde-
» toi bien de la poursuivre jusqu'au parvis des Saints,
» car il t'arrivera malheur. » Il ne tint pas compte de cet
» avis, et continua hardiment son chemin. A peine était-
» il arrivé sous le portail, que son cheval tomba sur la
» tête et se rompit le cou; lui-même eut la jambe brisée
» presque entièrement. La blessure, ouverte comme si
» on l'eût tranchée avec le fer, laissait voir à nu l'os tout
» dépouillé. Cet homme qui, tout-à-l'heure, était un
» cavalier superbe, fut humilié de ne plus pouvoir se
» relever. Des mains étrangères le transportèrent hors
» du parvis de l'église. Comme on donna aux saints mar-
» tyrs tout ce qu'il possédait, il échappa à la mort; mais

» il resta toute sa vie estropié. Il vécut malheureux, por-
» tant dans sa misère le témoignage éclatant de la ven-
» geance divine. »

Il est aussi un fait avéré et bien connu, c'est qu'au tombeau de saint Rufin et saint Valère l'huile s'est quelquefois accrue. Le curé de Bazoche avait placé près de l'autel un vase en terre qui contenait cette huile, servant à alimenter la lampe qui brûlait sur le sépulcre des martyrs. Un jour, il n'en restait presque plus quand elle augmenta tout à coup sans que personne s'en aperçût. Elle arriva jusqu'aux bords du vase; et, comme elle continuait toujours à monter, ne pouvant plus être contenue dans le pot de terre, elle finit par se répandre. Le marguillier, chargé de la garde de l'église, le remarqua, et mit, sans en rien dire à personne, un vase au dessous de l'autre. En peu de jours il recueillit un setier d'huile et le cacha furtivement. Cet homme cupide faisait tourner un miracle à son profit, en dérobant pour lui seul le bien qui devait profiter à tous. Mais, le Seigneur voulant glorifier ses saints aux yeux de tout le monde, ne permit pas que le vol honteux de ce misérable restât plus longtems caché. Il y avait une maison attenante à l'église, dans laquelle l'évêque de Soissons avait coutume de descendre quand il venait à Bazoche. Un jour le curé y entra et découvrit le second vase, qui contenait de l'huile à pleins bords. Ne sachant d'où pouvait provenir une aussi grande provision dans un tems de disette, il s'informa près du marguillier, qui avait commis une aussi grande profanation, à qui cette huile appartenait, et qui l'avait placée là. Celui-ci répondit qu'il n'en savait rien. Les enfans de chœur, qui se réunissaient pour apprendre les psaumes et qui avaient connaissance du miracle, en racontèrent les détails au curé, ainsi que l'action cupide du marguillier. Aussitôt le prêtre se rend auprès de l'autel où était le vase, et trouve les dalles encore tout humides d'huile nouvellement répandue. Tandis qu'il rendait gloire à Dieu, infini dans sa bonté et sa miséricorde envers ses saints, un autre gardien vint s'accuser aussi d'avoir dérobé furtivement une grande quantité d'huile, qu'il avait employée pour ses besoins [*].

Les archevêques de Reims et les évêques de Soissons, fatigués des déprédations continuelles commises par des troupes de factieux et de vagabonds, résolurent de fortifier leur château de Bazoche. Ils en confièrent la défense à Hérivé, gentilhomme issu de l'illustre maison de Châtillon-sur-Marne. Quoique vassal des évêques de Soissons, il prit la qualité de seigneur de Bazoche : en effet, ce titre lui appartenait, puisqu'il habitait ordinairement ce château et qu'il le défendait. En l'an 909, Hérivé céda à son frère Odon les terres de Bazoche et de Châtillon. Nous ne connaissons rien de remarquable de ce seigneur ni de ses successeurs jusqu'à Milès de Châtillon, qui vivait sous le règne de Henri Ier. Ce seigneur

[*] Fnon., *Hist. de l'Egl. de Reims.*

eut deux fils, dont l'aîné s'appelait Milès comme lui, et le second Manassé. L'histoire de ces deux frères n'offre rien de remarquable : l'aîné se maria et mourut dans un âge peu avancé, laissant sous la tutelle de Manassé trois fils, Hugues, Gervais et Gaucher.

Le nom de Manassé est cité dans plusieurs titres concernant l'église collégiale de Saint-Thibaud.

Puisque nous parlons de cette église, nous ne croyons pas déplacé de signaler ici un de ces actes de vandalisme que nous avons malheureusement trop souvent à déplorer.

L'église de Saint-Thibaud, dont la fondation remonte à l'époque de l'architecture romane ou saxonne, existait encore presque entièrement il y a peu d'années. Abandonné par le clergé depuis la révolution, ce monument remarquable comme page d'histoire aurait pu être réparé à peu de frais et rendu propre au culte divin. Mais nous ne savons de quel mauvais génie un homme haut placé fut inspiré lorsqu'il eut l'idée impie de faire raser cet édifice, sous prétexte d'opérer des changemens et de marquer son époque.... Ces actes ne sont pas rares de nos jours; et c'est une honte pour les hommes d'intelligence et de goût de souffrir qu'on abatte ainsi ces rares monumens dont l'architecture et la vétusté inspirent l'artiste et le poète.

Les renseignemens que nous avons sur la collégiale de Saint-Thibaud, depuis sa fondation, ne datent que de sa réunion à Marmoutiers (1088). Elle appartenait avant à des clercs séculiers qui, comme ceux de Saint-Yved de Braine, menaient une vie peu édifiante. Rainaud, archevêque de Reims, et Hilgot, évêque de Soissons, indignés de ces désordres, résolurent de remplacer les clercs séculiers par des religieux de Marmoutiers. A cette occasion, Manassé de Bazoche restitua à la collégiale de Saint-Thibaud les biens qu'il lui avait enlevés. Comme ce seigneur avait aussi sur cette église des droits légitimes et effectifs, son consentement était nécessaire à cette réunion des deux églises. Les deux prélats que nous venons de citer l'obtinrent, et dressèrent une charte dans laquelle cette réforme est constatée. Il est aussi spécifié que « les religieux recevront en obligation le cimetière ou le parvis de l'église, et qu'ils jouiront de plusieurs biens et coutumes, tels qu'un moulin, un four, un vivier, des vignes, des prés, des terres labourables et plusieurs maisons. » Parmi les noms qui sont au bas de cette charte sont ceux de Pierre de Bazoche, Raherius, prieur de Crépy, Artaud, prieur de Saint-Thibaud, et Guillaume de Pacy.

Peu de tems s'était écoulé depuis la conclusion de cette affaire, lorsque Manassé de Bazoche eut quelques différends avec les moines de Saint-Thibaud. Il profita de cette circonstance pour les déposséder de nouveau.

Plus tard, ce seigneur, touché de repentir et revenu à des sentimens meilleurs, alla trouver Henry, évêque de

Soissons, et lui restitua, en présence de deux témoins, les biens qu'il avait enlevés, pour la deuxième fois, aux religieux de Saint-Thibaud. La propriété de ces biens fut confirmée dans un concile tenu à Reims, en 1093.

Hugues, l'aîné des fils de Milès, hérita des terres de Bazoche, de Coulonge et de Vauseré. L'action la plus remarquable que nous ayons à signaler de sa part, est la restitution qu'il fit à l'église Saint-Rufin et Saint-Valère de la dîme du moulin de son château, dont ses prédécesseurs s'étaient emparés (1103). Etant près de mourir, il fit don à la même église de 5 sols de rente, à prendre sur le moulin de Tannières. Hugues laissa en mourant une femme, nommée Basilie, quatre fils et une fille. Basilie respecta les dernières volontés de son époux. Elle augmenta les legs qu'il avait faits à l'église Saint-Rufin en lui abandonnant la propriété de toutes les dîmes de Tannières, en réservant, toutefois, un muid de blé aux religieux de Saint-Thibaud, et un demi-muid dont le prix serait employé au luminaire de leur église. Ces donations furent confirmées en 1122 dans une charte délivrée par Lisiard, évêque de Soissons.

Gervais, second fils de Milès, fut un des avoués de la vicomté du Mont-Notre-Dame. Ce seigneur, brave et prudent, jouissait parmi ses contemporains d'un rare mérite et d'une haute réputation. Duchesne nous raconte qu'en 1096, Gervais de Bazoche accompagna les princes chrétiens dans le premier voyage qu'ils firent en Terre-

Sainte. Il ajoute que quand Hugues de Fauquemberg, prince de Galilée et de Tabarie, fut mis à mort par les Turcs de Damas, Gervais fut choisi pour gouverner cette principauté (1107). Il remporta sur les infidèles plusieurs victoires. Les Turcs, qui le regardaient comme un de leurs ennemis les plus dangereux, le surprirent dans une embuscade et l'emprisonnèrent à Damas.

Les chrétiens offrirent pour sa rançon une grande somme d'argent; mais les Turcs, informés que Gervais était aimé des princes croisés, demandèrent les villes de Ptolémaïde, de Zapha et de Tabarie. Baudoin leur proposa une somme de 100 besans d'or en échange. Les infidèles refusèrent cette offre, et résolurent d'ôter la vie à Gervais. Ce vaillant guerrier fut conduit sur la place de Damas, où on le perça de flèches. Un des chefs turcs demanda la tête de Gervais. Quand on la lui eut apportée, il la fit écorcher, et ordonna que la chevelure fût séchée au soleil, afin d'en faire une perruque. En mémoire des avantages qu'ils venaient de remporter, les Turcs portèrent devant eux cette perruque au bout d'une pique. Un autre écrivain, Fratellus, explique autrement cette atrocité. Il dit que Gervais ayant été pris par Tudequin, roi de Syrie, celui-ci lui fit trancher la tête, et ordonna qu'on en enlevât la chevelure; puis il prit le crâne, l'enrichit d'un filet d'or et de pierres précieuses, afin de s'en servir en guise de coupe dans ses repas et dans ses libations.

Gaucher, le troisième et le dernier des fils de Milès II de Bazoche, embrassa la vie religieuse, et fut nommé prieur de Sainte-Gemme. Il mourut dans le monastère qu'il avait choisi.

Les enfans de Hugues de Bazoche étaient : Guy, Gaucher, Hugues II, Gérard, et une fille nommée Hermengarde. Ces trois derniers n'ont laissé aucune trace marquante de leur vie. On sait seulement que Hugues épousa l'héritière de la vidamie de Châlons, et qu'il est fait mention d'Hermengarde dans un titre de l'an 1134.

Gaucher, qui eut en partage les terres de Coulonges, de Pouilly, et une grande partie de la seigneurie de Bazoche, confirma les donations faites à Saint-Rufin par son père. En 1134, il fit don à l'église de Saint-Thibaud du moulin situé sur la chaussée de Bazoche. On conserva long-tems un acte de 1141, par lequel il donna un pré à l'église Saint-Yved de Braine. Ce seigneur mourut sans postérité en 1148.

Guy de Bazoche hérita de la plus grande partie des biens de son père. Il donna à l'église de Saint-Thibaud son alleu de Parthy, et lui restitua sa dîme de Corthain, que son père avait usurpée et donnée à Isuard, chevalier de son château, pour lui tenir lieu d'une rente de quinze livres; toutefois, il remboursa à Isuard le montant de cette rente. Guy épousa Hermengarde de Roucy, et de cette union naquirent deux fils, Hugues et Gervais.

Hugues se fit moine à Igny. Ce religieux, sans vocation pour la vie qu'il embrassait, n'est connu que par un crime épouvantable qu'il commit sur Gérard, abbé de Clairvaux. Gérard, entrant un jour dans un dortoir du monastère, y fut assassiné par Hugues, qui s'y tenait caché dans ce dessein. Les chroniques ne nous révèlent pas le motif de cet odieux attentat.

Tandis que son père vivait encore, Gervais de Bazoche épousa une dame nommée Havoise. De ce mariage, sont issus six fils et deux filles. On voit, dans un acte de l'an 1154, que ce seigneur confirma aux religieux de Saint-Yved de Braine le droit de jouissance des biens qu'il possédait à Courteau. L'acte fut dressé en présence d'Ancoul de Pierrefond, évêque de Soissons, et Guillaume, abbé de Chartreuve. Plus tard, en 1161, il constitua une rente au profit de l'église Saint-Rufin, pour subvenir à l'entretien d'une lampe, destinée à brûler jour et nuit devant un christ. L'époque de la mort de ce seigneur est incertaine. Son épouse et ses enfans lui survivaient encore en 1169.

Nicolas, l'aîné des six fils, succéda à son père dans la majeure partie de ses biens. Il possédait la seigneurie de Bazoche en 1169. En cette même année, les religieux de Braine passèrent un compromis avec lui au sujet des terres situées à Barbonval, Longueval et Serval. En 1188, il épousa Agnès de Chérizy, fille de Gérard III. Ils eurent de ce mariage six fils et une fille.

Guy, second fils de Gervais, fut chanoine à Soissons. Gaucher, le troisième, mourut en bas-âge, et fut enterré dans l'église Saint-Rufin. Gautier, le quatrième, embrassa la carrière militaire et devint chevalier; Milès, le cinquième, devint abbé de l'église Saint-Médard de Soissons; Robert, le sixième, fut marié, et eut un fils nommé Pierre de Bazoche; l'aînée des deux filles, Fauques de Bazoche, fut mariée d'abord à Renaud de Courlandon, puis à Raoul de Sery; enfin, Alix, sa sœur, épousa le seigneur de Balaam.

Le premier des fils de Nicolas Ier fut appelé Nicolas II, et eut, comme son père, la seigneurie de Bazoche. Gautier hérita de la terre de Villesavoie, et fit branche de la maison de Bazoche. Ses autres frères se retirèrent dans la cathédrale de Soissons. Jacques en fut nommé trésorier, Gervais archidiacre; Nivelon chanoine, puis archidiacre comme son frère. Gérard obtint un canonicat, et fut élevé par la suite sur le siége épiscopal de la ville de Noyon.

Jacques fut le plus illustre de cette nombreuse famille. En 1219, de la dignité du trésorier, il fut nommé évêque de Soissons; en 1226, le siége archiépiscopal de Reims étant devenu vacant, Jacques de Bazoche fut choisi pour sacrer le roi saint Louis. Nous ne connaissons pas au juste l'époque de la mort de cet évêque; mais, nous pouvons affirmer qu'il vivait encore en 1241.

Nous voyons, dans les annales des Bénédictins, qu'au

XIIe siècle, les biens de l'église de Saint-Rufin de Bazoche, qui suffisaient dans l'origine à l'entretien de soixante-douze clercs, ne produisaient plus alors qu'un revenu modique et insuffisant. Les usurpations des biens de cette église et la diminution des produits avaient imposé la nécessité de supprimer soixante canonicats et de n'en réserver que douze.

En 1136, Goislein, évêque de Soissons, reçut une ordonnance du roi qui lui permettait de réunir à l'abbaye de Marmoutiers la collégiale de Saint-Rufin de Bazoche. Parmi les pièces justificatives se trouve un titre contenant les conditions de cette réunion.

Il est vraiment fâcheux que nos aïeux n'aient pu nous léguer sur chaque siècle passé des annales plus détaillées et plus complètes. Nous ne rencontrons partout dans leurs chroniques que des actes de naissance, de mariage et de décès. Toutes les intrigues sont les mêmes ou à peu près. La plupart de leurs détails sont inexacts, et souvent dépourvus d'intérêt. Cependant, nous avons une dette de reconnaissance à acquitter envers plusieurs de ces historiens, dont les écrits contemporains, aussi naïfs que bizarres, nous ont été d'une grande utilité pour faire cet ouvrage.

Nous reprendrons plus loin l'histoire de Bazoche.

CHAPITRE XVIII.

Histoire du Mont-Notre-Dame.

e village du Mont-Notre-Dame, un des plus importans du canton de Braine, est situé à 5 kilom. 820ᵐ de cette ville. Un château qui jadis appartenait à nos rois, une belle collégiale fondée par Gérard de Roussillon, cinq conciles tenus à différentes époques, ont rendu ce pays célèbre dans les annales historiques.

L'ancien château, dont nous ne connaissons pas au juste l'époque de la fondation, fut bâti et fortifié par les premiers rois Francs. Il se composait de plusieurs corps de logis d'une immense grandeur : le principal était flanqué de quatre tours, d'une grosseur colossale, au milieu desquelles s'élevait un superbe donjon, que l'on apercevait de très-loin.

Le concile de l'an 589, que nous avons rapporté au chapitre XIV, fait présumer qu'un chapitre considérable ou un monastère vaste et spacieux était attaché à ce palais; en effet, on choisissait toujours de pareils lieux pour ces sortes d'assemblées.

La terre du Mont-Notre-Dame fut divisée en deux seigneuries par nos rois; l'une fut donnée à des vicomtes; l'autre aux évêques de Soissons, qui en furent les prévôts-nés; mais, en faisant cet abandon, ils se réservèrent le droit de procuration ou de gîte. On peut prouver que ces droits se payaient encore exactement au XIIIe siècle. Dans la seigneurie des vicomtes, on suivait la coutume du Vermandois, et, dans l'autre, on suivait celle de Vitry.

La première église collégiale du Mont-Notre-Dame fut érigée, par Gérard de Roussillon, sous le règne de Charles-le-Chauve. Cette église, bâtie avec beaucoup d'art et de goût, était un des monumens les plus remarquables et les plus anciens des environs.

Gérard, afin de préserver les reliques de sainte Madeleine de la fureur des Sarrasins, qui firent irruption dans la Provence, les fit transporter d'Aix, où cette sainte mourut, dans le monastère de Vezelay, qu'il avait fait ériger. Après cette translation, Gérard, voulant étendre le culte de sainte Madeleine, résolut de fonder plu-

sieurs collégiales en son honneur. Parmi ses terres du
Soissonnais, il prit celle du Mont-Notre-Dame (Saurèle)
pour y établir une de ces collégiales. Il forma un chapitre
de clercs pour la desservir, et leur abandonna une partie
de son château. Ce chapitre fut composé de quatorze prébendes, et gouverné par un prévôt et par un doyen. Gérard de Roussillon proposa la place de prévôt à l'évêque
de Soissons, qui l'accepta, tant en son nom qu'en celui
de ses successeurs. Le doyen était tenu de gouverner le
chapitre en l'absence de l'évêque, et d'exercer les fonctions curiales sur tout le territoire. Il avait le droit de
prendre place dans les stalles supérieures de l'église cathédrale de Soissons. Dans les synodes diocésains, au
parvis de Soissons, il avait aussi le privilége sur le doyen
de Saint-Pierre et sur celui de la collégiale de Saint-
Clément de Compiègne. On voit, dans un ancien titre,
que le doyen du Mont-Notre-Dame tenait en fief, de l'é-
vêque de Soissons, la juridiction spirituelle du lieu. Dans
les émolumens de cette juridiction, l'évêque avait deux
parts, et le doyen la troisième.

 Gérard attacha aux prébendes du chapitre des revenus
considérables, tels que seigneuries, maisons, fonds de
terre et autres bénéfices qu'il y fit réunir. Tant que ce
chapitre dura, il eut le droit de nomination à huit cures,
à dix chapelles de la collégiale, et à trois autres chapelles
situées en d'autres lieux.

 Lorsque l'établissement fut formé, Gérard fit transférer dans la nouvelle église quelques parcelles des reliques de sainte Madeleine. Les chanoines en firent part à d'autres églises du Soissonnais; l'abbaye du Charme eut un reliquaire de cette sainte. L'église paroissiale de Verberie eut pendant long-tems un reliquaire en vermeil, contenant un os de sainte Madeleine; les églises de Braine et celle de Saint-Aubin de Crépy eurent aussi de ses cheveux.

Le culte de sainte Madeleine fit bientôt oublier le nom de Saurèle, qui fut remplacé par celui de Sainte-Marie-au-Mont, ou du Mont-Sainte-Marie-Madeleine. Comme on aime généralement à abréger les noms, on se contenta de l'appeler le Mont-Sainte-Marie. Ce dernier nom, étant aussi le nom de la mère de Dieu, on les confondit ensemble, et, plus tard, on appela le lieu en question Mont-Notre-Dame.

Les chanoines du Mont-Notre-Dame eurent plusieurs contestations, au sujet des biens limitrophes qu'ils avaient, avec les premiers Prémontrés de Braine et de Chartreuve. Ces contestations furent terminées par une transaction passée, en 1140, entre l'abbé des Prémontrés de Braine et Thomas, doyen du Mont-Notre-Dame. Par cet acte, les chanoines du Mont-Sainte-Marie cédèrent aux religieux de Braine le moulin de Joye, à la condition que ces religieux leur paieraient tous les ans une rente de sept muids et demi du plus beau froment qui serait récolté sur les biens de la ferme de Bruyères.

Le moulin de Joye fut bâti au bas du Mont-Notre-Dame, sur la rivière qui sépare ce territoire de celui de Quincy. Il y avait autrefois près de ce moulin un pont qu'on appelait Jouise, par où passait le grand chemin de Paris à Reims. On allait aussi à Ouchy en gagnant la boulerie de Tannières.

Le doyen Thomas, qui conclut le différend dont nous venons de parler, se faisait remarquer par sa sagesse et sa vertu. Goislein, évêque de Soissons, avait pour lui beaucoup d'estime et de considération. Ce vénérable ecclésiastique survécut peu d'années à cet arrangement. Après sa mort, il fut inhumé avec pompe dans l'église collégiale du Mont-Notre-Dame, et l'on plaça à côté de son tombeau une épitaphe ainsi conçue :

> Est homo vermis, humus est, et mundi gloria fumus,
>   Et presens vitæ, transit ut umbra cita.
> Pes, tutela manus, cleri fuit iste Decanus,
>   Pauperis et baculus, quem tegit hic tumulus.
> Cum nulli sensus mortem demat neque sensus
>   His Thomas nituit, qui tamen ecce ruit.

Ces vers, quoique très-médiocres, font l'éloge complet du doyen Thomas, et nous le montrent comme le bienfaiteur des pauvres et le défenseur de ses confrères. Cette épitaphe, qui fut d'abord placée avec le corps du doyen dans la première église du Mont-Notre-Dame, fondée par Gérard de Roussillon, doit se trouver maintenant renversée et près de la croisée qui est au dessus de la voûte à gauche, dans la grande et belle église dont nous aurons occasion de parler dans un des chapitres suivans.

Depuis le baron Gervais, qui vivait en 1102, jusqu'au vicomte Simon, qui est nommé dans une charte de 1288, les vicomtes du Mont-Notre-Dame nous sont entièrement inconnus. Comme ces seigneurs appartenaient tous deux à la maison de Bazoche, il est présumable que Simon était descendant de Gervais. Plusieurs titres font mention du vicomte Simon. On a de lui un *Aveu et dénombrement* de sa vicomté, présentés au baron de Nesle l'an 1288; treize ans plus tard, ce seigneur eut avec l'évêque de Soissons, co-seigneur du Mont-Notre-Dame, une affaire qui fut terminée par une sentence arbitrale. Son nom paraît encore dans deux titres, cités par Duchesne, dans son histoire de Châtillon. Il est aussi fait mention de son cousin Jean Coquillart, seigneur de Villesavoie et du Mont-Saint-Martin, dans ces deux titres, dont l'un est de 1324, et l'autre de 1327.

La branche des seigneurs de Villesavoie commence à Gautier de Bazoche, cinquième fils de Nicolas Ier, qui reçut de son père les terres de Loupeignes et de Villesavoie. Ses descendans, en ligne directe, ont été Gautier II, qui existait en 1259; Jean Ier, dit Coquillart, dont nous venons de parler, et qui épousa Gilette de Poudron, veuve de Jean, sire de Cramailles. De ce mariage naquit Jean II, qui fut surnommé comme son père.

Il est aussi question d'un Jean du Mont-Sainte-Marie, chancelier de Philippe de France, comte de Valois. Avant 1142, ce seigneur fut nommé prêtre et prévôt de Soissons. Quelque tems avant sa mort il fit un testament, par lequel il fonda trois bourses pour trois écoliers, qui étudieraient pendant dix ans et à leur choix dans l'une des villes suivantes : Paris, Toulouse, Orléans, Angers et Montpellier. L'argent de ces trois bourses était pris sur la *boîte* des halles de Paris. Par ce même testament, il donna aux religieux de Saint-Jean-des-Vignes de Soissons, deux maisons sises à Paris, pour servir à ceux d'entre eux qui désireraient faire leurs études dans cette ville. Jean du Mont-Sainte-Marie mourut le 8 décembre 1348, et fut inhumé dans l'église des Chartreux de Paris, qu'il avait choisie pour le lieu de sa sépulture.

Bernard de Moreuil succéda à Jean du Mont-Sainte-Marie, ou Jean du Mont-Notre-Dame, dans la vicomté de ce lieu. Ce vicomte tirait son nom d'une terre de Moreuil, en Picardie.

Le roi Philippe de Valois, qui l'affectionnait et qui avait toute confiance en lui, l'éleva d'abord au rang de chevalier, puis à celui de précepteur ou gouverneur de son fils aîné Jean, duc de Normandie. Le 3 novembre 1346, il fut nommé par le roi général de l'armée de Picardie. Ce seigneur épousa Marguerite de Thorote, dame d'Offemont. Ils eurent de ce mariage un fils, appelé Rogues, seigneur de Moreuil, du Mont-Notre-Dame et de

Cœuvres. Bernard, dont l'époque de la mort nous est inconnue, vivait encore le 22 mai 1350.

Ce que nous savons sur Rogues, c'est qu'il eut un fils nommé Thibaud. Ce fils, qui avait les mêmes titres que son père, fut chambellan du roi; puis, capitaine et gouverneur de Soissons. Il mourut le 28 avril 1454, laissant pour héritiers deux fils, Valeran et Bernard. Le nécrologe de Braine faisait mention d'un Thibaud du Mont-Notre-Dame, qui vivait en 1360, et qui donna, à l'abbaye de Saint-Yved, une Bible expliquée, *Librum glossatum de Biblia*. .

Bernard de Moreuil, deuxième du nom, et le plus jeune des fils de Thibaud, succéda à son père dans la vicomté du Mont-Notre-Dame. Il se maria, et n'eut pour héritière qu'une fille, appelée Jeanne, qui épousa un gentilhomme, nommé d'Aumale, auquel elle apporta pour dot la vicomté du Mont-Notre-Dame. De cette union naquirent trois fils : Jean, Renaud et Guillaume. En 1499, l'aîné, Jean d'Aumale, hérita de la vicomté du Mont-Notre-Dame, que ses descendans possédèrent très-long-tems.

Pendant les guerres, les évêques de Soissons avaient l'habitude de se retirer dans leur maison du Mont-Notre-Dame; plusieurs d'entre eux furent même inhumés dans la collégiale. En 1414, l'ancienne capitale de la Neustrie étant assiégée par l'armée de Charles VI, l'évêque et le chapitre de cette ville se retirèrent dans leur château du Mont-Notre-Dame, afin de s'éloigner du théâtre de la guerre. Nicolas Graibert y passa la plus grande partie du tems de son épiscopat. Il mourut dans le pays, et fut enterré dans l'église, ainsi que son prédécesseur.

L'évêque Renaud Desfontaines, proche parent des gouverneurs du Valois, y mourut aussi (5 septembre 1442), après y avoir fait un long séjour.

Outre le concile de l'an 589, que nous avons déjà rapporté, il y en eut encore quatre autres au Mont-Notre-Dame.

Le premier fut tenu à cette occasion : en 971 ou 972, Adalberon, archevêque de Reims, voulant faire des réformes au monastère de Mouzon, envoya une députation à Rome, vers le pape Jean XIII, afin de l'en informer et d'en obtenir l'autorisation. Au mois de mai de l'année suivante, ces députés étant de retour avec les apocrisiaires du pape, Adalbéron convoqua, à ce sujet, les évêques de la province de Reims, afin de faire devant eux la lecture du privilége accordé par le souverain pontife.

Le second concile fut convoqué par le même archevêque, en 977. On y traita plusieurs affaires, concernant les monastères de Saint-Vincent de Laon et de Mouzon.

Le troisième fut tenu aux ides de décembre 985. Les évêques y délibérèrent sur l'état de l'Eglise et sur plusieurs affaires publiques ou particulières.

Le dernier fut assemblé en 1023, au sujet de l'élection d'un archevêque. Ebalus fut élu, non sans difficulté, et succéda à Arnould, qui venait de mourir.

ET DE SES ENVIRONS. 107

Nous reprendrons plus loin l'histoire du Mont-Notre-Dame, à l'époque de la prise et de l'incendie du château et de l'église par les huguenots.

CHAPITRE XIX.

Bruyères et le Pont-d'Ancy.

u fond de la belle et fertile vallée de Limé, à une demi-lieue de Braine, est située une ferme isolée appelée Bruyères. Cette ferme, qui appartenait autrefois aux seigneurs de Braine, fut donnée par Agnès de Baudiment aux religieuses de cette ville, pour leur servir de retraite. Voici à quelle occasion : Dans son origine, le monastère de Braine était double, comme la plupart des abbayes de Prémontrés. Les religieux occupaient un côté du couvent, et n'étaient séparés que par un mur des religieuses, qui occupaient l'autre côté. La comtesse de Braine, trouvant cette contiguité peu convenable, donna à ces reli-

gieuses la cense de Bruyères, où se trouvait une chapelle qui fut à cette occasion convertie en monastère. En 1154, la communauté des religieuses de Braine était entièrement établie à Bruyères. Ce fait est connu par la donation, aux religieuses de Saint-Yved, d'un étang situé à Ancy.

Ancy, ou le Pont-d'Ancy, ce lieu dont l'antiquité ne nous a laissé que de faibles traces, est situé sur le territoire de Limé, entre la Vesle et Bruyères. On voit encore sur la rivière les débris d'un pont qui la traversait autrefois. Près de ce pont, en démolissant un vieux mur, on a trouvé des membres de statues mutilés, des tuiles *cannelées* très-épaisses, et des morceaux de marbre de toute espèce. Vers la fin du XVIIIe siècle, un habitant de Limé, creusant un fossé près du même endroit, brisa d'un coup de hoyau un grand vase de verre renfermant des ossemens humains; un peu plus loin, cet homme fouilla encore, et trouva des os d'une grandeur extraordinaire, parmi lesquels on remarqua un tibia de 22 pouces de longueur.

D'après les observations de quelques savans de l'époque, les objets découverts au Pont-d'Ancy étaient de trois âges différens : les ossemens d'une grandeur extraordinaire auraient appartenu aux Gaulois avant l'invasion des Romains. Ceux qui étaient renfermés dans les vases de verre, ainsi que les statues mutilées, auraient été postérieurs au règne d'Auguste. Quant aux tuiles *canne-*

lées, elles sont assez communes dans le Soissonnais, surtout aux endroits que l'on sait avoir été habités par les Romains du Bas-Empire, ou un peu avant la fondation de la monarchie française. Il résulterait donc de ces conjectures que les Gaulois ont habité le Pont-d'Ancy, et qu'après le règne d'Auguste on y aurait élevé de nouvelles habitations, qui auraient été détruites à l'époque de l'établissement des Francs dans la Gaule belgique.

Ce lieu n'est plus aujourd'hui qu'un vaste champ de terres labourables. Quand les blés commencent à grandir, on remarque en plusieurs endroits des clairières représentant la figure d'un tracé pour la distribution des bâtimens. Des fouilles faites en ces endroits y ont fait découvrir des fondations.

Il y a environ un demi-siècle qu'une ferme, ayant appartenu aux Prémontrés de Braine, existait encore en ce lieu. Quant à l'étang, qui était aussi en leur possession, il a été desséché à une époque qui nous est inconnue; la place qu'il occupait s'y fait encore remarquer par une cavité peu profonde.

Nous ne pouvons fixer la durée de la communauté des religieuses de Braine à Bruyères. La ferme et ses dépendances devinrent un simple bénéfice appartenant aux séminaires de Soissons, ainsi qu'on le voit dans les annales des Prémontrés. Depuis, elle est passée dans les mains d'autres propriétaires, qui la font valoir avec intelligence et prospérité.

CHAPITRE XX.

Robert Ier et Agnès de Braine.

Immédiatement après son mariage avec Agnès de Braine, veuve du comte Milon, Robert Ier prit les titres de comte de Dreux et de seigneur de Braine. Ce prince qui, par son alliance avec Agnès, était devenu héritier des immenses domaines de Braine, n'imita pas ses prédécesseurs à l'égard des monastères et des églises. Il chercha, au contraire, tous les moyens d'agrandir ses riches possessions, au préjudice même des communautés religieuses qui environnaient son château de Braine. De tous les moines de ces communautés, ceux de Coincy seulement osèrent lui résister. D'abord ils se récrièrent contre lui, puis ils portèrent plainte à Rome. Le pape, voyant que Robert ne voulait rien restituer des biens qu'il avait spoliés, résolut de l'excommunier.

Cependant le seigneur de Braine, se voyant frappé d'anathême, revint à des sentimens plus équitables. Il offrit à l'évêque de Soissons, Ancoul de Pierrefonds, de restituer les biens dont il s'était emparé, si toutefois on le déchargeait de l'excommunication. L'évêque ayant accédé à cette proposition, Robert exécuta immédiatement cette restitution, qui fut rendue publique par un édit de 1158.

Robert fit peu d'actes dignes de remarque à Braine. Il fonda, en 1179, dans l'église de Saint-Yved, quelques prières pour le repos de l'ame de son frère, le prince Henri, archevêque de Reims. L'acte de la fondation indique qu'elle a été faite du consentement d'Agnès, son épouse, de Guillaume, son fils ainé, et de ses autres enfans.

En 1180, le comte Robert donna à la ville de Dreux une charte de commune et de franchise commençant ainsi : « Robert, par la patience de Dieu, comte de Dreux et de Braine.... » Quatre ans plus tard, il maria son fils ainé avec Yolande de Coucy, et lui céda ses domaines de Dreux. C'est en cette année (1184) qu'il adopta les armes d'Agnès, sa femme, et garda seulement le titre de comte de Braine. Ces armes, dont nous donnerons plus loin une copie fidèle, étaient *échiquetées d'or et d'azur, à la bordure de gueules.*

Dans un titre de l'an 1186, Robert Ier se trouve cité conjointement avec Agnès, qui prend la qualité de dame héritière du château de Braine. On voit, dans les chroniques de Longpont, que ce titre est signé par maître Gautier, médecin du comte, et par Oilard, châtelain de Braine.

Il y est dit aussi que le comte et la comtesse de Braine ont fait, du consentement de leurs fils, Guillaume, Jean et Robert, la remise aux religieux de Longpont de quelques droits de mouvance qui leur étaient dus. Robert et Agnès mirent pour condition à cet abandon que les religieux feraient pour le repos de l'ame de Pierre, leur fils décédé, les prières d'usage lorsqu'un de leurs abbés venait à mourir.

On a encore de Robert de France deux chartes de l'an 1187 : l'une est le contrat d'une rente qu'il constitua à ses deux filles, Marguerite et Béatrix; l'autre, qui n'a rien de remarquable, est signée de ses trois fils.

Ce prince, qui, ainsi que son épouse, prit une grande part à la construction de l'abbaye de Saint-Yved de Braine, mourut le 11 octobre 1188, après avoir fondé à Paris la collégiale de Saint-Thomas-du-Louvre.

Après la mort du comte Robert, Agnès de Braine se fit remarquer par des actions d'un grand mérite. Elle bâtit le moulin de Quincampoix, sur la rivière de Vesle, fit entourer de murs le parc du château de Braine, et renouveler entièrement le prieuré de Saint-Remi, en le comblant de ses bienfaits. Ce prieuré, dont l'origine se perd dans les premiers siècles de notre ère, fut fondé, selon la tradition du pays, par Chilpéric 1er. La règle de Saint-Benoît fut d'abord suivie dans ce monastère; puis on fit subir aux religieux la réforme de Cluny. Ces religieux, qui vécurent pendant très-long-tems en bonne intelligence avec leurs voisins, n'ont laissé aucun titre qui les concerne. Il est fait mention d'eux dans les actes de fondation de l'abbaye de Saint-Yved, au sujet de quelques biens limitrophes qu'ils possédaient avec les religieux de cette nouvelle église. On n'a pu découvrir sur ce prieuré que trois chartes des années 1141, 1257 et 1264.

La première parle des biens qu'ils possédaient près du moulin de Saint-Remi.

La seconde dit qu'ils avaient le moulin neuf de la ville de Braine.

La troisième, datée du mois de mars, fait mention que Marie, comtesse de Dreux et de Braine, reconnut que les maîtres, les frères et les sœurs de l'hôpital de Braine étaient assujettis à la banalité des fours du prieuré de Saint-Remi, et étaient tenus de payer tous les ans huit setiers de blé à ce bénéfice.

Vers la fin du XIIIe siècle, la communauté de Saint-Remi perdit le titre d'abbaye avec la plus grande partie de ses biens, et fut soumise au monastère de La Charité-sur-Loire. Il ne resta plus alors à Braine qu'un prieur et un sacristain. Dans la suite de notre histoire, nous aurons occasion de parler de diverses particularités ayant rapport à ce prieuré.

Agnès de Braine combla aussi les Prémontrés de ses bienfaits. Dom Martenne nous raconte, dans ses voyages, qu'Agnès, l'année de son second mariage avec Robert de France, entreprit de convertir une jeune juive, et que cette conversion eut lieu dans la première église des Prémontrés ou de Saint-Yved de Braine.

Il y avait alors dans cette ville plusieurs familles juives, dont les unes vivaient de leur trafic, et les autres assujetties à la servitude. Parmi ces familles se trouvait une jeune fille d'une rare beauté. Sa figure, pleine de charme et de douceur, fit une grande impression sur l'esprit de la comtesse de Braine. Cependant une grave difficulté empêchait Agnès de donner à sa vive amitié tout l'abandon qu'elle aurait voulu ; car cette figure angélique cachait une âme infidèle, souillée du péché originel et rebelle à la loi divine.

Afin d'effacer ces taches, la comtesse employa tous les moyens possibles pour convertir cette jeune fille. Elle la fit catéchiser d'abord avec succès, et l'initia ensuite aux principaux mystères de la religion catholique, à l'exception de celui de l'Eucharistie. La juive déclara que jamais elle ne pourrait se déterminer à voir dans l'hostie la présence réelle de Jésus-Christ, s'il ne paraissait à sa place et sous la figure humaine. Comme cela ne pouvait avoir lieu sans un miracle, on eut recours, pour l'obtenir, aux jeûnes, aux processions et aux prières solennelles. Ce miracle ne pouvant avoir lieu qu'à la messe, on choisit, pour la célébrer, un des religieux de Saint-Yved, le plus recommandable par sa piété autant que par ses mérites. Le jour indiqué pour cette imposante cérémonie étant arrivé, Henri de France, archevêque de Reims, frère du roi et du comte de Braine, se rendit à la messe, accompagné d'Ancoul de Pierrefond, évêque de Soissons, de Pierre, abbé de Braine, et d'une suite de personnes de haut rang. Un grand concours de monde se rendit aussi à l'église, dont on avait permis, ce jour-là, l'entrée aux familles juives.

La messe commença, et, au moment de l'élévation, Jésus-Christ apparut à la place de l'hostie, sous la forme d'un enfant. Il disparut presque aussitôt, ne laissant entre les mains du prêtre que les espèces de l'hostie consacrée. La juive ne put résister à cette apparition; elle demanda pardon à Dieu, se convertit et reçut le baptême. Un grand nombre de juifs suivirent son exemple.

On montra pendant long-tems, dans le trésor de Saint-Yved, le calice qui servit à la célébration de cette messe. La coupe de ce calice contenait un reliquaire avec un filigrane en or. L'hostie, de onze lignes de diamètre, se trouvait placée dans ce reliquaire, au dessous duquel, sur une petite tablette, étaient écrits en lettres d'or ces deux vers :

> Ad vitem vitæ sitientes oro vinite,
> Et vinum licite de verâ sugite vite.

En mémoire de ce miracle, une confrérie fut établie à Braine et autorisée par plusieurs bulles du pape. Ses membres devaient, chaque année, faire une procession solennelle le dimanche de l'octave de la Fête-Dieu.

La chasuble qui servit à célébrer la messe le jour où le miracle s'accomplit fut donnée à l'église Saint-Yved par l'archevêque de Reims. C'était un monument précieux et digne d'admiration. Elle était d'une étoffe de soie cramoisie et croisée; sur le devant, on remarquait la figure d'un séraphin brodée en perles fines; de l'autre côté, à la même hauteur, était celle d'un *Agnus Dei*, avec la même parure. Le tour de la chasuble et l'ouverture par laquelle le prêtre passe la tête, étaient bordés d'une large bande engrêlée de perles fines et pleines. Sur cette bande, à peu de distance les unes des autres, étaient encore placées de grosses perles rondes. Des têtes de lions brochées en or trait et affrontées par couples; des figures brodées en or èt relevées par l'éclat éblouissant de plusieurs pierres précieuses enchâssées dans l'or, décoraient encore ce magnifique ornement.

La juive convertie mourut peu de tems après le comte Robert 1er. Son corps fut inhumé dans le chœur de l'abbaye de Saint-Yved. Autrefois, on voyait, entre la tombe d'Agnès de Braine et celle de Robert II, une pierre plus longue que large et sans inscription. C'était celle qui recouvrait les restes de cette jeune fille.

En 1201, Agnès de Baudiment fonda dans son château

de Braine un hôpital, ou Maison-de-Dieu, en faveur des pauvres de Braine et des environs. Une chapelle, devant être desservie par un chanoine, fut établie à cette occasion et placée sous l'invocation de saint Antoine. On voit, dans une charte de l'année de cette fondation, qu'Agnès fit don à l'hôpital de ses fours banaux de Braine, de ses vignes de Courcelles et du lieu appelé *Orpheniis*, de dix arpens de prés et d'une grosse chariotée de bois prise chaque jour dans ses forêts. Elle ajouta encore à ces donations trois muids de grains, trois muids de vin et une rente de dix livres (monnaie de Provins), dont six appartiendraient à l'hôpital et quatre au châtelain. Cette charte est datée du 2 des calendes de mai, le 3e jour de la lune. Il est spécifié dans un acte du mois de février 1249, expédié au nom de Marie, comtesse de Braine, que le chapelain devait être nommé par le seigneur de Braine. En effet, le chapelain Roger étant mort dans un voyage qu'il fit à la Terre-Sainte, la comtesse Marie nomma pour lui succéder Adam, clerc de la chapelle d'Igier *(Igerii)*.

L'hôpital qu'Agnès avait fondé fut pendant près de trente ans gouverné comme celui de Crépy, par un maître et des sœurs. Ce mode fut changé : on remplaça le maître par des administrateurs laïcs, qui reçurent leur traitement du comte de Braine. Il en fut ainsi jusqu'en 1606.

Nous reviendrons sur cet hôpital.

L'époque précise du décès d'Agnès de Baudiment n'est pas connue : elle vivait encore en 1202, quatorze ans après la mort de son mari. Néanmoins, on sait qu'elle était morte en 1217, par une donation faite, au profit de saint Germer, par Philippe de Dreux ou de Braine, évêque de Beauvais. Ce don consistait en plusieurs meubles dont Philippe avait hérité dans la succession de la comtesse Agnès de Braine, sa mère.

Son corps fut inhumé au milieu de l'église Saint-Yved de Braine. Sur sa tombe, faite en pierre dure, était représentée en bosse l'effigie de cette comtesse, qui, à en juger par la sculpture, dut être d'une rare beauté. Cette tombe était aussi ornée de ses armes, mais l'on n'y remarquait ni inscription ni date.

Agnès de Baudiment, cette pieuse fille de Guy de Braine, consacra tous les instans de sa vie à des œuvres charitables, et se dévoua personnellement au service des pauvres malades. Elle encouragea aussi les arts, en faisant plusieurs constructions importantes, et en continuant celle de l'église Saint-Yved de Braine, que son aïeul avait commence. Au sujet de cette église, nous consacrerons un chapitre particulier.

Agnès laissa en mourant six fils et quatre filles, qui partagèrent sa succession. Robert, l'aîné, qui avait reçu le comté de Dreux du vivant de son père, hérita du comté de Braine; Philippe et Henri embrassèrent l'état ecclésiastique; les trois autres fils, Guillaume de Dreux, Jean et Pierre de Braine, sont peu connus par leurs actions. Guillaume mourut célibataire avant 1208, et fut inhumé à Longpont. Il est question de Jean dans une charte de 1187. Ce titre, signé de Robert et de Guillaume, est le seul que nous connaissions où Jean soit cité. Le nom de Pierre de Braine se trouve dans une charte de 1179, où il est dit que ce seigneur était possesseur d'un fief situé du côté du tréfond de Démentard. On voit dans la chronique de Longpont que Pierre mourut en 1186, et qu'il fut inhumé avec pompe près de son frère Guillaume.

Nous connaissons beaucoup plus les trois premiers, Robert, Philippe et Henri. Nous allons rapporter succinctement, dans le chapitre suivant, les principaux actes de ces deux derniers. Nous parlerons ensuite de Robert, qui fait suite à la branche des seigneurs de Braine.

L'aînée des filles, Alix, épousa Raoul Ier, fils d'Enguerrand II, seigneur de Coucy.

Élisabeth, dite dame de Baudiment, fut mariée à Hugues, seigneur de Brayes et de Châteauvillain.

Les deux autres, dont nous ne connaissons pas les noms, prirent l'habit de religieuse dans l'abbaye du Charme.

CHAPITRE XXI.

Philippe et Henri de Dreux.

hilippe de Dreux naquit au château de Braine, et manifesta de bonne heure un génie supérieur et de grandes qualités. Quand il eut atteint l'âge requis, son oncle, Henri de France, qui lui portait une vive affection, le fit élire au siége de Beauvais. Avant de se faire sacrer, il voulut visiter la Terre-Sainte, et laissa en partant le soin de diriger l'administration de son diocèse à ses grands-vicaires (1176). Après quatre années d'absence, il revint à Beauvais, non sans avoir couru de grands dangers en Palestine, puisqu'il fut pris par les infidèles et emmené captif en Egypte, d'où il ne revint qu'après avoir racheté

sa liberté par une rançon considérable. Il arriva assez à tems pour assister, comme pair de France, au sacre de Philippe-Auguste (1er novembre 1179).

Onze ans plus tard, il partit avec son frère Robert II pour la croisade, et se trouva, le 13 avril 1191, à l'attaque de la ville d'Acre. Le roi de France et le roi d'Angleterre, qui avaient marché d'un bon accord contre les infidèles, se divisèrent bientôt. Les manières hautaines et despotiques du roi d'Angleterre envers les croisés des autres nations, et la prise de Jérusalem manquée par sa faute, le firent détester des soldats français, qui l'accusèrent d'avoir trahi les intérêts de la religion.

Dès que Philippe de Dreux fut de retour dans son diocèse, il le mit en état de défense. Ce qu'il avait vu en Palestine lui faisait prévoir une rupture prochaine entre la France et l'Angleterre. En effet, tandis que Richard, roi d'Angleterre, était captif dans les prisons d'Allemagne, Philippe-Auguste, considérant la croisade comme terminée, puisque Richard avait conclu une trêve avec Saladin, crut pouvoir entamer les possessions anglaises sans manquer à l'engagement qu'il avait contracté de ne point reprendre les armes avant la fin de l'expédition d'Orient. Il se porta immédiatement en avant, et attaqua les places fortes, dont il se rendit maître. Mais Richard, ayant obtenu sa liberté, accourut au plus vite et fondit comme un furieux sur les Français. A cette nouvelle, l'évêque de Beauvais sentit bouillonner son sang dans ses veines et renaître son ardeur guerrière : il assembla à la hâte un corps de milice bourgeoise qui n'avait jamais vu l'ennemi, et marcha à leur tête contre les Anglais. La rencontre eut bientôt lieu et le choc fut terrible. Malheureusement, le succès ne couronna pas les efforts de Philippe de Dreux, qui fut fait prisonnier par les troupes de Richard. Le chapitre de la cathédrale de Beauvais sollicita en vain la mise en liberté de son évêque, même en offrant de payer sa rançon. Henri, évêque d'Orléans, se rendit près du pape, afin d'accélérer le moment où son frère Philippe devait être libre et rétabli sur son siége épiscopal. Le pape écrivit au roi d'Angleterre une lettre par laquelle il le priait avec instance de rendre à l'Eglise *son cher fils l'évêque de Beauvais.* Richard, faisant présenter au pape la cuirasse de cet évêque, lui fit dire : « Reconnaissez-vous là la robe de votre fils?... » Le pape, à qui l'envoyé de Richard raconta de quelle manière l'évêque avait été pris, répondit : « Ce n'est plus ni mon fils, ni celui de l'Eglise; c'est un soldat de Mars et non de Jésus-Christ : qu'il se rachète à prix d'argent. »

Philippe de Dreux subit une longue détention, et n'obtint sa délivrance qu'après la mort de Richard, qui arriva le 6 avril 1199, et moyennant toutefois six mille marcs d'argent pour rançon.

Outre un courage héroïque, Philippe possédait une rare vigilance. Il entrait dans tous les détails de son administration, et s'occupait particulièrement de la partie morale, qui consiste à diriger, à réprimer les abus, résoudre les difficultés et tracer des règles sûres. Quoique très-versé dans la théologie et la jurisprudence ecclésiastique, il ne se prononçait jamais sans avoir consulté les auteurs qui traitaient les matières dont il était question ; quand il ne trouvait pas dans ces ouvrages les lumières nécessaires, il s'adressait au pape avec la confiance d'un disciple qui consulte son maître. Ainsi, en 1180, il eut à décider si un homme pouvait être admis à épouser en secondes noces la personne avec laquelle il avait eu des intrigues du vivant de sa première femme. Cette question lui parut tellement délicate, qu'il ne voulut point prendre sur lui de la résoudre. Il la soumit au jugement du pape III, qui lui fit cette réponse : « Si le mari a noué » ces intrigues par la promesse d'épouser sa complice, ou » bien si celle-ci a comploté contre la vie de la première » femme, les saints canons s'opposent à ce que pareil » mariage puisse jamais être autorisé et béni par » l'Eglise *. »

Les mariages clandestins étaient alors très-fréquens. Cette plaie sociale alarmait vivement la sollicitude pastorale de l'évêque de Beauvais. Il eût voulu, dans l'intérêt temporel et spirituel des familles, trouver un moyen de légitimer ces mariages, de manière à empêcher ceux qui les avaient contractés de les méconnaître ensuite, afin d'assurer ainsi le sort des enfans. A ce sujet, il écri-

* Labbe, t. X, p. 1577, c. 16.

vit de nouveau au pape, et pria l'autorité pontificale de lui accorder toutes les dispenses nécessaires à cet effet. Alexandre III répondit aussitôt : « Nous ne voyons pas
» quelle dispense nous pourrions accorder en cette ma-
» tière; car si ces mariages se font d'une manière telle-
» ment occulte qu'il ne se trouve aucun témoin apte à
» déclarer qu'ils ont été réellement contractés, l'Eglise
» n'a aucune action à exercer sur les contractans; d'un
» autre côté, si les parties contractantes consentent à pu-
» blier leur mariage clandestin, à moins qu'une cause
» raisonnable ne s'y oppose, il faut recevoir et approu-
» ver ces mariages comme si les époux venaient dès le
» principe contracter leur union en présence de l'Eglise ;
» il faut de plus déclarer légitimes et aptes à hériter tous
» les enfans qui seraient nés de ces unions clandes-
» tines *. »

Cette réponse suggéra au fils de Robert de Braine une mesure qu'il prescrivit dans son diocèse, et qui fut bientôt adoptée par tous les évêques de France. Il ordonna à tous ceux qui se seraient fait mutuellement promesse de mariage de faire publier cette promesse au prône de la messe paroissiale avant de passer outre; et, par ce moyen, il parvint à diminuer considérablement le nombre des unions clandestines. L'Eglise lui est donc redevable de cette sage et utile réforme dans les mœurs sociales.

* Labbe, t. X, p. 1716, c. 17.

En 1212, l'évêque de Beauvais marcha contre les Albigeois, et combattit avec valeur. Au retour de cette campagne, il se vit obligé d'user de représailles envers Renaud, comte de Boulogne, qui vint raser la forteresse qu'il avait fait élever à Bresles. Epiant le moment favorable, qui ne tarda pas à se présenter, il s'avança avec ses neveux vers Clermont, et détruisit de fond en comble un fort appartenant au comte de Boulogne. Dès ce moment, la guerre fut allumée entre ces deux adversaires, et ne s'éteignit que dans le sang qui coula à la bataille du pont de Bouvines.

Le pape ayant appris que l'évêque de Beauvais continuait de mener une vie toute militaire, lui écrivit pour lui défendre à l'avenir de porter l'épée. Philippe de Dreux, prenant à la lettre la défense du Saint-Père, s'abstint de porter l'épée, et se servit d'une masse d'armes garnie de pointes de fer.

En 1214, par les intrigues du comte de Boulogne, les Anglais et les Allemands se liguèrent contre la France, et s'engagèrent à l'attaquer simultanément au nord et au midi. A cette nouvelle, Philippe-Auguste assemble sa noblesse à Soissons, et décide que la France entière se lèvera pour repousser l'agression de l'étranger. Le roi en personne, au centre de l'armée, et Philippe de Dreux, à l'aile gauche, sous la bannière de son frère Robert de Braine, marchèrent, enseignes déployées, sur le territoire ennemi. A la suite d'un combat acharné, le comte de Boulogne se précipita en furieux sur le comte de Braine, qu'il haïssait mortellement. L'évêque de Beauvais, voyant les troupes anglaises se ruer sur celles de son frère, et celles-ci tomber sous leurs coups, se jeta avec sa masse d'armes sur un de leurs chefs, Etienne Longue-Épée, comte de Salisbury, frère naturel du roi d'Angleterre, et lui asséna sur le casque un si rude coup qu'il le terrassa. Il ordonna à son vassal de le lier et de l'emmener, et continua de frapper les ennemis, qui tombèrent sous ses coups. Les Anglais, voyant une grande partie des leurs étendus sur le sol, s'enfuirent avec précipitation.

Philippe de Dreux fit son testament en 1217. Il donna à son chapitre les dîmes qu'il possédait à Chévrières, et fit présent à l'abbaye de Saint-Germer d'une pièce de vaisselle d'or provenant de la succession de sa mère. Il mourut la même année, et fut regretté de ses diocésains et de ses compatriotes, autant pour ses vertus civiles que pour les bienfaits qu'il ne cessa de répandre.

Nous ne comprenons pas comment des écrivains consciencieux ont pu représenter cet homme célèbre plutôt comme guerrier que comme prélat. Les principaux actes de sa vie, que nous venons de citer, donnent assurément une toute autre idée du caractère de cet évêque, qui ne marchait à la guerre que pour défendre le peuple et la religion.

Henri de Dreux, frère puîné de Philippe, naquit aussi

à Braine, et embrassa la carrière ecclésiastique, vers laquelle sa vocation l'entraînait. Il fut d'abord élevé à la dignité d'archidiacre de Brabant, dans l'église de Cambrai, et obtint ensuite le siége épiscopal d'Orléans (1186). Peu de tems après, il reçut du célèbre Pierre de Blois une lettre dans laquelle il le priait d'engager Philippe-Auguste, son cousin-germain, à demander des prières au clergé de France, plutôt que de lever des secours d'argent pour une expédition contre les Sarrasins.

Dans le voyage qu'il entreprit pour hâter la délivrance de son frère Philippe, il fut attaqué à Sienne, en Toscane, d'une maladie à laquelle il succomba (25 avril 1198). On rendit à sa mémoire les honneurs dus à son caractère et à sa naissance. Son corps fut inhumé dans le lieu de sépulture des évêques de la ville. Agnès, sa mère, qui vivait encore, fonda, pour le repos de son ame, un service annuel dans la cathédrale de Reims *.

* *Gall. chr.*, t. VIII, p. 1456.

CHAPITRE XXII.

Robert II.

OBERT, fils aîné du comte Robert de France, premier du nom, et d'Agnès, comtesse de Braine, fut d'abord surnommé le Jeune, pour le distinguer de son père. Il épousa Mahaut de Bourgogne, comtesse de Nevers et de Tonnerre. Cette dame, fille de Raimond de Bourgogne et d'Agnès de Montpensier, ayant déjà été mariée en troisièmes noces lorsqu'elle apporta le titre de comte de Nevers à Robert-le-Jeune. Cette union dura peu; car un lien de parenté prohibé força les deux époux à se séparer, bien qu'ayant déjà eu des enfans. Après son divorce, Robert épousa Yolande de Coucy, fille aînée de Raoul Ier et d'Agnès de Hainaut, sœur de la reine. A l'occasion de ce mariage, qui fut célébré en 1184, Robert de France céda son comté de Dreux à son fils aîné, qui fut appelé come de Dreux. Quelques années après, quand son père mourut, Robert de Dreux eut en partage le domaine de Braine, et prit le titre de Robert II, comte de Braine, quoique sa mère vécût encore. Quand le roi Philippe-Auguste partit pour la croisade, Robert l'accompagna, et prit part, avec lui et les autres princes français, au fameux siège de Saint-Jean-d'Acre.

Après le retour des croisés en France (1193), Philippe-Auguste, pour s'assurer une alliance dans le Nord contre l'inimitié redoutable du roi d'Angleterre, demanda en mariage Ingerburge, sœur du roi de Danemarck. Le couronnement de la jeune reine se fit à Amiens, et Robert II y assista en qualité de cousin du roi. *Par quelque mystère que l'on n'a point pénétré*, Philippe, en regardant sa femme, pâlit tout à coup, et se troubla tellement que ce fut à peine s'il put attendre la fin de la cérémonie. Au bout de trois mois, voulant faire casser son mariage, il convoqua un concile d'évêques de France, devant lesquels le comte de Braine et d'autres princes attestèrent par serment qu'Ingerburge était proche parente de Baudouin, comte de Hainaut, dont la fille aînée avait été la première femme du roi. La pauvre jeune reine, présente à l'assemblée, ne comprenait rien à ce qui se disait; mais quand on le lui eut expliqué, elle s'écria, en versant des larmes : « Male

France! male France! (méchante France!) Rome! Rome! » pour faire comprendre qu'elle en appelait au pape de la décision du concile.

En 1200, Robert, craignant que la guerre ne se rallumât entre la France et l'Angleterre, fit faire de nouvelles fortifications à son château de Braine, qui n'était plus en état de soutenir une défense. Cette même année, Robert fut du nombre des seigneurs présentés comme *pleiges* ou répondans dans un traité que Philippe-Auguste conclut avec le roi d'Angleterre. Quatre ans plus tard, lorsque Rouen, l'ancienne capitale de Guillaume-le-Conquérant, se rendit au roi de France, il fut député pour régler les articles de la capitulation. Philippe-Auguste, satisfait de l'intelligence que le comte de Braine avait apportée dans sa mission difficile, lui légua une rente perpétuelle de quatre cents livres de Provins sur l'échiquier de Caen. Plus tard, il lui donna encore, pour être tenue en foi et hommage de sa couronne, une rente de cent livres à prendre sur le même échiquier.

Robert, dont les sentimens du cœur étaient élevés, témoigna par diverses actions combien il était désintéressé et ami du repos. En 1205, ayant des contestations avec les religieux d'Igny, au sujet d'un bois qu'ils possédaient dans sa gruerie de Braine, il préféra vider ce différend en leur accordant ce qu'ils voulaient et avoir la paix. L'année suivante, il eut une affaire beaucoup plus sérieuse avec Blanche, comtesse de Champagne. Des difficultés concernant les domaines de Braine, de Fère et de Torcy, s'étant élevées entre eux, et leurs envoyés n'ayant pu les aplanir, Robert, par déférence pour la comtesse, alla la trouver lui-même en son château de Provins, et prit des arrangemens à l'amiable avec elle. Après un long entretien, il fut convenu entre eux que la maison de Torcy, appartenant au prince Robert, lui resterait jusqu'à ce que Thibaud, fils de la comtesse, fût en âge de la diriger, mais que, en compensation, le comte de Braine pourrait construire une forteresse en son alleu de Braine. Robert sut profiter de la position favorable qui se trouvait dans cet alleu, en faisant élever le château-fort appelée aujourd'hui la Folie, et qu'on nommait originairement *Castrum de Celso* (Duchesne).

Ce château, incendié en 1423, et depuis tombé dans une ruine presque complète, nous fait déplorer ce malheur, qui nous empêche aujourd'hui de donner une description satisfaisante de ce qu'il était autrefois.

Ces ruines majestueuses, représentées fidèlement par notre gravure, dominent la ville de Braine et les plaines où coulent silencieusement les eaux de la Vesle tortueuse, aux rivages ombragés. Elles sont élevées sur une colline aux flancs escarpés, à l'extrémité occidentale de Braine. Des murailles épaisses, conservées en partie, sont scellées sur un immense rocher, entouré d'un large et profond fossé taillé à vif dans le roc et rempli de broussailles. Ces murailles, flanquées de grosses tours et gar-

CHATEAU DE LA FOLIE A BRAINE.

nies de meurtrières, étaient encore, autrefois, défendues par des redoutes et un second mur d'enceinte. On prétendait jadis que ce château, où tout était calculé pour le rendre formidable, communiquait avec la ville de Braine par un souterrain de trois cents toises.

Quatre ans après l'arrangement que Robert avait pris avec la comtesse de Champagne, il acquit de cette dame une propriété située près de Lisy-sur-Ourcq, et y fit élever une nouvelle forteresse. Blanche, piquée de ce procédé, lui manda par une lettre qu'elle désapprouvait entièrement l'action qu'il venait de commettre à son égard. Robert, touché de ce reproche, alla de nouveau trouver Blanche, qui tenait sa cour à Lagny, l'assura de son attachement et de ses bonnes intentions, et prit l'engagement, par un traité signé de sa main et scellé de ses armes, que désormais il n'élèverait aucune forteresse dans le comté de Champagne (1209).

Ce seigneur, qui avait assisté à l'illustre assemblée de Melun, et qui avait combattu les Albigeois avec un courage héroïque, prit aussi une grande part à la fameuse attaque du pont de Bouvines, où son fils aîné fut fait prisonnier par les Anglais. Nous verrons plus loin combien Philippe-Auguste se montra généreux, à cette occasion, envers le comte de Braine, qu'il affectionnait particulièrement.

Robert II acheva la construction de la vaste et belle église de Saint-Yved de Braine, que son père et sa mère n'avaient pu terminer; Haimard de Provins, évêque de Soissons, en fit la dédicace * (1216).

Deux ans après cette dédicace, le comte de Braine fut atteint d'une maladie cruelle, et sentant sa fin prochaine, il voulut terminer sa vie par des actions pieuses. Il légua, entre autres, à l'église Saint-Yved, une rente de quinze livres et demie de monnaie forte, à la condition qu'il serait pris, à chaque anniversaire de sa mort, quarante sols pour augmenter la *pitance* des religieux chargés de le célébrer.

Il mourut le 28 décembre 1218, regretté de tous, et son corps fut inhumé dans l'église à laquelle il venait de mettre la dernière main, au bas du sanctuaire et près du tombeau d'Agnès, sa mère. Il fit sculpter de son vivant une tombe de bronze relevée en bosse, dont son caveau sépulcral fut recouvert. On y remarquait son effigie, tenant de la main droite un lis, indiquant qu'il était de race royale, et, au dessous, une légende faisait l'éloge de sa naissance et de ses vertus.

Nul ne saurait dire quel deuil répandit sur tous ses vassaux la mort de ce prince, regardé comme le bienfaiteur de son pays. Voici son panégyrique, fait par un auteur ancien dont le nom n'est pas parvenu jusqu'à nous :

« Robert II était de grand entendement, vigilant, de
» bon conseil, prompt aux affaires, courageux, doué
» d'une prudence insigne et d'une force singulière; de

* *Gall. christ.*, t. IX, p. 365.

» sorte que, pour aucune aduersite que lui arriuast, il
» ne perdoit iamais sa constance, et le trauail de corps ne
» le pouuoit tellement lasser, qu'il ne fust tousiours prest
» a entreprend et executer toutes choses. »

Robert II laissa une veuve, Yolande de Coucy; quatre fils, Robert, Pierre, Henri et Jean, et sept filles, Aliénor, Ysabeau, Alix, Philipote, Agnès, Yolande et Jeanne.

CHAPITRE XXIII.

Yolande de Coucy, Pierre, Henri et Jean de Braine.

IMMÉDIATEMENT après la mort de Robert II, Yolande de Coucy, sa veuve, traita de son douaire avec ses enfans, qui lui laissèrent, sa vie durant, l'usufruit des terres de Braine, de Pont-Arcy et de Fère-en-Tardenois. Après cet arrangement, elle fit don à l'église Saint-Yved d'une rente de six livres treize sols six deniers pour le salut de l'ame de son mari. Cette rente était à prendre sur le fief qu'elle possédait à Monceau et à La Fère. Enguerrand de Coucy, son frère, confirma cette donation par un titre de la même année (1218). Quelques années plus tard, Yolande légua à l'église métropolitaine de Reims une rente de quarante livres de Provins et une chasuble en tissu d'or. L'Eglise de Braine reçut aussi trente sols parisis pour son anniversaire, et trente sols pour célébrer la fête de Saint-Servais. Elle mourut le 18 mars 1224, et fut inhumée dans l'église de Braine, auprès de son mari. La tombe qui recouvrait son sépulcre était de cuivre doré et enrichie d'ornemens. Elle fut enlevée par les Espagnols en 1650.

Robert III, l'aîné des fils, ayant eu en partage la terre de Braine, nous lui consacrerons le chapitre suivant.

Pierre de Dreux naquit, ainsi que ses frères, au château de Braine. Il fut surnommé Mauclerc, à cause d'un travail qu'il fit conjointement avec Henri de Bourgogne, sur quelques réformes apportées à la juridiction ecclésiastique. Ce seigneur épousa Alix, héritière du duché de Bretagne, et reçut le titre de duc de cette province. A la mort de son père et de sa mère, il avait hérité du Château-du-Haut *(Castrum de Celso)*, des seigneuries de Fère-en-Tardenois, de Pont-Arcy, de Brie-Comte-Robert, de Chailly et de Longjumeau. On lit dans une charte un acte de ce seigneur, par lequel, étant sur le point de passer outre-mer (faire un voyage à la Terre-Sainte), il *bailla* son château du Haut au roi, pour qu'il le tînt jusqu'à son retour et un an après, à condition que, s'il venait à mourir, le roi le rendrait à son fils ou à son plus proche héritier (1238).

Ne sachant pas s'il résisterait aux fatigues et aux dangers du voyage qu'il allait entreprendre, Pierre voulut, à l'imitation de son père, faire construire son tombeau. Il partit ensuite pour son expédition, qui fut heureuse (1238). De retour en France, et après un séjour de dix ans, tant dans ce pays qu'en Bretagne, il résolut d'entreprendre un second voyage en Palestine. Il renouvela ses premières dispositions et fit son testament, dans lequel il ordonne, entre autres choses, à son fils ainé, connu sous le nom de comte Roux, « de conduire et amener son » corps, après sa mort, en l'abbaye de Saint-Yved de » Braine, et d'y être mis au plus près de ses prochains » parens. » Ensuite il partit, assista à la bataille de la Massoure, reçut plusieurs blessures et fut fait prisonnier. Après sa délivrance, il mourut sur mer en revenant en France (22 juin 1250). Par les soins de son fils, son corps fut rapporté à Braine, et placé dans le tombeau qu'il avait fait construire. Sur ce tombeau en bronze, le prince était représenté en bosse, avec l'écu de Dreux au franc quartier de Bretagne pendu au bras gauche. Cet homme, qui fut célèbre par ses démêlés avec saint Louis, forme la souche des ducs de Bretagne de la race royale.

Henri de Dreux et de Braine, premier pair de France, fut d'abord archidiacre de la métropole de Reims et trésorier de l'église de Beauvais. En 1227, le jour de l'octave de Pâques, il fut élu et consacré archevêque de Reims, puis nommé duc de cette même ville. Il eut plusieurs contestations avec les habitans de sa ville archiépiscopale, que Louis IX pacifia pendant ses divers voyages en Champagne. Henri de Braine mourut le 6 juillet 1240, et fut inhumé à gauche du maître-autel de sa cathédrale. Avant sa mort, il avait fondé en cette église deux chapellenies, et légué aux chanoines vingt-quatre livres de rente pour son anniversaire. L'Eglise de Braine le célébrait aussi le 8 juillet.

Jean de Braine nous est très-peu connu. Il épousa Alix, héritière des comtés de Mâcon, et de Vienne, en Dauphiné. Il fut du nombre des cinq princes de la maison de Dreux qui, à l'assemblée de Soissons, jurèrent fidélité au roi Philippe-Auguste contre le roi d'Angleterre (1213). Dans un voyage qu'il fit à la Terre-Sainte, il combattit avec ardeur au siége de Damiette (1219). De retour en France, se voyant sans espoir de postérité, il vendit, du consentement de sa femme, son comté de Mâcon au roi saint Louis pour une somme de dix mille livres tournois et mille livres de rente. Jean fonda, en l'église de Saint-Yved, une chapelle à laquelle il attacha une rente de six muids de blé, dont trois à prendre sur sa grange de La Roche, et trois sur sa terre de Cerseuil. Il ajouta à cette donation une pièce de prés, dite de Mortemer. Après cette fondation, qui fut augmentée d'une rente de cent livres parisis par Alix, il partit une seconde fois pour l'Orient (1238) et n'en revint pas.

Des sept filles de Robert et de Yolande, six se marièrent : Aliénor, à Hugues de Châteauneuf, et en secondes noces au chevalier Robert de Saint-Clair; Isabeau, à Jean II, comte de Roucy, vicomte de Mareuil et seigneur de Pierre-Pont (ils furent obligés de se séparer pour cause de parenté); Alix, à Renart de Choiseul, seigneur de Champagne; Philipote, à Henri, comte de Bar; Agnès, à Étienne II, comte de Bourgogne et d'Aussonne; Yolande, à Raoûl II d'Issoudun, comte d'Eu. La dernière, Jeanne, se fit religieuse, et devint abbesse de Fontevrault.

CHAPITRE XXIV.

Robert III.

OBERT, comte de Dreux et de Braine, fut surnommé Gâte-Blé, à cause d'un champ couvert de moisson qu'il ravagea dans sa jeunesse*. Avant d'être possesseur des terres de Braine, il se qualifiait du titre de seigneur de Bray. En 1209, dans une assemblée qui eut lieu à Compiègne, le jour de la Pentecôte, Philippe-Auguste le nomma chevalier en même tems que son fils, le prince Louis de France. L'année suivante, Robert épousant Aënor de Saint-Valery, fille unique de Thomas de Saint-Valery, de Gamaches, etc., devint héritier des domaines de la

* GUILL. BRITO, lib. 9, *Philippidos.*

maison de son beau-père, qui était une des plus splendides et des plus anciennes du royaume. Il fut aussi du nombre des princes de la maison de Dreux qui jurèrent fidélité au roi de France dans cette assemblée solennelle dont nous avons déjà parlé. Dans un combat qui eut lieu au siége de la ville de Nantes, Robert III et son frère, le duc Pierre, se conduisirent avec une bravoure héroïque. Ils se jetèrent au milieu des ennemis avec un tel acharnement, que le roi d'Angleterre, épouvanté, fut contraint de s'enfuir avec son armée. Pierre, à qui ce premier succès suffisait, ne le poursuivit pas plus loin, et rentra dans la ville avec ses gens. Mais Robert, aspirant à une plus grande part de gloire, continua à les repousser avec vigueur, et leur tua beaucoup de monde. Comme il se retirait victorieux, fatigué de combattre, il tomba dans une embuscade qui lui avait été dressée par trahison. Fait prisonnier, le roi d'Angleterre l'emmena chez lui, ainsi que plusieurs chevaliers pris avec lui. Il resta captif en Angleterre jusqu'en 1214, époque à laquelle Philippe-Auguste, en récompense des services que Robert II et sa famille lui avaient rendus, l'échangea contre Guillaume Longue-Épée, comte de Salisbury, qui avait été fait prisonnier par l'évêque de Beauvais, Philippe de Dreux et de Braine. De retour en France, Robert vendit à l'église Saint-Germain-des-Prés une rente de quatorze muids et demi de vin blanc et soixante muids de vin clairet, à prendre tous les ans dans le clos de l'abbé de Sainte-

Gemme, à Villeneuve-Saint-Georges et à Valenton (1215).

Lorsque les Anglais offrirent la couronne de la Grande-Bretagne au fils de Philippe-Auguste, Robert fut un des chevaliers qui accompagnèrent ce prince en Angleterre (1216). Plus tard, ce même prince, Louis VIII, lui donna, en échange d'une rente de cinquante muids de blé, les terres de Boncuil et de Haute-Fontaine. Le comte de Braine fit creuser l'étang et bâtir le moulin d'Auberval. Il marcha avec le roi contre les Albigeois, et assista à la prise d'Avignon. Plus tard, saint Louis ayant jugé nécessaire d'envoyer une armée contre Pierre Mauclerc, duc de Bretagne, Robert, en fidèle serviteur, ne craignit pas de marcher contre son frère. Il fonda, dans l'église Saint-Yved de Braine, deux chapelles auxquelles il donna les dîmes de Jonquières et de Colny, deux muids de blé sur le moulin de Braine, et soixante livres parisis. Ce prince mourut le 3 mars 1233. Ses restes furent placés sous un mausolée de bronze, à l'extrémité de la nef de l'église Saint-Yved, à côté de celle de son frère Pierre, duc de Bretagne.

Robert III laissa trois fils, Jean, Robert et Pierre, et une fille nommée Yolande.

Jean, l'aîné, hérita du comté de Braine.

Robert épousa Clémence de Châteaudun et devint seigneur de Neelle-en-Tardenois, de Beu et de Bagneux.

Pierre embrassa l'état ecclésiastique et mourut en 1260.

Ces deux derniers furent inhumés dans le chœur de

l'église de Braine, sous une tombe plate en cuivre qu'on voyait aux deux côtés du banc des chantres.

Yolande épousa Hugues IV, duc de Bourgogne, de qui elle eut trois fils.

Aënor, veuve de Robert III, épousa en secondes noces Hugues de Sully, qui dirigea conjointement avec elle la tutelle de ses enfans.

CHAPITRE XXV.

Jean Ier.

Jean de Dreux et de Braine, fils aîné de Robert III et d'Aënor de Saint-Valery, succéda à son père au comté de Braine. Quand ce seigneur eut atteint l'âge de majorité, il conclut avec Aënor, sa mère, et Hugues de Sully, son beau-père, en présence du roi saint Louis, un traité dans lequel il était dit qu'Aënor conserverait pour son douaire la moitié des biens que Robert, son mari, possédait avant sa mort, et que l'autre moitié serait partagée entre ses frères et lui. Cependant il se réserva la terre de Braine, la maison de Neelle et son étang, les forêts de Daule et de Crotoy. Le panage, l'herbage et la chasse de ces forêts devaient rester en communauté entre les trois frères. Il était aussi arrêté dans le traité que la comtesse et Sully, son second mari, ne seraient pas tenus de rendre aux mineurs les revenus qu'ils avaient touchés des terres de Dreux, de Bonneuil et de Haute-Fontaine.

En 1240, Jean contracta un mariage avec Marie de Bourbon, fille d'Archambaud-le-Grand. L'année suivante, il fut fait chevalier par saint Louis, lorsque ce monarque fit un voyage en Poitou pour installer son frère, Alphonse de France, dans le comté de Poitiers. Joinville, qui était présent à cette nomination, la rapporte ainsi dans son histoire : « Après ces choses, le roy
» tint une grant court et maison ouuerte à Saumur en
» Aniou, et ce que i'en diray c'est pource que ie y estoie.
» Et vous certifie que ce fut la nompareille chose que ie
» visse oncques, et la mieux aournée et apprestée. A la
» table du roi mengeoient le comte de Poitiers, lequel il
» auait fait nouuellement cheualier le iour d'une Saint-
» Iean, qui n'aguere estoit passée; le comte Iean de
» Dreux (ou de Braine), qu'il avait fait aussi nouuel che-
» valier; le comte de la Marche; le comte Pierre de Bre-
» tagne. »

En 1242, Jean fut un de ceux qui prirent les armes contre Hugues de Lusignan, comte de la Marche, qui s'etait ligué avec le roi d'Angleterre. Ensuite il accompagna Louis IX dans une croisade que celui-ci entreprit à la Terre-Sainte contre les infidèles (1247). Etant à Nicosie, capitale de l'île de Chypre, il fut attaqué d'une maladie cruelle qui le mit au tombeau. Son corps fut inhumé dans la cathédrale de cette ville (1248). Son cœur fut apporté à Braine et déposé dans un tombeau magnifique, qui fut enlevé par les Espagnols en 1650.

A sa mort, Jean laissa une veuve, Marie de Bourbon, avec deux fils, Robert et Jean, et une fille nommée Yolande. Robert recueillit la plus grande partie des biens de son père, et Jean entra dans l'ordre des chevaliers du Temple. Ce dernier fonda un anniversaire dans l'église de Braine, et mourut après l'an 1274.

Yolande épousa Amaury de Craon, à qui elle apporta en dot 400 livres de rente et la forêt de Crotoy, qui lui avait été cédée par ses frères. Son mari étant mort, elle contracta un second mariage, en 1270, avec Jean de Trie, comte de Dammartin, qui plus tard fut tué à la bataille de Mons-en-Puelle. Cette comtesse fonda une chapelle dans l'église Saint-Yved de Braine.

Après un veuvage de vingt-six ans, Marie de Bourbon mourut à Braine (23 août 1274). Son cœur fut transporté à Dreux, dans l'église Saint-Etienne, et son corps fut inhumé dans la chapelle Saint-Sébastien de l'abbaye de Saint-Yved. Sa tombe, une des plus belles et des plus rares de celles construites au XIIIe siècle, était de cuivre doré et représentait son effigie, sculptée dans un style gothique et mal dessiné. Une bordure de pierres précieuses et trente-six figures en relief, d'environ un pied de haut, entouraient ce monument. On remarquait au dessus de chaque figure un écusson en or-émail et une inscription en lettres d'or, émaillée aussi, portant les noms des princes et princesses alliés à la comtesse Marie.

Il était dit dans le nécrologe de Braine que, le 29 août, on devait prier pour cette dame en mémoire des présens qu'elle avait faits à l'église de Braine. Ces présens consistaient en cinq arpens de terre et une rente de quinze livres pour fonder une chapelle.

CHAPITRE XXVI.

Robert IV.

Robert IV était l'aîné des fils de Jean Ier de Dreux, com'e de Braine. Ce prince, qui demeura fort jeune sous la tutelle de Marie de Bourbon, sa mère, fut déclaré majeur le 11 juin 1265, entra en jouissance de tous les biens que son père lui avait laissés en mourant, et prit le titre de Robert de Dreux, comte de Braine. Ce fut en cette année qu'il épousa Béatrix de Montfort, fille de Jean, comte de Montfort-l'Amaury et de Rochefort-en-Yveline. Par cette union, le comté de Montfort passa dans la maison de Braine. Aussi est-il souvent fait mention de cette ville dans le Cartulaire de Montfort.

En 1268, le comte de Champagne paya 14,000 livres à Robert pour que ce prince l'accompagnât, avec quarante chevaliers, dans un voyage qu'il fit en Palestine. Six ans plus tard, lorsque le roi Philippe-le-Hardi fit la guerre au comte de Foix, Robert le suivit avec dix chevaliers. Après avoir donné à l'abbaye de Saint-Yved le prieuré de Frémicourt, et fondé, moyennant cent sols de rente, un service annuel pour le repos de son ame, Robert mourut à Braine le 14 novembre 1282. Son corps fut inhumé dans la chapelle Saint-Sébastien de l'église Saint-Yved. Sa sépulture fut recouverte d'une magnifique tombe en airain, « dorée, surdorée, fort riche et bien émaillée, » dit le Calendrier de Braine, qui honore ce prince du glorieux nom de ZELATEVR DE LA RELIGION. Sur son tombeau, Robert était représenté tenant d'une main une épée, et de l'autre l'écu aux armes de Dreux et de Braine. Ce monument, sur lequel était gravée la généalogie de la famille du prince, fut aussi enlevé par les Espagnols en 1650.

A la mort de son mari, Béatrix quitta le château de Braine et retourna à Montfort, où elle mourut trente ans après. Elle avait eu du comte Robert quatre filles et deux fils : Jean, l'aîné des fils, hérita du comté de Braine, et Robert, dont il est fait mention dans un titre de l'an 1292, perdit la vie lorsqu'il accompagna Philippe-le-Bel dans une expédition contre les Flamands (1303).

L'aînée des filles, Marie de Dreux et de Braine, épousa

Mathieu IV de Montmorency, amiral et grand-chancelier de France; Yolande, la cadette, se maria en premières noces avec Alexandre III, roi d'Écosse, qui mourut la même année (1286). A la suite de ce malheur, elle revint en France, et contracta une nouvelle alliance avec le duc de Bretagne, Artus II. Jeanne, la troisième, fut unie sans dot à Jean IV de Rouci, qui, après quelques années de mariage, voulant obtenir la légitime de sa femme, attaqua en justice Jean de Braine, son beau-frère. Ce dernier fut condamné, par arrêt du Parlement de la Pentecôte, à donner à sa sœur la sixième partie de ses comtés de Braine et de Dreux. Par un accord survenu entre les parties, cette restitution fut convertie en 451 livrées de terres tournois. Jeanne eut quatre enfans, dont l'aîné devint comte de Braine. Béatrix, la dernière des filles de Robert IV, mourut abbesse de Port-Royal, en 1328.

CHAPITRE XXVII.

Jean II.

N 1282, Jean II, surnommé le Bon à cause de sa douceur, eut en partage, dans la succession de son père Robert IV, le comté de Braine et la seigneurie de Saint-Valery. Il épousa en premières noces Jeanne de Beaujeu, fille et unique héritière d'Imbert de Beaujeu, connétable de France et seigneur de Montpensier. On voit, dans le catalogue des seigneurs qui figurent aux *Grands Jours de Champagne*, que Jean de Braine y assistait aussi. En 1286, il donna en échange du douaire de la comtesse Béatrix, sa mère, son château du Haut, ses dépendances, et les revenus du grand *tonlieu* de Braine. Jean fut du nombre

des seigneurs qui assistèrent à l'assemblée que Philippe-le-Bel convoqua au Louvre, à l'effet de délibérer sur le parti qu'il devait prendre à l'égard du comte de Flandre (21 janvier 1296). Cinq ans plus tard, ce prince fut mandé à la cour afin de conclure un traité avec les ambassadeurs du roi d'Angleterre. L'année suivante il accompagna Philippe-le-Bel à la bataille de Courtray. Il assista au traité qui fut conclu, le 20 mai 1303, sur les bords de la Seine au village d'Asnières, près Paris, et prêta serment, au nom du roi, devant les ambassadeurs d'Édouard, roi d'Angleterre. Un an après, on le vit au siège de Lille signant les articles de la capitulation de cette place.

Ce fut en cette même année que les habitans de Braine, faisant partie des milices soissonnaises, assistèrent au combat qui eut lieu près Sens et poursuivirent les sergens d'armes ennemis, obligés de passer à la nage la rivière qui les séparait des Flamands. Au sortir de l'eau, les Brenois se précipitèrent sur les fuyards, en les écrasant de coups terribles.

Jeanne étant morte en 1306, Jean II se remaria la même année avec Peronelle de Sully, fille de Henri et de Marguerite de Bomés. La première année de son second mariage n'était pas encore écoulée, lorsque la mort l'enleva à sa seconde épouse, de laquelle il eut une fille, Jeanne de Dreux. Son corps fut d'abord déposé dans l'abbaye de Longpont; ensuite ses exécuteurs testamentaires le firent transporter dans l'église Saint-Yved de Braine, où il fut placé dans un tombeau magnifique et digne de lui.

Jean II en mourant laissa quatre fils de Jeanne, sa première femme : Robert, qui fut comte de Braine; Jean, seigneur de Montpensier; enfin Pierre et Simon, qui embrassèrent l'état ecclésiastique. Il eut aussi une fille nommé Béatrix, qui mourut sans avoir été mariée.

CHAPITRE XXVIII.

Robert V et Jean V, comte de Rouci.

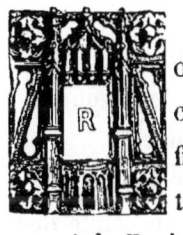obert, l'aîné des fils de Jean de Dreux, comte de Braine, épousa Marie d'Enghien, fille de Gautier de Flandre, et eut en partage, à la mort de son père, la terre et le comté de Braine. Il conserva cette propriété seulement jusqu'au mois de décembre 1323, époque à laquelle il la céda à Jean de Rouci, son cousin. Voici comment Duchesne rapporte cette circonstance dans son histoire de la maison de Dreux : « Le même comte (en parlant de
» Robert) donna aussi par don fait entre vifs à son cousin
» Jean comte de Rouci, pour lui et les siens toute sa

» terre de Braine, laquelle il tenait du roy en comté. A
» raison de quoi il établit ses procureurs Henri de Riche-
» boure, Guérin de Crosne, Jean Bataille, Jean d'Ailly,
» ses escuyers et Jacques de Bé, son clerc ou secrétaire,
» afin de s'en dessaisir en la main du roy, par acte daté
» du jeudi après Noël l'an 1323. »

C'est en Robert V que finit la postérité masculine des comtes de Dreux et de Braine. Ce prince mourut le 29 mars 1329, et fut enterré dans la collégiale Saint-Etienne de Dreux.

Après l'abandon de Robert, Jean V de Rouci prit les titres de comte de Braine et de Rochefort-en-Yveline. Ce seigneur épousa Marguerite de Bomés, dame de Blason et de Mirabeau, veuve de Jean de Rouville, seigneur de Milly-en-Gatinois. (ANSELM.)

En 1331, il assista à une réunion que Philippe de Valois convoqua en assemblée le mercredi d'avant les Rameaux. Sept ans plus tard il accompagna le roi qui se rendait dans le camp qu'il avait formé à Amiens.

Il suivit aussi le duc de Normandie, fils aîné du roi, lorsque ce prince se rendit dans les états du comte de Hainaut (1340.)

En 1346 le 25 août, Jean de Braine fut tué à la bataille de Crécy. Il laissa une veuve et six enfans : deux filles et quatre fils. Robert l'aîné épousa Marie d'Enghien; Simon devint comte de Braine; Hugues fut seigneur de Pierrepont, et François écuyer sous Jean de Vienne, amiral de

France. L'aînée des deux filles épousa Louis II, comte de Sancerre, et Jeanne, la seconde, Charles, seigneur de Montmorency.

CHAPITRE XXIX.

Simon de Rouci.

 LA mort de son père, Simon de Rouci eut en partage le comté de Braine. Ce seigneur, quoique bien jeune, se faisait déjà remarquer par ses rares qualités et ses belles actions. Plus tard, en 1358, ayant acquis l'estime et la confiance de Charles, dauphin de France et régent du royaume, il fut chargé d'aller trouver le roi Jean, captif en Angleterre, afin de lui assurer que ses sujets de Champagne lui étaient toujours fidèles et dévoués. Dans le traité de Brétigny, près Chartres, qui fut conclu le 8 mai 1360, il était dit, entre autres articles, que la France devait donner pour la rançon du

roi Jean, trois millions d'écus d'or, et laisser en ôtage plusieurs seigneurs choisis parmi la principale noblesse de France. Simon de Rouci, comte de Braine, fut l'un de ces ôtages. En 1366, il fut témoin de l'hommage rendu au roi par le sire de Noyers, et assista au siége de Rouci. L'année suivante, il fut appelé, avec le duc de Berry et plusieurs autres personnages, pour la décision d'une affaire portée au Parlement concernant l'église de Chartres. Le roi, sûr de l'intelligence et de la fidélité du comte de Braine, le nomma général, et l'envoya, dit un auteur contemporain, « pour des besognes secrètes » touchant son honneur, en certaines parties du royaume, » et lui donna 12 francs à dépenser par jour, pendant » son voyage. » Les lettres où sont relatés ces faits sont datées de Paris, le 10 janvier 1371. Dans son testament, écrit en 1374, Charles V désigna le comte de Braine comme un de ceux qui devaient prendre la régence du royaume s'il venait à mourir avant que son fils eût atteint l'âge de 14 ans. Plus tard, Simon fut choisi pour accompagner en Flandre Louis de Valois, frère du roi Charles VI. Ce fait est connu par une quittance datée de 1383, portant que « Simon de Rouci, comte de Braine, » reconnaît avoir reçu soixante francs d'or en prêt sur » ses gages de six francs par jour, pour être et résider en « la compagnie de M. de Valois, durant son voyage en » Flandre. »

Quelques Mémoires nous rapportent que Simon fut

assiégé par les Anglais, dans son château de Rouci, où il était allé pour soutenir les intérêts du roi. Ses ennemis, redoutant sa valeur et son intrépidité, eurent recours à la trahison pour se rendre maîtres de la place, qu'ils n'osaient attaquer ouvertement.

Le comte de Braine avait, parmi les officiers de sa maison, un chambellan, homme avare, à qui rien ne coûtait lorsqu'il s'agissait de satisfaire sa cupidité. Les Anglais, connaissant sa passion, lui proposèrent une assez forte somme d'argent, qu'il toucherait dès qu'il les aurait introduits dans le château défendu par son maître. Le chambellan, séduit par les belles promesses des Anglais, se laissa bientôt gagner. Il consentit à tout, et fut ponctuel à exécuter son horrible perfidie. Il introduisit les Anglais dans le château et leur livra son malheureux maître, qui n'avait cessé d'avoir des bontés pour lui.

Le comte de Braine ne resta pas long-tems au pouvoir des Anglais. Aussitôt sa délivrance il dénonça le traître, qui fut pris, conduit à Laon, et condamné à être écorché vif et à avoir la tête tranchée. Son exécution eut lieu sur la place publique, au milieu d'un grand concours de peuple, venu de toutes parts pour assister à ce châtiment mérité.

Simon, qui avait épousé Marie de Châtillon, mourut en son château du Bois-lès-Rouci, le 18 février 1392. Sa femme ne lui survécut que quatre ans. A leur mort ils laissèrent trois fils et deux filles. L'aîné des fils, Hugues, succéda à son père; Jean, le second, devint évêque de Laon et pair de France, et Simon fut surnommé l'Insensé. L'aînée des filles épousa Jacques d'Enghin, seigneur de Faignoles; la seconde se maria en premières noces à Gaucher, seigneur de Nantcuil, et en secondes à Robert de Couci, seigneur de Pinon.

Simon de Rouci et Marie de Châtillon furent enterrés l'un près de l'autre, à l'entrée de la chapelle des comtes, en l'église Saint-Yved.

Leur sépulture fut recouverte d'une tombe sur laquelle étaient gravées les armes de Rouci, *d'or, au lion rampant d'azur, armé et lampassé de gueules*. Leurs statues étaient en pierres dures, et couchées sur une grande table en marbre noir, élevée sur des socles en pierre. On lisait autour de cette table : « Et leur fit faire cette sépulture, » révérand père en Dieu monseigneur Jehan de Rouci, » par la grâce de Dieu évêque et duc de Laon, comte » d'Anisy, pers de France, leur fils. »

CHAPITRE XXX.

Hugues et Jean de Rouci.

IMMÉDIATEMENT après la mort de son père, Hugues, ou Hues, entra en possession du comté de Braine. Il épousa Blanche de Couci, fille d'Enguerrand VI. Jeanne, reine de Navarre et duchesse d'Anjou, attaqua Hugues au sujet de son comté de Rouci qu'elle prétendait lui appartenir. Cette affaire fut portée au Parlement et suivie par la reine avec toute la vigueur possible. Le haut rang et le crédit de Jeanne effrayèrent d'abord Hugues, qui fut bientôt rassuré par les conseils de son frère, l'évêque de Laon. Le jour du jugement arrivé, la reine parut au Parlement, suivie d'une cour brillante. L'évêque de Laon qui avait mis de son parti les ducs d'Orléans, de Bourgogne et de Berry, parut à la suite de ces princes avec son frère le comte de Braine. La déclaration du Parlement fut favorable à la cause de Hugues de Rouci, et la reine, qui avait la réputation d'aimer les procès, se retira toute confuse.

On a de Hugues une quittance du 17 février 1390, portant le sceau de ses armes, qui étaient un lion comme celles de ses aïeux. Cependant, tandis que son père vivait, il avait pris pour signe distinctif un *écusson échiqueté, formé de deux cornes de cerf.* Ce prince mourut le 25 octobre 1395, et sa femme, Blanche de Couci, le 4 février 1410. Leurs corps furent inhumés l'un près de l'autre dans la chapelle des comtes, en l'église Saint-Yved. Leur sépulcre fut recouvert d'un monument de toute beauté que l'évêque de Laon fit élever. Leurs statues étaient couchées sur une grande table de marbre noir. Celle de Blanche était surtout remarquable par sa coiffure remplie de pierres précieuses. A en juger par la tête de cette comtesse, elle devait être jeune et belle lorsqu'elle mourut. Hugues et Blanche eurent deux fils et trois filles. L'aîné des fils, Jean, fut possesseur de la terre de Braine; le second, Hugues ou Hues, fut seigneur de Pierrepont, et mourut le 18 août 1412. L'aînée des filles, Marguerite, épousa Thomas III, marquis de

Saluces. Elle en eut un fils qui mourut en bas-âge, et qui fut inhumé au bout de la chapelle des comtes, à droite, au pied de l'autel. L'évêque de Laon lui fit élever une petite tombe en bronze d'une sculpture très-fine et très-délicate. Jeanne de Rouci, la seconde, épousa François d'Albret; et Blanche, la troisième, fut mariée à Louis de Bourbon, comte de Vendôme.

Jean ne jouit pas long-tems du comté de Braine, car il fut tué à la bataille d'Azincourt. Son corps fut rapporté et placé dans l'église Saint-Yved, près de sa famille. Son tombeau était recouvert d'une table en marbre noir, sur laquelle il était représenté couché et armé de toutes pièces. Une inscription gravée autour de cette table rapportait le jour de sa mort et la manière dont il mourut (ANSELM., tom. 8, p. 536, 869).

Ce prince, sur lequel nous n'avons que des renseignemens fort incertains, laissa tous ses biens à Jeanne de Rouci, sa fille unique.

Jean de Rouci, qui naquit au château de Braine, fut élu évêque de Laon au mois de juin 1385. Son nom est cité dans quelques actes du parlement de 1393 et 1410. Il assista au concile de Reims, qui eut lieu en 1418, et mourut en 1419. Son corps fut inhumé dans l'église Saint-Yved de Braine, en la chapelle des comtes. Cet évêque était un homme inébranlable : ni la cabale, ni le crédit ne pouvaient l'intimider lorsqu'il avait pour lui le bon droit. Doué d'un grand génie, il aimait et protégeait les arts; on le voit d'ailleurs par les tombes superbes qu'il fit élever dans l'église Saint-Yved de Braine, pour honorer la mémoire de ses parens.

CHAPITRE XXXI.

Robert de Sarrebruche.

près la mort de son père, Jeanne de Rouci entra en possession de la terre et du comté de Braine. Elle épousa Robert de Sarrebruche, damoiseau de Commercy et sire de Louvois. C'est à cette époque qu'Isabeau de Bavière fit signer au malheureux Charles VI, tombé dans une démence complète, l'acte par lequel il reconnaissait le roi d'Angleterre pour son héritier et le nommait régent du royaume.

Quand Charles, le dauphin, qui s'était retiré en Touraine, eut reçu la nouvelle de la déchéance de son père et de la sienne, il en appela à Dieu et à son épée. Et dès lors commença une lutte inégale entre les Armagnacs et les Bourguignons, qui s'étaient alliés aux Anglais. Le dauphin s'était fortifié dans le midi. Un parti dévoué à sa cause s'étant formé dans la Picardie et le Ponthieu, il résolut d'établir une lutte corps à corps avec ses ennemis. La fortune le servit mal d'abord; car Henri V, accourant d'Angleterre au bruit de la guerre, le repoussa avec vigueur. Cette victoire ne profita pas à Henri, qui mourut quelques jours après. Cinquante jours plus tard, Charles VI mourut aussi, entouré seulement de quelques vieux serviteurs. Quand son fils, Charles VII, apprit cette mort, dans le Velay, il se rendit dans une chapelle suivi de ses gentilshommes, qui élevèrent en l'air une bannière aux armes de France en criant : *Vive le Roi!* A partir de ce moment la guerre reprit avec plus de violence que jamais. En Normandie, en Picardie, en Velay, les combats se multiplièrent sans ensemble et sans résultat. Le duc de Bourgogne, partisan des Anglais, avait envoyé des garnisons dans les châteaux de Braine et de Bazoche, dont les seigneurs avaient consenti à se mettre de son parti, si toutefois on voulait conserver leurs châteaux et les préserver du pillage. Des troupes de Charles VII, paraissant en nombre dans les environs de Braine, prirent cette ville, Bazoche, le Mont-Notre-Dame et d'autres lieux voisins, qui n'attendaient que l'heureux moment de se rendre au roi et de secouer le joug d'une domination étrangère. Le duc de Bourgogne, occupé ailleurs, ne put porter secours aux troupes qu'il avait placées dans ce canton. L'armée du roi profita de cette circonstance pour assiéger le château du Haut (*Castrum de Celso*), où s'étaient retirés, après la prise de Braine, la garnison qui défendait cette ville, la famille de Robert de Sarrebruche et tous ses gens. Robert, partisan du duc de Bourgogne, était allé combattre en Lorraine. En partant, il avait laissé pour le commandement de son château un officier en qui il avait toute confiance. Le siége du château du Haut est ainsi décrit dans un vieux manuscrit contemporain dont l'auteur nous est inconnu.

« Quelques temps après le mariage de Robert de Sar-
» rebruche, damoiseau de Commercy, qui lui avoit
» apporté la comté de Braine, les Anglais, les Arma-
» gnacs et autres tenant leur parti, étoient et dominoient
» en la plûpart du royaume de France, par les guerres
» et différends que le roi Charles VII avoit avec Henry,
» roi d'Angleterre; tellement que une grosse bande
» desdits enemis (les Armagnacs), se veinrent camper
» devant le château du Haut près Braine, pour icelui
» avoir; et y furent asses long-temps devant, faisant
» grosse batterie de canons et autres pièces; et dedans
» le dit château y avoit garnison de par le dit damoiseau
» de Commercy, qui lors étoit occupé aux guerres qu'il
» menoit en Lorraine et a ceux de Metz : quoi voyant
» ceux de la dite garnison, et n'espérant avoir aulcuns

» secours, feirent une saillie sur les dits enemis, qui
» les repoussèrent vigoureusement dedans ledit château
» et en grand désordre, tellement que en se retirant, les
» Armagnacs y entrèrent ensemble, faisant grande exé-
» cution et laide turie de ceux qu'ils trouvèrent dedans;
» et non content de l'occision et pilleries qu'ils avoient
» faites, meirent le feu partout et le démolirent; et à
» cette cause fut appellé ce lieu le *Château de la Folie*,
» qui fut en 1443, le lundi d'après le jour de Monsei-
» gneur Saint-Denis. »

L'origine du nom de *Château de la Folie*, qui s'explique par cette citation, vient de la témérité d'un officier commandant, qui, avec une poignée de soldats, tenta une sortie maladroite contre une armée entière. S'étant trop avancé, les Armagnacs le poursuivirent avec vigueur, le forcèrent de battre en retraite et entrèrent dans le château, en même tems que ses troupes. Le succès des Armagnacs fut de courte durée; car le duc de Bourgogne, reparaissant bientôt avec des forces imposantes, reprit Braine, ainsi que tous les lieux qui avaient reconnu l'autorité de Charles VII.

Plus tard, en 1436, Robert, que la prise de son château du Haut eut dû rendre plus prudent et plus circonspect, était encore partisan de l'ambitieux duc de Bourgogne. Il venait de faire fortifier de nouveau ses châteaux de Commercy et de Braine, d'où il envoyait des bandes de pillards ravager les pays voisins soumis à Charles VII.

Ce roi, indigné de ces excursions, donna ordre au comte de Richemont, connétable de France, qui commandait alors des troupes en Champagne, de se transporter sur les lieux où le comte de Braine faisait commettre toutes sortes de brigandages. Le comte de Richemont vint à Braine et s'approcha du château, afin de s'assurer s'il pouvait l'emporter d'assaut; mais, s'étant convaincu que cela lui était impossible avec le peu de troupes qu'il avait, il continua sa marche et alla assiéger Sainte-Manehoud.

L'époque de la mort du comte Robert de Sarrebruche nous est inconnue; nous savons seulement qu'il survécut peu de tems à Jeanne de Braine sa femme, qui mourut le 24 septembre 1459. Ces deux époux laissèrent de leur mariage quatre enfans : deux fils, Robert et Amé, et deux filles, Marie et Jeanne.

CHAPITRE XXXII.

Robert II de Sarrebruche, comte de Braine et de Rouci.

obert devint comte de Braine et de Rouci, à la mort de son père et de sa mère. En 1484, il assista aux Etats de Tours, assemblés par ordre du roi Charles VIII. On voit dans le rapport de ces Etats, que *Monseigneur de Braine* siéga le septième des nobles, à l'opposite des prélats. Le 3 février 1487, Robert épousa Marie d'Amboise, fille de Charles, seigneur de Chaumont, gouverneur de Champagne et de Bourgogne.

L'histoire nous a fourni peu de détails sur la vie de ce seigneur qui jouissait cependant d'une grande considération à la cour et parmi ses concitoyens. Il mourut à Paris le 4 septembre 1504. Ses restes furent transférés à Braine et inhumés dans la chapelle Saint-Denis de l'église Saint-Yved.

Du mariage de Robert et de Marie d'Amboise naquirent un fils et trois filles. Le fils, que l'on nommait Amé, succéda à son père et fut gouverneur de l'Ile-de-France. En 1520, il épousa Renée de la Marck, fille de Guillaume, seigneur d'Orgemont, et de Renée, dame de Montbazon. Amé mourut le 19 novembre 1525, et n'eut qu'un fils qui mourut au berceau. Ses comtés et ses domaines retournèrent à ses trois sœurs, Philippe, Catherine et Guillemette.

Philippe, la première, épousa Charles de Silly, seigneur de la Roche-Guyon, elle eut en partage les terres de Commercy, de Montmirel, de Louvois et de Venisy.

La seconde, Catherine, avait épousé en 1505 Antoine de Roye, seigneur de Muret; elle eut le comté de Rouci avec la terre de Pierrepont.

La dernière, Guillemette, devint comtesse de Braine et dame de Pont-Arcy. Elle épousa Robert de la Marck, seigneur de Fleurange et de Sedan, duc de Bouillon et maréchal de France.

Quelques années après ce mariage, Robert fut attaqué d'une fièvre violente qui le mit au tombeau (août 1537). Il laissa une veuve et un fils qui le regrettèrent amèrement. Deux ans après la mort de son mari, Guillemette, comme dame de Braine et de Pont-Arcy, participa, par procuration, à la réforme de la coutume du Valois. Cette comtesse qui, pendant de longues années, ne cessa de combler de ses bienfaits les habitans de Braine, mourut le 26 septembre 1579. Son cœur fut placé dans l'Eglise Saint-Yved devant la sainte hostie, et son corps fut inhumé dans la chapelle des comtes sous une tombe élevée et recouverte d'une pierre très-dure, ornée de vingt-quatre colonnes d'ordre dorique et de huit petites figures symboliques représentant la Charité, l'Humilité, la Force, la Patience, l'Espérance, la Foi, la Tempérance et la Simplicité. La statue de Guillemette était couchée sur cette tombe, au bas de laquelle on voyait une inscription portant les titres de la comtesse de Braine, dame de Pont-Arcy, Montaigu, Neufchâtel, Villornée et de la forêt de Daule, dame d'honneur de la reine et gouvernante de Mesdames, filles de France.

CHAPITRE XXXIII.

Robert IV de la Marck, comte de Braine.

OBERT de la Marck, duc de Bouillon, comte de Braine, etc., etc., était connu dans sa jeunesse sous le nom de seigneur de Florenge, ou de Jeune-Aventureux. Le 19 janvier, 1538, il épousa, dans la chapelle du Louvre, à Paris, Françoise de Brézé, comtesse de Maulevrier, baronne de Mauny et de Serignan, fille ainée et héritière de Louis de Brézé, comte de Maulevrier, etc., et de la célèbre Diane de Poitiers.

En 1543, il fut nommé chevalier de l'ordre du roi, capitaine de cinquante lances des ordonnances et des Cent-

Suisses de la garde de Sa Majesté. Quatre ans après, le roi Henry II l'honora du bâton de maréchal de France. Robert fut envoyé en ambassade vers le pape Jules III (1550) et en 1552 il fut nommé duc de France. Le 18 juillet de l'année suivante, à la sollicitation de sa belle-mère, Diane de Poitiers, il alla commander la ville d'Hesdin quand les Espagnols vinrent l'assiéger sous le commandement d'Emmanuel-Philibert de Savoie, général de l'empereur Charles-Quint. La ville fut prise d'assaut et détruite totalement. Le comte de Braine, maréchal de Bouillon, tomba entre les mains des ennemis qui le traitèrent durement. Lors d'une trève conclue à Vaucelles, le 5 février 1555, les Espagnols demandèrent pour sa rançon soixante mille écus d'or. On leur accorda cette somme; mais, par une infâme perfidie, ils lui firent prendre, avant sa sortie de prison, un poison lent qui le conduisit au tombeau au bout de quelques mois.

La comtesse, sa veuve, lui survécut jusqu'en 1577, époque à laquelle une maladie cruelle l'enleva de ce monde. Ses restes furent inhumés dans la chapelle des comtes en l'église Saint-Yved. Sur sa sépulture, qui se trouvait à droite en entrant, on éleva un superbe monument en marbre. Ce chef-d'œuvre d'architecture et de sculpture était placé sur un piédestal entre deux trophées funéraires; les angles étaient ornés de quatre têtes de chérubins en bronze d'un travail très-remarquable. La statue de la duchesse, couchée sur ce tombeau, et enveloppée d'une robe en marbre gris, représentait une religieuse de l'ordre de Saint-François. La tête, objet d'une rare beauté, et entourée d'un grand voile en marbre noir, était, ainsi que les pieds et les mains, en très-beau marbre blanc. Elle reposait sur un large coussin en bronze près duquel étaient deux autres petits coussins : l'un en bronze, et l'autre en marbre blanc. Cette statue, fort remarquable, et attribuée au célèbre sculpteur Jean Goujon, passait pour avoir une ressemblance parfaite avec l'original.

Autrefois, on lisait sur deux tables en marbre noir douze vers latins (six sur chacune) faisant un éloge pompeux de Françoise de Brézé et du duc de Bouillon, son mari. Ces vers que nous rapporterons plus loin louaient surtout ces puissans personnages sur leurs charité envers les pauvres.

Le duc de Bouillon et Françoise de Brézé eurent de leur mariage trois fils : Henri Robert, Charles Robert et Chrétien, et six filles : Antoinette, Guillemette, Diane, Françoise, Catherine, et une autre fille appelée aussi Guillemette.

CHAPITRE XXXV.

Braine sous le comte Charles-Robert de la Marck.

PRÈS la mort de Robert IV de la Marck, Charles-Robert, son second fils, eut en partage le comté de Braine. Ce seigneur, qui avait été nommé capitaine des Cent-Suisses de la garde, fut blessé grièvement au siége de Rouen (1562). Il assista à l'entrée solennelle du roi Charles IX dans Paris (1571). Deux ans après, il combattit au siége de La Rochelle. Il fut créé chevalier des ordres le 31 décembre 1578, et prit le titre de duc de Bouillon après la mort de sa nièce, Charlotte de la Marck.

Quelques années plus tard, des gens sans aveu, tant de

la religion prétendue réformée que quelques compagnies de misérables habitans du faubourg Saint-Remi de Braine, pillèrent cette ville et y commirent d'autres atrocités tandis que les habitans paisibles assistaient au service divin. Le comte, indigné de ces dévastations, sollicita le roi Henri III de lui permettre, par une lettre-patente, de faire entourer le faubourg Saint-Remi d'un large fossé et d'une haute muraille. Cette lettre ne se fit pas attendre; elle fut écrite sur parchemin, et avait un sceau attaché par un double lac de soie verte et cramoisie. En voici le texte :

« Henrÿ, par la grâce de Dieu, roi de France et de
» Pologne, à tous présens et à venir; salut.

» Nos chers et bien amés les manans habitans de la
» ville et faulxbourg Sainct-Remy de Braine, nous ont fait
» remonstrer que l'église parochialle de ladite ville est
» assise audit faulxbourg, et que tandis qu'ils sont à
» leur messe de paroisse et service divin, les portes de la-
» dite ville demeurent ouvertes, occasion pourquoi ils
» sont non-seulement en danger d'estre surprins, tant
» de ceux de la religion prétendue reformée, que des gens
» de grand et autres personnes tenant les champs, le
» plus souvent sans adveu, mais d'être tués, pillés, et
» passer par la rigueur de tels gens, même des compai-
» gnies qui logent audit faulxbourg, qui vivent à discré-
» tion, mangent et dissipent le bien substance des habi-

» tans d'icelluy sans rien payer; et si par divers fois la-
» dite Eglise a souffert plusieurs ruines et desgats, pour es-
» tre hors les murailles et closture de ladite ville, comme
» elle pourra encore ceuvoir, s'il n'y est pourveu et
» remédié, comme serait aisé et facile, s'il nous plaisait
» permettre auxdits supplians de faire clorre et fermer
» de murailles ledit faulxbourg de Sainct-Remy, de quoi
» ils nous ont très-humblement supplié requis de leur
» faire expédier lettres de ladite permession, ensemble
» pour lever sur eulx la somme de 300 escus pour em-
» ployer aux frais de ladite closture : assavoir 200 escus
» sur les habitans dudit faulxbourg et cent escus sur ceux
» de ladite ville, suivant l'acte de consentement sur ce
» par eulx donné pardevant le lieutenant au baillage du
» comté de Braine, le deuxième février dernier, cy-atta-
» ché soubs les contrescel de notre chancellerie..

» Sçavoir faisons que nous, inclinant à la supplication
» et requête desdits habitans, et à la priere que sur
» ce nous a été faicte en leur faveur par aucuns nos plus
» spéciaulx serviteurs, désirant leur donner moyen de
» conserver ladite ville, faulxbourg, église parochialle, et
» leurs personnes et biens, de l'incursion et pillerie des
» dits de la religion, gens de guerre et aultres, leurs
» avons pour ces causes et autres considérations, a ce
» nous mouvans, de nostre certaine science, grace spé-
» ciale, pleine puissance auctorité royale, permis, ac-
» cordé et concedé, permettons, accordons et conce-

» dons, de faire clorre et fermer ledit faulxbourg Sainct-
» Remy, où est leur église parochialle, de murailles,
» fossés, portes, portaulx et ponts-levis; pour fournir et
» satisfaire aux frais pour ce nécessaires, asseoir, impo-
» ser et lever sur eux, le fort portant le faible, le plus
» justement et esgallement que faire se pourra, ladite
» somme de trois cens escus, assavoir d'eux cens escus
» sur lesdits habitans du faulxbourg Sainct-Remy, et
» les autres cent escus, sur ceux demeurans à l'enclos de
» ladite ville de Braine, et ce en la présente année, avec
» les deniers de nos taillis, pour iceulx deniers étant le-
» vés, estre mis és-mains de quelque notable bourgeois
» bon et solvable, pour les employer à payer aux entre-
» preneurs de ladite closture, par les ordonnances dudit
» bailly de Braine ou son lieutenant, et non à aultre effet,
» sur peine de les répéter sur lui en son propre et privé
» nom, voulant, les cottisez être contraincts aux paye-
» mens de leurs taxes et costisations, par toutes voyes
» dues et raisonnables, en tel cas accoutumées, nonobs-
» tant oppositions ou appellations quelconques, pour les-
» quels et sans préjudice d'icelles ne sera différé.

» Voulons en outre, nous plaist que ladite closture se
» fasce sur les héritages des particuliers, en leur payant
» la valeur de ce qui en sera prins et occupé au dire des
» gens à ce connoissans, suivant le consentement par
» eulx donné, et dont mention est faite audit acte.

» Si donnons en mandement à notre très-cher et bien

» amé le sieur de Villequier, gouverneur et notre lieute-
» nant-général en l'Ile-de-France, au bailly de Valoys ou
» son lieutenant à Ouchye-le-Chastel, à tous autres nos
» justiciers et officiers qu'il appartiendra, que de cette
» notre présente permission, tant pour clorre et lever de-
» niers, que pour le surplus du contenu ci-dessus, ils
» fasent, souffrent et laissent lesdits habitans, joïr et user
» plainement et paisiblement, sans à ce leur faire, met-
» tre ou donner, ne souffrir leur estre faict, mis ou donné
» aulcun trouble ou empeschement au contraire, ains si
» aulcun leur estoit faict ou donné, voulons qu'il soit in-
» continent et sans délay levé et osté; car tel est notre
» plaisir. Et afin que ce soit chose ferme et stable à tous-
» jours, nous avons faict mettre notre scel à ces présen-
» tes, sauf en aulcune chose nostre droit et l'autruy en
» toutes.

» Donné à Paris au mois de juillet, l'an de grâce mil
» cinq cens quatre-vingt-et-six, et de notre règne le
» douzième.

» Signé, Henry.

» Par le roi, Pinart, et enregistré. »

Quelques années seulement s'étaient écoulées depuis l'exécution de cette lettre-patente, lorsque Braine fut mise en état de siége. Voici à quelle occasion : Après l'assassinat de Henri III, Henri IV eut de longues guerres à soutenir pour monter sur le trône de France. Il venait de remporter deux victoires sur les partisans de la Ligue, quand le roi d'Espagne envoya au secours de Paris le duc de Parme à la tête d'une nombreuse armée. Henri IV poursuivit ce général, qui, satisfait de l'avoir détourné du siége de la capitale, évita le combat et se dirigea vers le nord. Sur sa route, le duc visita toutes les places occupées par les ligueurs, et vint établir son quartier-général à Fisme.

Cependant Henri IV, toujours à la poursuite du duc de Parme, enlevait sur ses ennemis toutes les places qu'il pouvait. Un de ses officiers, le sieur de Roone, voulant s'emparer de Braine, vint l'assiéger du côté du faubourg Saint-Remi. A peine avait-il salué cette ville de cinquante coups de canon, que les habitans vinrent lui offrir deux cents écus pour qu'il levât le siége. Cette proposition acceptée, les troupes du roi se dirigèrent sur Fisme, où était le camp du duc de Parme. Ce dernier, se voyant le plus faible et serré de près, leva son camp et traversa la rivière d'Aisne à Pontavert (26 décembre 1590)*.

En ce même moment, le baron de Biron, envoyé par le roi à la tête de plusieurs compagnies, arriva à Bazoche et attaqua rudement l'arrière-garde du duc, qui fut contraint de revenir sur ses pas pour soutenir et protéger la partie de son armée qu'on attaquait. Le roi, qui s'avançait avec huit cents cavaliers d'élite pour soutenir Biron,

* DE THOU, t. II, p. 214.

eut un engagement sérieux avec les troupes ennemies. N'étant pas soutenu par son corps d'armée, il fut obligé de battre en retraite, ce qu'il exécuta avec prudence et habileté; car il ne donna aucune prise aux ligueurs, qui ne purent l'entamer. Lorsque Henri IV arriva au village de Longueval, la nuit sépara les combattans, et le duc de Parme abandonna la partie.

Notre grand roi, qui n'avait perdu que deux hommes dans sa retraite, s'avança le même soir jusqu'à Pont-Arcy, où il devait trouver, le lendemain matin, le duc de Nevers, Givry et Parabère avec les détachemens que ces officiers supérieurs commandaient.

Nous regrettons que les chroniques ne nous rapportent aucune action mémorable du comte Charles-Robert, qui ne dut sans doute pas rester inactif au milieu de l'agitation de ces tems. Ce seigneur mourut âgé de 84 ans (septembre 1622), et fut inhumé dans l'église de Saint-Yved de Braine; son cœur fut déposé aux Célestins de Paris. Il avait épousé en premières noces Jacqueline d'Auverton, fille de Payen de Saint-Berlin et d'Anne de La Tour-Landry; sa seconde femme fut Antoinette de La Tour, veuve de Jean d'Avaugour, seigneur de Courtalin; enfin il épousa en troisièmes noces Élisabeth de Pluviers, veuve de Jacques d'Autun, seigneur de Champelos.

Il eut de son premier mariage une fille nommée Françoise, qui fut mariée à Henri Pinart, vicomte de Combisy; de sa seconde femme, Henri-Robert, qui devint comte de Braine, et, de la troisième, Louis, qui fut marquis de Mouy, capitaine des gardes, chevalier des ordres du roi, etc., etc. Il eut aussi de sa cousine Elisabeth Salviati quatre enfans naturels, parmi lesquels on compte Alexandre, abbé de Braine, et le comte Amé, qui mourut sans postérité.

CHAPITRE XXXVI.

Henri-Robert de la Marck, Baron de Sérignan et duc de Bouillon.

LA mort de Charles-Robert, Henri, son fils aîné, eut en partage le comté de Braine, et fut nommé, comme son père, capitaine des Cent-Suisses de la garde du roi. Il forma, en 1616, du vivant de son père, la compagnie des arquebusiers de Braine, par des lettres datées du 6 juin, que Louis XIII confirma par des lettres-patentes signées à Paris au mois de février 1624, avec les droits, prérogatives et exemptions dont jouissaient alors les compagnies des villes voisines.

Autrefois, pendant la paix, le peuple français s'occupait généralement d'exercices propres à entretenir et à stimuler l'ardeur guerrière. Sous les rois des deux premières races, c'étaient des parties de chasse et des joûtes au Champ-de-Mars; sous ceux de la troisième, les tournois et autres exercices dangereux leur succédèrent. Mais depuis le jour du fatal tournoi où Henri II perdit la vie, ces jeux furent proscrits, et les jeux d'arc et d'arquebuse les remplacèrent : le jeu d'arc, qui était le plus ancien, fut favorisé par Henri III. Les compagnies avaient pour patron saint Sébastien. Le Soissonnais était en quelque sorte le berceau de ce jeu, à cause des reliques de ce saint, qui sont déposées à la Ferté-Milon et à Saint-Médard de Soissons. L'abbé de cette dernière église était le président-né de toutes les compagnies établies dans le royaume. Ces compagnies étaient composées d'un certain nombre de gens habiles à manier l'arc, et qui prenaient le nom de chevaliers. Celui qui abattait d'un coup de flèche un oiseau attaché au bout d'une longue perche était nommé chef, ou *roi*. L'usage de nommer rois les chefs de certaines associations datait du règne de Charles VI. Il y avait en ce tems un roi des merciers, un roi des violons, un roi des ribauds, un roi de la bazoche, etc. Nos rois favorisaient ceux qui faisaient partie de ces compagnies en les exemptant de la taille, des subsides et d'impositions de toute espèce, excepté de celles qu'on levait pour le rétablissement des fortifications en tems de guerre.

Le jeu de l'arquebuse eut bientôt la préférence sur le jeu de l'arc, qui fut abandonné au peuple et relégué dans les faubourgs. Les compagnies de l'arquebuse, formées primitivement dans un but utile, se réunirent plus tard pour se livrer à des exercices de pur amusement. Chaque compagnie avait des jeux particuliers et des jeux publics. Les membres ou chevaliers se rendaient, lorsqu'ils le jugeaient convenable, à la salle de leurs réunions ou à celle du jeu d'arc, pour tirer sur une carte attachée à un but. Chaque ville proposait un prix à tour de rôle, et tous les chevaliers de la même province y concouraient : c'est ce qu'on appelait les jeux publics. Au jour indiqué, chaque compagnie, précédée de son capitaine, arrivait au rendez-vous avec un pompeux appareil et en uniforme. Il y avait aussi des signes distinctifs qui indiquaient la ville d'où l'on sortait et le sobriquet des habitans. La compagnie de Soissons avait à sa tête un homme qu'on avait dressé à contrefaire le *bâilleur*, c'est-à-dire qu'il avait l'attitude d'un désœuvré; celle de Neuilly-Saint-Front était précédée par un homme qui faisait le fou et semait du sable; la compagnie de Crépy faisait porter un cochon dans une cage; ce qui donna lieu au dicton : « les cochons de Crépy; » celle de Braine avait un corbeau (on dit aussi les corbeaux de Braine). La compagnie de la Ferté-Milon avait un *piemard*, oiseau dont elle porta le sobriquet, et que l'on ne rencontrait guère que dans la forêt de Retz. Ces trois dernières compagnies, de Crépy, de la Ferté-Milon et de Braine ont toujours été les plus distinguées de la province du Valois*. Ces jeux furent défendus en 1735, à cause des dépenses énormes auxquelles ils entraînaient, et qui ruinèrent plusieurs familles ambitieuses de soutenir un vain faste.

En 1626, on reprit le projet, tant de fois formé et interrompu, de rendre navigable la rivière de Vesle, depuis Reims jusqu'à son embouchure dans l'Aisne. François Ier avait senti l'utilité de l'entreprise, et résolut de la mettre à exécution. Des travaux furent commencés; mais ils furent interrompus par la mort de ce monarque. Son fils, Henri II, donna aux riverains de la Vesle tous les moyens nécessaires pour arriver à leur but. En 1558, une commission fut établie, par lettres-patentes, pour visiter cette rivière et s'assurer si elle pouvait être rendue navigable. Un rapport favorable ayant été fait par cette commission, les travaux furent immédiatement commencés, et l'on rendit, en quelques années, la communication de cette rivière libre depuis Reims jusqu'à son embouchure. Un canal, dont on voyait encore les traces il y a peu d'années, fut creusé depuis la Vesle, à l'est de Braine, pour aller se jeter dans l'Aisne, à l'ouest. On construisit sur ce canal, près de la porte de Reims, un beau pont d'une seule arche, qui le traversait, et sous lequel devaient passer tous les bateaux. (Les restes de ce pont furent démolis vers 1831.) Ces travaux étaient diri-

* Carl., *Hist. du Duch. de Valois*, liv. vii.

gés par les comtes de Braine, de Sillery, et le cardinal de Lorraine, archevêque de Reims.

On ne connaît pas précisément en quelle année ces travaux furent achevés; mais des lettres-patentes de Henri III, qu'il adressait au lieutenant-général de Reims, font connaître que la Vesle était navigable en juin 1578. D'après l'événement que nous allons rapporter, on voit que, pendant un certain tems, les habitans de Reims, de Fisme, de Braine et de tous les pays riverains de la Vesle profitaient des avantages de cette navigation; et qu'en outre les comtes de Braine percevaient un tribut des bateaux qui passaient sous le pont de cette ville :

Extrait d'un ancien journal conservé à Braine :

« Le 5 octobre 1585, un bateau chargé de morue est
» passé devant Braine sur ladite rivière; le bateau avait
» été arrêté et saisi à Braine par Robert Brillart, sergent,
» à la requête du procureur fiscal, pour ne vouloir payer
» les droits de péage dus au comte de Braine. Ce bateau
» avait pour conducteur Martin Huon, batelier; Guyon
» Lecoq, facteur pour Jean Gillet, commissaire de ladite
» navigation. Les marchands étaient de Reims, et se
» nommaient Nicolas d'Origny et Nicolas Bignicourt; le-
» dit Lecoq s'est opposé à ladite saisie; et néanmoins,
» pour assurance desdits droits de péage, ont été consi-

» gnées six livres entre les mains de Pierre Marc, mar-
» chand à Braine. »

Les désastres de la guerre dont le pays fut bientôt désolé empêchèrent l'entretien du canal de Braine. Dans l'espace de douze à quinze ans, il fut presque comblé, et l'on fut forcé de faire de nouveau des travaux considérables pour le rétablir. Les noms des officiers nommés pour la visite et le rétablissement de la navigation de la Vesle se trouvent dans un procès-verbal du lieutenant-général, daté du 23 avril 1598, et conservé à Reims.

L'année suivante (1599), il fut résolu de mettre la Vesle dans l'état où on l'avait vue en 1560, lorsqu'il arrivait à Reims des bâtimens par eau des villes de Paris, de Rouen et autres. A cet effet, Henri IV, étant à Blois, fit expédier, le 1er septembre, une commission par laquelle il nomma des députés qui devaient se transporter sur les lieux, et se faire présenter les projets, états et dépenses nécessaires au rétablissement du commerce de la Vesle, et pour dresser un devis des travaux à faire et des matériaux à fournir. Cette commission du roi fut connue par une copie signifiée aux religieux de Saint-Yved de Braine, le 25 octobre 1603, par Guinard, *sergent de Reims et de la rivière de Vesle.*

Il résulte encore d'un procès-verbal dressé la même année (27 septembre 1599), par Thomas Cauchon, conseiller du roi, trésorier-général de France, principal commissaire et député pour le rétablissement de la navigation de la Vesle, qu'on assembla les principaux habitans de Reims, afin d'avoir leur avis et leur assentiment sur la manière la plus convenable de rendre de nouveau la Vesle navigable. On choisit les plus éclairés de ces habitans pour former une commission, qui fut chargée de visiter les bords de cette rivière, et de faire l'expertise et l'évaluation des travaux nécessaires. La visite dura onze jours, et le plan fut levé par le nommé Jacques Sellier.

Ne connaissant pas au juste l'issue de cette entreprise, on présume, par quelques circonstances, que cette rivière fut redressée, autant que possible, en plusieurs endroits, et porta bateau depuis 1604 jusqu'en 1619, époque à laquelle on reprit l'ancien plan de navigation qui suivait le lit naturel de la rivière. En 1623, on fut obligé de former plusieurs talus de terre afin d'exhausser et d'affermir le rivage, qui s'affaissait du côté de Braine. Trois ans plus tard, le 13 août 1626, on fit dans cette ville le mesurage des terres prises depuis la porte de Reims jusque près d'une tour située à la porte de Vailly, pour élever les talus du canal neuf de la Vesle, que l'on venait de rendre encore navigable.

Les particuliers à qui appartenaient ces propriétés présentèrent leurs requêtes aux *députés de par le roi au fait de la navigation de la rivière de Vesle*, pour être remboursés du prix de leurs terres.

Les droits du péage sur la Vesle, depuis Reims jusqu'au

lieu appelé Morte-Fosse, près le Mont-Notre-Dame, furent établis en vertu d'un traité avec le roi, et appartinrent à un sieur Rufin, qui était chargé de l'entretien des chemins de halage.

D'après un autre traité fait la même année (1626), entre Henri-Robert de la Marck et le même sieur Rufin, celui-ci percevait encore, aux mêmes conditions que pour l'autre partie de la rivière, le droit de péage depuis Morte-Fosse jusqu'à son embouchure dans l'Aisne. Ces droits de perception passèrent du sieur Rufin au sieur de Courcelles, et de celui-ci à Philippe Paris, secrétaire de la chambre du roi. De nouvelles lettres du roi et du comte de Braine confirmèrent le sieur Paris dans son entreprise. Les lettres du comte de Braine, datées du 1er décembre 1633, portent que ledit Paris pourra se servir du canal abandonné depuis quatorze ans; qu'il pourra élargir et retrécir la rivière, aplanir les buttes, couper les arbres nuisibles à la navigation, faire les écluses nécessaires pendant vingt-cinq ans à partir de la date du contrat. D'habiles ouvriers, sous la direction du sieur Paris, exécutèrent les travaux avec un soin particulier. Un entre autres, le sieur Cosnier, chargé de la partie des écluses, les fit si simples et si commodes, que deux hommes pouvaient facilement les ouvrir.

D'après le traité dont nous venons de parler, le sieur Paris devait payer au comte de Braine, pendant lesdites vingt-cinq années, 60 sols pour chaque bateau de 8 à 10 toises de longueur, et 30 sols pour ceux d'une moindre dimension; toutefois les bateaux vides n'étaient assujettis à aucun droit. Le duc de Bouillon se réserva encore les droits de transit sur les marchandises qui étaient dans lesdits bateaux, ainsi qu'il les percevait quand ces sortes de marchandises passaient par terre. Le comte de Braine fit ratifier ce traité par le roi.

Plus tard, en 1748, deux habitans de Reims, les sieurs Deuil et Bidot, entreprirent de nouveau le rétablissement de la navigation sur la Vesle. Ils se servirent d'une machine qui faisait remonter les bateaux sans le secours d'écluses, de chaussées et de chevaux. Elle consistait principalement en une roue motrice en forme de tympan, et disposée de telle sorte que deux hommes pouvaient la faire mouvoir. Cette roue communiquait son mouvement, par un engrenage, à deux autres petites roues, correspondant, par une lanterne, à des rames tournantes. Il suffisait de quatre hommes pour faire manœuvrer cette machine. Par ce moyen, les bateaux allaient quatre fois plus vite que par les moyens ordinaires. Après en avoir fait un essai sur la Marne, on en fit un autre à Paris, sur la Seine. Ces essais n'eurent qu'un faible succès : on trouva de grandes difficultés dans l'emploi de cet appareil. Le travail de quatre hommes fut jugé trop onéreux et la machine trop embarrassante. Plus loin, dans un chapitre que nous consacrerons à l'agriculture et au commerce de notre pays, nous aurons occasion de parler des avantages que la Vesle pourrait procurer si elle était navigable.

Henri-Robert de la Marck, qui avait pris une grande part au nouveau rétablissement de la navigation sur la Vesle, changea l'hôpital de Braine en un monastère de filles, comme était celui de la Ferté-Milon.

Cet hôpital, dont nous avons déjà parlé au chapitre XX, était encore gouverné par des laïcs en 1606. Deux ans après, la reine Marguerite de Valois voulut, comme duchesse de Valois, s'attribuer la nomination des administrateurs; mais elle renonça bientôt à ses prétentions en considération du comte de Braine, auquel elle donna son désistement par acte passé le 24 décembre de la même année. Après ces arrangemens, les religieux de l'ordre de Saint-Lazare, à plusieurs reprises, entreprirent de s'emparer des biens de cet hôpital; mais ils furent condamnés par plusieurs jugemens. C'est en une occasion semblable que Henri-Robert prit la résolution de transformer cette *Maison-de-Dieu* en un couvent. Ayant rempli les formalités nécessaires et obtenu la permission, il fit cette transformation par ses lettres du 31 octobre 1647. Il fut arrêté que la chapelle, qui portait le titre de Saint-Antoine, serait désormais dédiée à Notre-Dame; que les religieuses pratiqueraient la règle de Saint-Benoît, et que la nomination de leur supérieure appartiendrait au comte de Braine. En conséquence, Henri-Robert nomma à ce haut emploi Marguerite de Bouillon, sa fille (20 juillet 1646), qui déjà était religieuse professe de Chelles. La maladrerie de Braine, située alors sur la route de Soissons, et dont la chapelle était consacrée sous le titre de Sainte-Anne, fut réunie à cette communauté de filles, malgré les oppositions de l'évêque de Constance. Cet homme qui, en sa qualité de vicaire-général du cardinal Barberin, grand-aumônier de France, suscitait ces entraves, et voulait même la suppression du nouveau monastère, fut obligé de renoncer à ses poursuites. On le contraignit même à donner son désistement par un acte du 20 décembre 1665. Le comte de Braine, voulant éviter les difficultées qui pourraient survenir, obtint du roi des lettres-patentes confirmant l'établissement des religieuses et la réunion de la maladrerie à leur monastère. Ces lettres, datées de janvier 1666, et enregistrées au parlement le 4 janvier suivant, sont citées dans la compilation de Blanchard.

La dame de Bourlon, sœur de l'évêque de Soissons, succéda à Marguerite de Bouillon le 12 juin 1651. Nous aurons encore occasion de parler de ce monastère.

En 1648, des troubles survinrent dans le Valois. Les mécontens, portant leur haine sur le cardinal Mazarin qui l'avait provoquée, se préparèrent à la guerre. En peu de tems les places furent réparées, les murailles relevées et les forteresses armées.

Au commencement de l'an 1649, le roi s'étant retiré à Saint-Germain-en-Laye, les troubles cessèrent par un arrangement signé le 11 mars. La reine-mère, ne voulant pas que le jeune roi rentrât dans Paris, le conduisit à Compiègne, sous prétexte de se rapprocher de l'armée de Picardie. Les Espagnols, maîtres alors des Pays-Bas, profitant de ces dissensions, s'avancèrent jusqu'à la rivière d'Aisne. Les maréchaux de Praslin et d'Estrées, chacun à la tête d'un corps d'armée, vinrent au devant d'eux et les arrêtèrent au Pontavert. Les soldats français ravageaient les lieux qu'ils traversaient comme s'ils eussent été en pays ennemi; cela était d'autant plus désastreux qu'en cette année la récolte des grains avait été très-mauvaise.

L'année suivante (1650), l'archiduc Léopold parut en France avec une armée espagnole qui grossissait à mesure que les mécontens s'y joignaient. Il prit d'abord la Capelle et Réthel, et passa ensuite la rivière d'Aisne.

Le maréchal d'Hocquincourt, à la tête d'une faible armée, se porta sur Fisme pour arrêter la marche de l'archiduc. Mais ces forces lui permirent seulement de repousser l'avant-garde. L'archiduc, le repoussant à son tour, traversa Fisme et vint camper à Bazoche, sur les bords de la Vesle (25 août). Pendant un mois qu'il garda cette position, les soldats portèrent de tous côtés le fer et le feu. Les malheureux habitans, dépouillés de tous leurs biens, furent contraints de s'enfuir dans les forêts voisines, afin d'échapper à la mort. C'était un spectacle affreux, touchant et digne de pitié, que de voir ces malheureux abandonner leurs foyers, emportant leurs enfans et entraînant les vieillards dans le fond des bois, où ils ne trouvèrent que des racines sauvages pour toute nourriture. C'est pendant le séjour de l'archiduc à Bazoche qu'eut lieu l'incendie des tours de l'église du Mont-Notre-Dame et la prise de Braine.

Les Brainois, prévoyant les dangers qui étaient sur le point de les accabler, demandèrent du secours. On leur envoya un détachement commandé par un sieur de Besançon, qui tint ferme dans la ville tant qu'il n'y eut pas de danger. Mais, à l'approche des Espagnols, il donna à ses soldats l'exemple d'une fuite précipitée. Malgré l'abandon de ce lâche, les habitans de Braine auraient repoussé l'ennemi, sans la trahison d'un concitoyen, qu'un journal de l'époque traite d'esprit infernal et de *méchant garniment*. La ville fut livrée par ce traître aux ennemis, qui, y étant entrés, *firent mille extorsions aux habitans, les battant, blessant, tuant, rançonnant et emmenant prisonniers.*

Malgré tous ces malheurs, les habitans de Braine ne jugèrent pas convenable d'envoyer à Soissons demander du secours, quoique la garnison fût pour le roi. On trouve dans un auteur contemporain un écrit qui ne donne pas une haute idée de la valeur des officiers et des soldats qui composaient cette garnison. Voici le texte :

« Or durant ce tems que les ennemis pilloient et ra-
» vageoient le pays, iceux gens du roi de France ne fu-

» rent pas plus pitoyables ni favorables aux pauvres
» gens que les ennemis : car, après que comme fuyarts et
» couarts, ils se furent mis à l'abri des murailles et des
» fossés de Soissons, pour l'assurance de leurs vies, ils
» feirent mille voleries et pilleries, extorsions et ravage-
» mens, ne laissant à trois ou quatre lieues aucune grange
» qu'ils n'ayent aucunement battue et pillée; et ruinant
» et volant tout, tellement que je n'ai jamais vu de plus
» soigneux, diligens, valeureux, courageux et hardis vo-
» leurs que ceux-là, mais aussi de plus peurreux et
» couarts, poltrons et coyons, qu'il étaient à soutenir
» et revancher leur patrie et à s'opposer aux bravades des
» ennemis; ayant lâchement enduré qu'ils soient venus
» à leur barbe deux ou trois fois piller Belleu, mettre le
» feu à Sainte-Geneviève, et même tirer le coup de pistolet
» près de leurs tentes, sans avoir secouru ces lieux-là
» ni se mettre en devoir d'une bonne défense. Je crois
» qu'en ces occasions, ils eussent bien voulu être dans
» leur ville, pour être plus assurés de leurs personnes. »

Les Brainois abandonnés à eux-mêmes furent forcés de prendre la fuite et de se disperser dans les villages voisins.

Le monastère de Saint-Yved fut abandonné par les religieux, qui étaient au nombre de trente. Un seul homme, cependant, resta au monastère : cet homme était le sacristain, le frère Hulot. Ayant pris la résolution de courir les risques de l'invasion, il porta ses premiers soins sur l'hostie miraculeuse, qu'il cacha sur les voûtes de l'église. Braine fut attaquée le 26 août et pillée le 27. Le 28, les portes de l'abbaye furent forcées, et vers midi les ennemis commencèrent leurs dévastations, qui durèrent jusqu'à sept heures du soir. Le lendemain, pendant tout le jour, ce fut encore la même chose, et de plus les soldats s'emparèrent du frère Hulot et lui firent endurer les plus cruels tourmens afin d'apprendre de lui où étaient cachés les effets précieux du monastère. Ces bourreaux lui ayant cassé le bras d'un coup de feu, ne se contentèrent pas de cette torture, ils le lui secouèrent violemment pour arracher par la force de la douleur l'aveu qu'ils désiraient de lui. Le courageux Hulot souffrit tout et ne déclara rien. Sans un valet du comte que l'on parvint à saisir, les barbares n'auraient rien découvert. Pour arracher le secret de ce misérable, on le suspendit au dessus d'un brasier ardent, et, pour conserver sa vie, il indiqua où étaient placés les objets précieux. Les soldats ayant pillé et dévasté le couvent, passèrent dans l'église, où ils ne respectèrent que la châsse de Saint-Yved. Ils brisèrent tous ces riches tombeaux qui renfermait de si glorieux restes, emportèrent toutes les matières précieuses dont ils purent se charger, et mirent le feu à ce beau monument, dont on voit encore les restes. Cet incendie eut lieu le 29 août, au commencement de la nuit. Malgré les souffrances qu'il endurait, le frère Hulot donna des ordres assez à tems pour qu'il fût possible d'arrêter les progrès du feu. L'hostie miraculeuse qu'il avait cachée tomba cependant entre les mains des Espagnols. Ils la portèrent à Fisme, de là à Vailly, puis enfin à Soissons.

Les confédérés ayant levé le camp vers le 15 septembre, l'hostie fut rapportée processionnellement à Braine le 7 octobre de la même année. La veille de Saint-Luc on recommença la règle dans l'abbaye, et, le 30, on fit une procession générale dans la ville pour remercier Dieu d'avoir délivré le pays d'un pareil fléau.

Le retour des habitans de Braine qui avaient cherché un refuge dans les bois était pénible à voir. Des malheureux exténués par la faim rentraient, se soutenant à peine; les uns, défigurés ou mutilés par les mauvais traitemens qu'ils avaient reçus des soldats, souffraient cruellement faute d'avoir reçu les soins que leur état réclamait; les autres étaient accablés d'infirmités qu'ils avaient contractées en couchant sur la terre humide et en vivant exposés aux injures du tems. Pour comble de malheur, après la guerre vint la famine, qui fut suivie de la peste.

La disette était si grande que les terres demeurèrent incultes, faute de grains pour les ensemencer. Pour mettre le comble à tant de maux, le froid fut très-rigoureux l'hiver suivant.

La même année, le duc d'Orléans et le prince de Condé se réunirent pour forcer la reine à renvoyer le cardinal Mazarin, qu'elle avait rappelé près de sa personne. Anne mit sur pied une armée, dont elle confia le commandement au maréchal de Turenne.

Le prince de Condé, à la tête de ses soldats, marcha contre le maréchal. Charles, duc de Lorraine, vint au secours du prince avec un corps de 9,000 hommes. Il passa la rivière d'Aisne, et vint camper entre Fisme et Rouci. La duchesse d'Orléans lui écrivit une lettre dans laquelle elle lui mandait qu'il pouvait en toute sûreté envoyer un détachement du côté de Braine et y lever des contributions. Sur cet avis, le duc détacha le sieur de la Sauge, lieutenant-général, qui s'avança jusqu'à Braine. Ayant levé sur cette ville deux mille rations et fait contribuer les villages environnans dans la même proportion, il prit le plan du pays, et retourna faire au duc d'Orléans le rapport de l'état des lieux. Bientôt après les plaines furent couvertes de troupes. Les soldats pillèrent de tous côtés, et mirent le feu au château de Cramailles. A quatre reprises différentes, le duc de Lorraine occupa les plaines de Bazoches et de Limé, et pendant ces intervalles, le prince de Condé vint camper près de Crépy. Turenne, qui le poursuivait, le força à porter son camp vis-à-vis le château de Béthisy, au dessus des Croutes. A leur passage, les troupes ne se contentaient pas du pillage; elles exerçaient des cruautés qu'on rencontre rarement dans les expéditions militaires, et dont la vue faisait frémir. A chaque pas on rencontrait des gens mutilés, des membres épars; des femmes coupées par quartiers après avoir été violées; des hommes expirans sous les ruines des maisons incendiées, d'autres conservant encore un souffle de vie dans un corps déchiré; d'autres enfin percés avec des broches ou de pieux aigus. On voit dans un écrit du tems, qu'un pauvre cultivateur des environs de Braine ayant refusé à des soldats une somme d'argent qu'il n'avait pas, fut attaché par les pieds à la queue d'un cheval fougueux. On frappa à coups de fouet l'animal, qui se mit au galop dans des sentiers tortueux. Les membres de ce malheureux furent disloqués et mis en pièces; on les retrouva épars : les pieds étaient encore attachés à la queue du cheval quand il fut repris.

Le prince de Condé ne resta que peu de tems aux Croutes. Il leva son camp et vint rejoindre le duc de Lorraine, qui avait établi son quartier-général à Bazoche. Ces armées réunies et composant un corps effectif de 30,000 hommes, étaient bien supérieures en nombre à l'armée de Turenne. Aussi le prince de Condé résolut-il d'aller envelopper cette armée et de s'en rendre maître. Notre plan n'étant pas de suivre ces armées qui vont mettre face à face les deux plus grands capitaines de leur siècle, nous reprenons notre récit au comte de Braine, Henri-Robert de la Marck, duc de Bouillon.

Etant sur la fin de ses jours, le comte de Braine vit tous ces désastres avec chagrin. Il y avait à peine trois mois que toutes ces guerres étaient terminées lorsque la mort vint enlever ce dernier duc de Bouillon à l'âge de 77 ans (7 novembre 1652). Son corps fut inhumé dans l'église Saint-Yved de Braine.

Henri-Robert s'était marié trois fois : en premières noces, à Marguerite d'Autun, qui mourut le 21 février 1616, et fut inhumée à Braine; en secondes noces, à Antoinette d'Albert, veuve de Barthélemi de Mons et fille d'Honoré d'Albert, seigneur de Luynes; et en troisièmes noces, à Françoise d'Harcourt, veuve de François Giffart, marquis de la Marzelière, et fille de Pierre d'Harcourt, marquis de Beuvron.

Ce ne fut que de la première femme qu'il eut des enfans, lesquels étaient Charles-Robert né à Braine, le 21 septembre 1614, et qui ne vécut que sept mois, et trois filles, dont l'aînée, Charlotte, se maria à René de l'Hôpital; la seconde, Henriette-Marguerite, fut religieuse en l'abbaye de Chelles; puis, comme nous venons de le voir, prieure de Notre-Dame de Braine, où elle mourut; et enfin la troisième, Louise, qui épousa à Paris, en 1633, Maximilien Eschalart de la Boulaie. Elle mourut à Paris en 1668, âgée de 56 ans; son corps fut rapporté à Braine.

De ce dernier mariage naquit une fille nommée Louise et un fils appelé Henri-Robert Eschalart de la Boulaie, comte de la Marck. Celui-ci, à qui son aïeul avait laissé, par substitution, son nom, ses armes et ses biens, épousa, le 24 juin 1657, Jeanne de Saveuse, fille de Henri de Saveuse de Bouquainville.

Ce seigneur fit les guerres de Hollande et combattit avec un courage héroïque. Il se signala surtout à la bataille de Cantarbrick, où il fut tué le 11 août 1675. Il laissa deux filles, Louise-Madeleine et Gabrielle de la Marck. Cette dernière, plus connue sous le nom de mademoiselle de Braine, mourut sans avoir été mariée; et l'aînée, Louise-Madeleine, hérita du comté de Braine, qu'elle apporta en dot, en 1689, à Henri de Durfort, duc de Duras, qui l'avait recherchée en mariage.

Le duc de Duras, devenu par cette union comte de Braine, était fils du maréchal de Duras. Après quelques années de mariage, il fit un voyage en Flandre, où il mourut âgé de 27 ans (1697).

Il laissa deux filles, Jeanne-Marguerite et Henriette-Julie. L'aînée épousa, en 1709, Louis de Lorraine, prince de Lambesc, et lui apporta en dot la terre de Braine, qu'ils conservèrent jusqu'en 1740. A cette époque, Henriette-Julie, qui avait épousé, en 1717, le comte d'Egmont, s'en rendit propriétaire par des arrangemens pris à l'amiable avec son beau-frère.

En 1743, la comtesse d'Egmont, ayant perdu son mari à Naples, se retira à Braine, où elle vécut paisiblement jusqu'en 1779, époque de sa mort.

Elle avait eu de son mariage, en 1727, un fils unique, Casimir Pignatelli, dont nous allons parler.

CHAPITRE XXXVII.

Braine sous le comte d'Egmont.

asimir Pignatelli, comte d'Egmont, duc de Gueldres et de Juliers; prince de Grave et du saint-empire romain; comte de Braine et de Berlancourt; pair du pays et du comté de Hainaut; baron de Pont-Arcy, de Wavrin, de Chèvre, de la Humaide, de Forlegin, d'Ecornaix, des deux Aubigny, d'Eperlocque, de Rumenghen et de Serignan; marquis de Renty et de Longueville; seigneur de Cerseuil, Chassemy, Vasseny, Augy, Brenelle, la Roche-le-Comte, etc.; prince de Clèves et de l'empire; duc d'Agrigente et grand d'Espagne de première classe de la création; chevalier de la Toison-d'Or, lieutenant-général

des armées françaises, et enfin le plus grand seigneur des Pays-Bas, descendant en ligne directe des ducs souverains de Gueldres, devint à la mort de sa mère héritier du comté de Braine et de biens immenses.

Il épousa, en premières noces, le 4 décembre 1750, Blanche-Alphonsine-Octavie-Marie-Françoise de Saint-Servin d'Aragon. Cette princesse étant morte sans enfans après quelque tems de mariage, le comte d'Egmont rechercha l'alliance de Mlle de Richelieu, fille du célèbre maréchal de ce nom. Son immense fortune, sa haute naissance, sa bravoure, le firent accueillir favorablement du duc de Richelieu, qui lui accorda sa fille. Il eut de ce mariage une fille unique, Alphonsine-Louise-Félicie d'Egmont Pignatelli, qui épousa Louis de Gonzague Pignatelli de Gonzague, comte de Fuentes et prince espagnol. Le comte d'Egmont leur survécut. Ils laissèrent pour héritiers deux fils, dont nous parlerons bientôt.

Le comte d'Egmont fit au château de Braine et à celui de la Folie beaucoup de réparations et d'embellissemens, qui firent de ces châteaux des séjours dignes de leurs hôtes.

En 1775, époque fatale où le prix du blé croissait sans cesse par la machination d'accapareurs réalisant les secrètes conditions d'un *pacte de famine*, le comte d'Egmont augmenta le salaire des ouvriers et fit des distributions aux pauvres. En cette année, le blé coûtait 250 livres le muid de Soissons, et on vit des attroupemens séditieux parcourant les campagnes et forçant les fermiers, sous peine d'être pendus, à livrer leur froment au prix de 2 livres le pichet. A Cuiry-Housse, la maréchaussée atteignit une bande de 400 vagabonds qui s'étaient rassemblés dans les environs de Braine. Commandés par un soldat, ces malheureux contraignaient les fermiers à porter leurs grains au marché de Braine, et à le vendre 4 livres l'essein.

On arrêta les quatre principaux meneurs de cette bande et on les conduisit à Soissons. Là, ils furent jugés par le prévôt des marchands, qui en condamna deux au gibet, le troisième au pilori, et le dernier au bannissement. La sentence fut exécutée sur-le-champ, et les autres turbulens, effrayés, rentrèrent dans le devoir. Par un édit qui venait de paraître, on devait condamner à mort et sans appel tout individu faisant partie d'un attroupement quelconque.

Une bonne récolte qui suivit ces troubles, et la diminution du prix des céréales, firent disparaître la disette. Cependant le germe de la révolution française, qui grandissait depuis bien des années, apporta de l'embarras dans les finances. Pour y remédier, on ordonna, par un édit du mois de juin 1787, la formation d'une assemblée provinciale dans chaque généralité. Ces assemblées avaient pour but de faire la répartition des impôts votés par les notables. Le développement de ces causes n'appartenant pas à cette histoire, nous nous bornerons à dire que le comte d'Egmont, jouissant d'une haute considération dans le Soissonnais, fut élu président de l'assemblée provinciale de la généralité de Soissons. Les abbés de Saint-Yved de Braine firent aussi partie de cette assemblée, qui se réunit pour la première fois le 17 novembre 1787.

Lors des élections des députés aux états-généraux, qui eurent lieu à Soissons, les 19 et 20 mars 1789, le nom du comte d'Egmont Pignatelli, grand d'Espagne, comte de Braine, sortit de l'urne pour représenter la noblesse. Le comte d'Egmont, présida aussi plusieurs fois l'assemblée nationale, et s'y fit même remarquer par ses principes sages et modérés. Cependant, malgré la générosité de ses sentimens, il vit avec déplaisir l'abolition de tous les droits seigneuriaux, votée dans la fameuse nuit du 4 août 1789. On assure qu'après avoir voté il s'écria : « Eh bien ! il ne nous reste plus qu'à manger avec nos » gens ! »

Depuis la fondation de leur communauté, les religieuses de Braine avaient oublié insensiblement les obligations qui leur étaient imposées : ne se rappelant plus qu'elles n'étaient que les dépositaires des biens attachés à leur couvent, elles en disposaient à leur gré. Cette conduite mécontentait depuis long-tems les habitans de Braine. L'époque de 1790 étant arrivée, ils crurent le moment favorable pour faire cesser ces abus.

En conséquence, ils adressèrent une demande au comité ecclésiastique de l'Assemblée nationale, dans laquelle, après un exposé des motifs, se trouvent les conclusions suivantes :

« .... Les maire, officiers municipaux et les repré-
» sentans de la commune sollicitent auprès de vous,
» Messieurs, et de l'Assemblée nationale, l'exécution des
» titres de l'établissement de l'hôpital ou Hôtel-Dieu et
» de la maladrerie fondés, dès avant le douzième siècle,
» dans la ville de Braine; la restitution des biens-fonds
» qui formaient le patrimoine des pauvres et la dotation
» de ces deux fondations, si dignes de la piété de nos
» aïeux et de la protection de nos législateurs; ensemble
» celle des fruits et revenus qui en ont été perçus de-
» puis l'époque qu'il vous plaira fixer et déterminer; la
» propriété et jouissance des biens qui ont été acquis
» et économisés, avec les revenus annuels, ou l'exécution
» de la fondation de l'entretien de six lits dans un hôpi-
« tal pour y recevoir, nourrir et soigner six malades; et
» s'il est nécessaire de justifier de l'état de ces biens, qui
» dépendaient desdits hôpital et maladrerie, la déclara-
» tion exacte en sera prise sur les titres les plus anciens,
» des quels biens jouissent encore aujourd'hui, les supé-
» rieures et religieuses dudit couvent et communauté qui,
» dans tous les actes de justice et les baux, les ont tou-
» jours désignés comme dépendans de l'hôpital et de la
» maladrerie. »

Cette demande parut si bien fondée que, lors de la soumission pour la vente des biens nationaux, ceux qui étaient possédés par les religieuses de Braine n'y furent pas compris; au contraire, la municipalité fit des réserves pour les faire restituer à qui de droit.

L'hôpital Saint-Antoine de Braine était un des plus anciens du Valois, et contenait ordinairement six lits. On y admettait indistinctement les passans, les indigens, les vieillards, les orphelins et les malades : ces derniers occupaient toujours un endroit séparé. On y recevait aussi, pour une pension très-modique ou pour une somme une fois payée, les personnes auxquelles il était impossible de tenir ménage; dans ce cas, il y avait une autre salle avec des lits supplémentaires.

L'époque des croisades arrivée, l'hôpital de Braine ne suffisait plus : le nombre des pèlerins était si grand qu'on se vit forcé d'établir cette maladrerie dont nous avons déjà parlé. Ces deux établissemens furent dotés par les seigneurs de Braine.

S'il était actuellement possible d'établir des hôpitaux dans les endroits les plus peuplés d'un canton, comme à Braine par exemple, ce serait fort utile et d'un grand secours pour les malades pauvres, que l'on est obligé de transporter quelquefois à six ou sept lieues de distance. Nous sommes persuadés que des personnes riches et bienfaisantes s'empresseraient, comme on le faisait autrefois, de faire des dons à ces établissemens, dès qu'une occasion favorable se présenterait d'exercer leur charité.

Afin de ne rien omettre de ce que nous savons au sujet du couvent de Notre-Dame, jetons un coup-d'œil rétrospectif sur notre récit.

La sœur de l'évêque de Soissons, Mme de Bourlon, qui en était la supérieure depuis long-tems, ayant atteint l'âge de 85 ans, demanda une coadjutrice pour soulager sa vieillesse. On choisit, pour remplir ces fonctions, la dame Nicolle-Elisabeth Gilbert des Voisins, religieuse de Trainel. La mort de Mme de Bourlon étant arrivée, sa coadjutrice la remplaça le 16 octobre 1738. Marie-Françoise de Broglie, sœur du maréchal de ce nom, succéda à la dame Gilbert des Voisins le 2 juin de l'année suivante. Ce fut elle qui fit bâtir l'église du monastère, que l'on voyait encore en 1837. La fondatrice de l'église Notre-Dame mourut en 1743, et fut remplacée la même année par Anne-Thérèse Le Metayer de la Haye-le-Comte. Cette dernière, qui n'occupa cet emploi que pendant trois ans, eut pour successeur Mme d'Espaux, religieuse de Longprez, à qui l'on accorda le privilége de porter la croix pectorale, ainsi qu'à ses successeurs. L'abbé Carlier dit de cette dame, dans son *Histoire du duché de Valois*, que cette distinction lui fit d'autant plus d'honneur, qu'elle ne la devait qu'aux suffrages de sa communauté et à l'estime publique.

A sa mort, on choisit pour la remplacer Charlotte

Jacqueline Deslions, fille d'Adolphe Deslions, seigneur d'Espaux et d'Antoinette Pottier. Lors de la destruction des couvens, cette dame se retira, avec six autres religieuses, à Limé, où elle mourut âgée de 81 ans, le 16 fructidor an II de la république.

Revenons au comte d'Egmont. Ce prince, dont la générosité était inépuisable, fit élever à ses frais l'hôtel-de-ville de Braine. Les travaux n'en étaient pas encore terminés lorsque les grandes agitations de la révolution française se firent sentir. Voulant soutenir les priviléges de la noblesse, dont il était un des membres les plus influens, il monta à la tribune de l'Assemblée nationale pour chercher, par son éloquence, à empêcher l'adoption du décret qui abolissait la noblesse. Ainsi que bien d'autres, il échoua dans sa tentative, et fut forcé par la suite de passer à l'étranger (1791). Arrivé à Coblentz, il fut choisi par le prince de Condé pour commander les émigrés, qui s'y trouvaient rassemblés en grand nombre. Il se retira ensuite à Brunswick-Wolfenbutel, pour y vivre des revenus des grandes propriétés qu'il possédait encore à l'étranger. Ses richesses lui permirent de satisfaire à ses sentimens de générosité; sa bourse, toujours ouverte à ses compagnons d'infortune, fut d'un grand secours à ces nobles proscrits, habitués naguère à vivre dans l'opulence.

Après dix ans d'exil, le comte d'Egmont décéda à Brunswick le 1er décembre 1801. Les biens qu'il possédait à Braine, et qui avaient été confisqués en vertu des lois sur l'émigration, furent vendus, à l'exception d'un parc magnifique entouré de murs et quelques autres propriétés adjacentes. Le château de Braine, ce château qui avait abrité tant d'illustres têtes, fut entièrement démoli et rasé, après avoir subi les ravages d'un incendie. Il n'en reste plus aujourd'hui que les fondations. Ses superbes jardins, qui avaient été dessinés par Le Nôtre, furent convertis en prairies.

En mourant, le comte d'Egmont laissa pour héritiers ses deux petits-fils : Alphonse-Louis-Philippe-Gonzague Pignatelli de Gonzague, comte de Fuentes et d'Egmont, et Casimir-Louis-Gonzague-Marie-Alphonse-Armand Pignatelli de Gonzague, marquis de Mora. Tous deux conservèrent leur qualité de princes espagnols; ils moururent très-jeunes et sans postérité, le premier en 1807 et le second en 1809. Le comte de Fuentes et d'Egmont, quoique privé de tous ses biens situés en France et vivant éloigné de Braine, donna à cette ville une marque de souvenir, en léguant à l'église une rente perpétuelle de trois cents francs.

La succession des princes Pignatelli et d'Egmont fut recueillie du côté paternel par plusieurs héritiers espagnols, et du côté maternel par le duc de Luynes et de Chevreuse, et par la duchesse Mathieu de Montmorency, sa sœur.

Le parc de Braine et les autres biens du même endroit

dont l'état était demeuré en possession, furent acquis par les héritiers des princes Pignatelli-d'Egmont, à l'époque de la restauration ; mais, quelques années plus tard, toutes ces belles propriétés furent aliénées par les descendans de cette longue suite de seigneurs, dont l'origine date de tems immémorial dans l'histoire de Braine.

Nous allons revenir maintenant aux seigneurs de Bazoche.

CHAPITRE XXXVIII.

Suite des seigneurs de Bazoche.
Seigneurs de Villesavoye et de Lhuis.

icolas II, seigneur de Bazoche, eut avec l'abbé d'Ygny une contestation fort sérieuse au sujet d'une pièce de bois située à Braine, au lieu dit Nauclement; cependant ce différend se termina par une transaction à l'amiable en 1210. Nicolas traita aussi avec les religieux de Saint-Yved, au sujet des biens qu'ils possédaient à Courteaux. En 1219, il fit don aux religieux d'Ygny d'une rente de dix livres monnaie de Provins, à prendre sur les assises de Bazoche, à condition qu'ils emploieraient cette somme à acheter des vêtemens et des chaussures qui

seraient distribués à la porte de leur monastère aux pauvres de Bazoche et de ses autres terres.

Ce seigneur avait épousé Agnès..., et mourut en 1233, laissant six garçons et une fille, Helvide, mariée plus tard à Geoffroy d'Arcy. L'aîné des fils, Nicolas III, mourut sans postérité dans un voyage qu'il fit à la Terre-Sainte. Par cette mort, Robert, son second fils, devint héritier de la terre de Bazoche et continua la ligne masculine. Jacques, le troisième, et Jean, le quatrième, sont peu connus par leurs actions. Girard, le cinquième, fut archidiacre à Soissons, et Nivelon, le dernier, devint évêque de la même ville.

Robert, qui avait épousé Bremonde, confirma au couvent d'Ygny toutes les chartes de Nicolas de Bazoche, son père, et fonda, en 1243, une chapelle dans l'hôpital de Bazoche. Trois ans après, il donna le droit au prieur de Saint-Thibaud de se servir du four banal de Bazoche et du cours d'eau allant du moulin de Saint-Thibaud à la rivière de Vesle. Robert jouissait d'un grand crédit, et fut présenté par le roi de Navarre pour *pleige* ou répondant de trente mille livres que ce dernier devait au roi de France (1274). Quatre ans après, il donna à l'église de Longpont une rente de dix livres tournois à prendre sur ses tailles de Bazoche.

Robert de Bazoche mourut le 24 septembre 1290, laissant deux fils et deux filles. L'aîné des fils, Gaucher, lui succéda; le second, Milès, fut évêque de Soissons.

L'une des filles épousa Jean 1er, vidame de Châlons, et l'autre se maria à un chevalier de Montcornet. Elle eut de ce mariage un fils nommé Girard, qui, plus tard, succéda à son oncle, Milès de Bazoche, à l'évêché de Soissons.

Gaucher de Bazoche, qui avait hérité des biens de son père, épousa Isabeau de Guines ou de Coucy, et mourut sans postérité, en 1291. Ses biens et ceux de l'évêque de Soissons échurent à son neveu, Hugues IV, vidame de Châlons, qui, à cette occasion, prit la qualité de seigneur de Bazoche, de Vausseré, de Soulanges, etc., etc. S'étant destiné à la carrière militaire, il acquit bientôt des grades qu'il remplit avec distinction. En 1304, Philippe-le-Bel, qui avait toute confiance en Hugues, le mit à la tête d'un corps de troupes destiné à marcher contre les Flamands. Il fut aussi désigné, en 1318, avec Thomas de Savoie, pour reconduire Mahaud, comtesse d'Artois, qui se rendait dans ses états, d'où elle avait été chassée. Plus tard, en 1338, le roi Philippe de Valois lui donna le commandement d'un corps d'armée qui devait pénétrer dans les terres de Jean de Haynaut, et qui s'avança jusque devant Chimay.

De retour de cette expédition, le bailli de Vermandois l'envoya à Auberton pour défendre cette ville contre le comte de Haynaut, ce dont il s'acquitta avec honneur et gloire, comme le témoigne J. Froissard par ces mots : « Le comte et sa route vint jusque à la porte. La un

» grant assault et forte escarmouche. La fist *le vidame de*
» *Châlons* meruelles d'armes, et fist à la porte trois de ses
» fils cheualiers, qui y firent plusieurs expertises d'ar-
» mes. » Et peu après : « Le comte qui estait demouré à
» Auberton et ses gens se combatirent asprement à ceux
» qui estaient arestez deuant le Moustier. La eut dur
» hutin et fier, et maint homme desconfit et renuersé. La
» furent bons chevaliers le vidame de Châlons et ses deux
» fils, qui à la parfin y furent morts. »

Ce seigneur, qui avait épousé Alix de Bailleul, eut de son mariage quatre fils et une fille. L'aîné lui succéda; le second et le troisième furent tués à la bataille d'Auberton; le quatrième fut seigneur de Coulonges, et sa fille, Marguerite, épousa Guillaume de Mont-Chalon, châtelain de Mézières.

A la mort de son père, qui arriva vers l'an 1340, Jean II eut en partage la terre de Bazoche. Il suivit en cette même année le duc de Bourgogne et le comte d'Armagnac, qui se rendaient à Saint-Omer. A son retour, il épousa Jeanne de Pomelain, de laquelle il eut un fils nommé Jean III, et deux filles, dont l'aînée se fit religieuse au monastère de Notre-Dame, à Soissons; la seconde, dont nous parlerons un peu plus loin, fut aussi placée dans ce couvent dès l'âge de deux ans.

Quand son père mourut, Jean III de Châlons devint seigneur de Bazoche. Il épousa Béatrix de Roye, fille de Mathieu de Roye, vicomte de Busancy et seigneur de

Muret. Cette jeune fille était d'un rare mérite, et joignait une charmante figure à une grande douceur de caractère. Cette union si bien assortie, et qui faisait le bonheur des deux époux, dura bien peu de tems, car la mort vint enlever Béatrix le 17 décembre 1388. Jean regretta sa femme à un tel point, que son désespoir ébranla ses facultés : dans son chagrin, il résolut de renoncer à tous ses biens pour ne penser qu'à celle qu'il avait tant aimée. Il vendit sa vidamie de Châlons au duc d'Orléans, et donna ses terres de Bazoche et de Vausseré à Jean, dit Barrat, seigneur de la Dole, et à Gobert, son frère. S'étant ainsi dépouillé de tout, dit l'auteur d'un ancien plaidoyer, *il futs mesme en tel dueil de sa mort, qu'il en devint fol*. Robert resta dans cet état de démence jusqu'à sa mort, qui arriva en 1406.

Béatrix mourut, ainsi que son mari, dans le château de Bazoche; elle emporta dans la tombe les regrets des personnes qui l'entouraient. Son corps fut inhumé dans l'abbaye de Long-Pont, et on plaça sur son tombeau, recouvert d'une épaisse plaque de cuivre, une épitaphe qui, d'après le style de l'époque, ne manquait pas d'énergie. On lui donnait les quatre qualités qui constituent une femme parfaite. Voici cette épitaphe, que nous trouvons dans l'*Histoire de Châtillon*, par Duchesne : « Cy-gist Béatrix de Roye, vidamesse de » Châlons, qui fu bele, bonne, sage et très-devote. »

En donnant ses biens à Jean Barrat et à Gobert, le

seigneur de Bazoche avait déshérité sa sœur Isabeau, qui n'appartenait plus à la vie religieuse, et qui s'était mariée à un chevalier nommé Jean de Forges. Ces deux époux, afin de rentrer dans la jouissance des domaines qui devaient leur revenir de droit, intentèrent un procès à Barrat et à Gobert, qui avaient profité d'une donation faite par un homme ne jouissant pas de toutes ses facultés mentales. L'affaire fut portée devant le parlement, qui décida, par arrêt du 10 septembre 1407, que les biens en litige (domaines de Bazoche et de Vausseré) appartenaient à Isabeau de Bazoche. Gobert, voulant se venger, suscita à ses adversaires un compétiteur, nommé Huguenin de Châlons : cet homme, qui s'entendait très-bien aux affaires, réclama les deux seigneuries en question, faisant valoir comme droit qu'il était le plus proche héritier du vidame de Châlons, à l'exclusion d'Isabeau, propre sœur de Jean III. Les prétentions de Huguenin étaient fondées sur des moyens odieux. Bien qu'Isabeau eût eu des enfans du chevalier de Forges, il voulait faire annuler le mariage de celle-ci, sous le prétexte qu'il avait été conclu contre la disposition expresse des saints décrets qui défendait à toute religieuse de se marier.

Avant d'exposer cette contestation, nous croyons qu'il est bon de faire connaître les principales particularités de la vie d'Isabeau de Bazoche, qui se trouvent dans l'*Histoire de Châtillon*.

A la mort de son père, Isabeau était âgée seulement de

deux ans. Jean III, son frère, voulant la faire élever selon ses intérêts, la fit entrer au couvent de Notre-Dame de Soissons; aussitôt qu'elle eut l'âge requis, son éducation fut confiée à sa sœur aînée, qui déjà était religieuse dans ce monastère depuis plusieurs années. La religieuse et le seigneur de Bazoche crurent qu'en plaçant leur jeune sœur dans une communauté, et à un âge où les passions sont encore renfermées dans la plus profonde innocence, elle puiserait avec fruit, dans les exercices spirituels, une vocation prononcée pour l'état monastique.

Avant qu'elle n'eût atteint l'âge voulu, on la revêtit de l'habit de religieuse pour l'habituer à le porter à l'époque de son noviciat. Le tems de sa profession arrivé, cette jeune fille, qui n'avait pas apporté un goût bien prononcé pour la vie du cloître, prit un parti tout-à-fait opposé aux desseins de ses parens. Quoique isolée du monde, et prévenue contre le mariage, Isabeau déclara qu'elle préférait la vie libre et la main d'un époux à toutes les consolations que pouvait lui offrir l'intérieur du monastère. Douée par la nature de toutes les grâces qui ornent l'esprit et le corps, elle fut remarquée par le chevalier de Forges, homme sage, prudent et honorable.

Nous ne savons comment ce chevalier parvint à la connaître, mais nous pouvons assurer qu'il approuva ses desseins, et qu'il lui promit de l'épouser dès qu'elle serait à l'abri de toute contrainte. La résolution que prit de Forges d'épouser Isabeau, alors sans fortune, fut autant pour la délivrer de la persécution que pour l'appât de ses charmes. Dès qu'elle eut dix-sept ans accomplis, il la demanda en mariage. Laissons parler le plaidoyer :

« Elle donc, devenue *nubilis*, fut demandée de plu- » sieurs, par espécial de messire J. de Forges. » Jean de Châlons et sa sœur, la religieuse, mirent tout en œuvre pour empêcher cette union; cette dernière désirait faire de sa sœur une compagne, et Jean voulait éviter tout ce qui pouvait l'obliger au partage de ses biens.

Les moyens qu'ils employèrent n'ayant fait qu'irriter l'esprit d'Isabeau, ils eurent recours au ministère de l'évêque de Soissons, auquel on déguisa la vérité. Voici comment les choses se passèrent :

L'évêque ayant indiqué un jour pour recevoir les vœux d'une novice de Notre-Dame, Jean de Bazoche et sa sœur le prévinrent qu'il pourrait, s'il le jugeait convenable, faire prononcer aussi les vœux à Isabeau, qui, depuis bien des années, assistait aux exercices du monastère, et que, par cet acte, il ferait une acquisition sans prix pour le couvent de Notre-Dame. Le prélat s'étant prêté de bonne foi à tous ces artifices mensongers, on redoubla d'instances auprès d'Isabeau, qui opposa à ces importunités un silence absolu regardé comme un consentement tacite. Le jour désigné pour recevoir les vœux étant arrivé, on fit les préparatifs d'usage pour cette cérémonie. Ecoutons encore le plaidoyer. «... Car à vne foiz vint l'é- » vesque pour benistre la religieuse audit monastère. Si

» la requist qu'elle fust beneite, dist que rien n'en feroit.
» Et il luy dist : Pourquoy donques portez cet habit ? A
» quoy dist que autre n'auait, et que si l'y voloit donner
» sa chape rouge, en feroit vne cotte, et la vestiroit. »

L'évêque s'aperçut par cette réponse qu'on voulait forcer la vocation de la jeune élève. Il employa tout son crédit auprès du seigneur de Bazoche pour l'engager à retirer sa sœur du couvent et à la recevoir dans son château. Ce ne fut qu'avec peine qu'il se détermina à consentir aux vœux de l'évêque. Le mariage d'Isabeau avec le chevalier de Forges resta quelque tems suspendu, parce que Jean III refusait de donner une dot à sa sœur. Mais de Forges, usant de générosité, prit Isabeau avec les seules espérances qu'elle ou ses enfans pourraient un jour faire valoir. Le mariage fut célébré en 1387, et les nouveaux époux s'installèrent pour quelque tems au château de Bazoche. « Si demanda partage Forges au vidame,
» qui lui délivra enfin *tertiam pro indivisio* desdites terres,
» et voulut que Forges fit foi et hommage, par espécial
» de Bazoche à l'évêque de Soissons, et elle aussi enfin,
» en foi, et demourerent audit chastel de Bazoche. » Ce fut sur ces entrefaites que Béatrix de Roye, épouse de Jean III, vint à mourir (1388), et que ce dernier fit don de ses seigneuries de Bazoche et de Vausseré à Jean, dit Barrat, et à Gobert de Boves, qui ne devaient en jouir qu'après sa mort. Quoique cette injustice dût indisposer de Forges et Isabeau, qui avaient déjà des enfans, ils ne

laissèrent pas néanmoins de prendre soin de Jean III, leur frère, atteint de démence. Mais sa mort étant arrivée (1406), ils intentèrent à Gobert de Boves le procès dont nous avons déjà parlé.

Gobert, obligé de restituer la terre de Bazoche, en fut profondément irrité. C'est ce qui le porta à exciter Huguenin de Châlons contre le chevalier de Forges et sa femme. Voici les moyens que proposait Huguenin contre Isabeau, rapportés par Duchesne, d'après le plaidoyer, dans l'*Histoire de Châtillon*.

« Réplique Huguenin, à ce que partie à dit, qu'elle
» étoit suer, et si succéda à son père : que au vivant
» dudit père, au tôt après, elle fut (Isabeau) religieuse
» de Notre-Dame de Suessons, ou feist profession, et de-
» puis y demoura huiet ans. Au moins avait-elle fait pro-
» fession tacite. Car elle y fut dix-sept ans. Car elle avait
» dix-huit ans, quand de là se parti; et par ce ne pouvant
» succéder, selon la coutume de ce royaume; et ce même,
» proposa le vidame son frère qu'elle ne pouvait suc-
» céder.

» Duplique Isabel, et dit, qu'elle est en possession
» d'état seculier, y a plus de vingt ans mariée, et a joy et
» usé de cet état. *Alias* se elle était religieuse, la religion
» devroit la revendiquer : et a été céans reçue à poursui-
» vre succession, comme séculière. Et supposé qu'il faul-
» sit parler de ladite monachalité, vrai est, qu'après le
» trépas de son père qu'elle avoit deux ans; que

» peut-être fut mise avec sa suer religieuse; mais que
» oncques ne volust être religieuse; et si comme reli-
» gieuse eut l'habit de religieuse, ce était contre son
» gré, comme toujours maintenoit..... et depuis de-
» moura sur son frère comme séculière, et fut mariée à
» Forges. Et depuis pour ce que l'on parloit de ce
» qu'elle avoit été vestue comme religieuse, obtint lettres
» du pape, par vertu desquelles, information faite, fut
» déclarée, elle, non être liée à lien de religion, et le
» mariage bon et valable; et après ce ont demouré en-
» semble. Et encore pour ce qu'on murmuroit, fit Forges
» son mari appeller les religieuses de Notre-Dame, à ce
» que si elles vouloient quelque chose dire, deissent :
» et lors proposerent ce que voudrerent. Fut faite en-
» queste et fut dit le mariage bon par l'évêque, qui
» defendist aux peines de droit, que plus murmurassent,
» voyant et sachant ledit Huguenin. »

Néanmoins ce différend ne fut pas terminé avant le 8 août 1408. La cour déclara Huguenin non recevable dans sa demande. Peu après, Jean de Forges mourut, et Isabeau lui survécut jusqu'en 1417. Il est certain qu'ils eurent des enfans qui leur succédèrent dans les domaines de Bazoche et de Vausseré. Mais, depuis cette époque, nous ignorons le nom des seigneurs de Bazoche jusqu'à ce que cette terre fit partie des domaines de la maison d'Aumale. Le chevalier Jacques d'Aumale, vicomte du Mont-Notre-Dame, la possédait en 1621.

Les vicomtes du Mont-Notre-Dame gardèrent la terre de Bazoche pendant long-tems, sans qu'il survînt dans ce pays rien qui fût digne de remarque. Cependant, le 25 août 1650, l'archiduc Léopold, gouverneur des Pays-Bas espagnols, vint y camper avec une petite armée, qui combattit contre deux corps de troupes françaises. Comme nous avons déjà eu l'occasion de parler de ces événemens dans les chapitres consacrés à l'histoire de Braine, et que nous devons encore en parler plus loin, au sujet de l'incendie des tours de l'église du Mont-Notre-Dame, abordons le récit d'une catastrophe qui, à une époque plus rapprochée de nous, frappa de stupeur les habitans de Bazoche et des pays environnans.

En février 1765, un loup enragé emporta de Sept-Monts une jeune femme enceinte : quatorze habitans se mirent à sa poursuite pour arracher de sa gueule ensanglantée cette malheureuse, qui jetait des cris déchirans. Le succès ne répondit pas à leur courageux dévouement : ils furent tous mordus et périrent dans les plus atroces souffrances. La terreur étant au comble dans le Soissonnais, on promit une somme considérable à celui qui tuerait cette bête féroce, alors retirée du côté de Braine. Le 1er mars, un milicien, armé d'une fourche, tua le loup à la porte de Bazoche, et l'apporta le même soir à Soissons. Ayant reçu la récompense promise, le milicien, choyé et fêté, fit empailler le loup, qu'il promena ensuite par toute la France, le faisant voir pour de l'argent.

Bazoche, autrefois le quinzième doyenné du diocèse de Soissons, fut célèbre par le palais que le préfet des Gaules y occupait; par les magasins de blé que les Romains y avaient formés; par le martyre et le tombeau de saint Rufin et saint Valère; par sa collégiale que forma saint Loup, et dont le chapitre était composé de soixante-douze chanoines; ce chapitre, réduit plus tard à trois, fut supprimé vers l'an 1784.

Bazoche, qui réunissait le territoire de deux paroisses, Saint-Rufin et Saint-Thibaud, donna trois évêques au diocèse de Soissons, dont deux sacrèrent les rois Saint-Louis et Philippe-le-Hardi. Enfin Bazoche, où l'on voit encore les restes des tours du château-fort bâti par les seigneurs de la maison de Châtillon, n'est plus aujourd'hui qu'un petit village situé sur les bords de la Vesle, au centre d'un pays fertile et pittoresque.

Villesavoye *(Villa invia)* est un petit village situé au-dessous du Mont-Saint-Martin, près de Bazoche, et à 8 kilomètres de Braine.

La branche des premiers seigneurs de ce pays commence à Gautier de Bazoche, descendant de l'illustre maison de Châtillon. Gautier, cinquième fils de Nicolas Ier et d'Agnès de Chérizy, eut dans son partage la terre de Villesavoye, dont ses descendans prirent le surnom. Il épousa Elisabeth de Bouloirre, sœur de la femme de son frère Jean de Bazoche, qui mourut dans un âge peu avancé, en lui laissant, par testament, sa terre de Loupeignes. Gautier de Villesavoye eut deux fils : l'aîné prit son nom et devint son héritier direct ; Jean, le second, eut la terre de Loupeignes et mourut sans enfans. Comme son père, Gautier II eut aussi deux fils : le second, nommé Frère Jean, fut seigneur de Droisy. L'aîné, Jean, dit Coquillart 1er, fut chevalier et seigneur de Villesavoye. Il se maria deux fois, et n'eut qu'un fils, Jean Coquillart II, qui lui succéda, et qui vendit aux abbés d'Ygny une portion de sa terre du Mont-Saint-Martin. Ce dernier épousa Gilette de Pondront, veuve de Jean II de Cramailles, qui lui apporta en dot la seigneurie de Cramailles. Ils eurent la jouissance de ce domaine jusqu'en 1313. Jean Coquillart II, dont le nom figure encore avec celui de Simon, vicomte du Mont-Notre-Dame, ne laissa pas de postérité. Les armes des seigneurs de Villesavoye étaient *brisées sur le chef de quatre merlettes de gueules.*

Les seigneurs d'Harzilemont, de Branges, de Loupeignes et de Lhuis, qui prenaient les armes de Châtillon comme les seigneurs de Villesavoye et de Loupeignes, sont sans doute issus de Jean de Loupeignes, dont nous venons de parler. Les premiers que nous connaissions sont Jean II d'Harzilemont, seigneur de Branges, qui épousa Madeleine de Broyes, et Pierre d'Harzilemont, qui mourut en 1495. Celui-ci fut enterré dans l'église Saint-Yved de Braine. On voyait autrefois son épitaphe, avec les armes de Châtillon, contre la muraille du chœur, en dehors. Ces deux seigneurs étaient fils de Jean d'Harzilemont, qui eut 23 enfans.

Jean II, l'ainé, continua la postérité de son illustre maison. François Ier le nomma chevalier de Saint-Michel le jour de son sacre. Il eut de son mariage Guy d'Harzilemont, qui devint seigneur de Branges, de Loupeignes et de Lhuis. A la mort de son père, Guy épousa Marguerite de La Mothe, de laquelle il eut plusieurs enfans. Jean d'Harzilemont, l'un d'eux, épousa Marguerite de Maunay, à laquelle « il assigna douaire en 1540. »

Depuis cette époque, nous n'avons pu recueillir que des renseignemens fort incertains sur les vicomtes de Lhuis de la maison de Châtillon : le dernier de l'illustre branche d'Harzilemont, dont le fils unique fut tué à la guerre, mourut en 1778 au château de Cierges.

Le domaine de Lhuis fut acquis, après sa mort, par Drouyn de Vaudeuil, seigneur de Bruys : ses héritiers en furent possesseurs jusqu'à l'époque de l'émigration.

Autrefois Lhuis *(Luisiacum)* avait le titre de vicomté. On y fonda, vers la fin du douzième siècle, une maladrerie que les seigneurs du lieu dotèrent richement. Plus tard, par un arrêt du conseil du 24 janvier 1695, les biens de cette maladrerie furent réunis à ceux de l'hôpital de Château-Thierry, à la charge par ledit hôpital de recevoir les malades de la commune de Lhuis. Dans un titre de 1404, il existe un trait singulier concernant cette commune et sa maladrerie. Voici à peu près le contenu de cette pièce :

Le nommé Collinet, vigneron, demeurant à L'huis, donna à la maladrerie de ce lieu huit arpens de terre en un seul morceau, à condition qu'on dirait une messe le premier jour de chaque année pour lui et ses amis, et en outre à la charge du droit de *terrage et de champart*.

Le donateur autorise les habitans de Lhuis et de Tannières de prendre, tous les ans, avant cette messe, *un roitelet vif en plumes*, et de le porter à l'administrateur de la maladrerie, qui sera tenu aussitôt, et à l'heure même, de *bâiller* à l'un d'eux un quartier de lard, un pichet de gros pois et quatre sols parisis d'argent : « et s'il disait » qu'il donneroit un jour, lesdits habitans auront pou- » voir de prendre et emporter hors de sa maison du bien » pour être vendu à l'instant. »

Par un autre contrat, Gilles-le-Quin de la Morlière, d'Ouchy-la-Ville, fit don à cette maison de charité de plusieurs arpens de terre dont elle a joui jusqu'à son extinction. L'acte portait que le donateur avait agi de son plein gré et qu'il était alors âgé de *trois vingt et dix-huit ans*.

Depuis la réunion de la maladrerie de Lhuis à l'Hôtel-Dieu de Château-Thierry, la redevance, relativement au roitelet, fut changée en une somme de huit livres, qui se payait tous les ans. Le fermier chargé de délivrer cette somme était encore tenu de distribuer aux habitans de Lhuis et de Bruys, qui assistaient à la procession des Rogations, du pain et du fromage mou, après avoir déposé ces subsistances sur le pied de la croix de la station. Il devait encore fournir au seigneur du lieu, lorsqu'il chassait, des rafraîchissemens pour lui et pour sa suite, du foin et de l'avoine pour les chevaux, et du pain pour les chiens.

On voit encore parmi d'autres obligations que si le seigneur juge convenable d'aller lui-même lever le *terrage* et le *champart* qui lui sont dus sur les terres de la maladrerie, on est obligé de lui présenter pour s'asseoir une gerbe qu'il peut faire enlever après, sans rien diminuer sur son droit de *champart*.

Dans le courant du XVIIe siècle, le sieur Antoine de Marsanne, écuyer du duc de Lorraine, natif de Lhuis, fonda dans son village une chapelle sous l'invocation de saint Antoine, son patron. Dans l'acte de fondation, il déclara que le titulaire de cette chapelle serait obligé d'instruire la jeunesse, de dire la messe tous les jours, et notamment les dimanches et fêtes, afin que les habitans, obligés de garder leurs maisons, leurs bestiaux, etc., ne fussent pas dans la nécessité de manquer la messe quand il n'y en avait qu'une dans leur paroisse. L'acte porte encore que la nomination à cette chapelle appartiendrait à M. d'Harzilémont, seigneur de Lhuis, et qu'en cas de mutation de cette terre, ce droit reviendrait à la communauté des habitans.

Au lieu de suivre les intentions du sieur de Marsanne, la chapelle fut conférée, comme bénéfice simple, à un clerc tonsuré, qui ne remplissait aucune fonction.

Vers l'an 1717, le vicomte d'Harzilemont nomma le curé de Lhuis à cette chapelle, dans le dessein que, s'il quittait sa cure, il serait attaché comme chapelain à la chapelle Saint-Antoine. Ces arrangemens ne paraissant pas convenables, on résolut de créer une place de vicaire afin de soulager le curé, et de remplir les intentions du fondateur de l'établissement. Ce plan fut exécuté de manière qu'il ne fut plus possible de détourner, en aucune manière, les revenus de la chapelle dont il est question. Les bénéfices furent attachés à la cure du lieu, à condition que le curé prendrait un vicaire, et que la nomination à cette cure, qui appartenait auparavant au chapitre de Notre-Dame-des-Vignes de Soissons, alternerait entre ce chapitre et le seigneur ou les habitans de Lhuis. Les choses restèrent en cet état jusqu'à l'époque de la vente des biens du clergé, et, depuis, rien d'extraordinaire ne s'est passé dans cette commune.

CHAPITRE XXXIX.

Suite de l'histoire du Mont-Notre-Dame.

N 1568, les Huguenots, qui avaient déjà campé plusieurs fois dans les plaines de Bazoche et de Limé, et qui venaient de prendre possession de la petite ville de Braine, furent attirés au Mont-Notre-Dame dans le dessein de détruire le château seigneurial, appartenant alors à Jacques d'Aumale, vicomte du Mont-Notre-Dame et baron de Bazoche.

Ce château, solidement bâti sur une colline élevée, était flanqué de quatre grosses tours, au milieu desquelles s'élevait un superbe donjon qui les dominait. Par sa position, il aurait pu facilement soutenir un siége en règle, s'il eût été mieux approvisionné de munitions de toutes sortes. Les Huguenots qui, lors de leur passage, avaient eu le tems d'étudier cette place formidable, furent inquiétés en pensant qu'ils ne pouvaient faire un pas dans la plaine sans être aperçus des tours du château. Ordinairement, en tems de guerre, on plaçait sur la plate-forme du donjon une sentinelle qui, à l'approche de l'ennemi, donnait l'alarme. Les Protestans, après plusieurs tentatives, et sachant par leurs espions que le château était entièrement dégarni de troupes, résolurent de l'attaquer avec vigueur. Au premier assaut, il fut emporté; puis les bâtimens furent incendiés et les tours renversées. Ce désastre ne suffisant pas à leur rage, ces fanatiques brisèrent les portes de l'église, entrèrent en foule dans cet édifice, et après avoir pillé les objets les plus précieux, ils y mirent le feu. La vue des flammes sortant de la toiture de l'église semblait encore exciter ces cruels destructeurs, qui se jetèrent sur le village situé au bas de la colline. Leurs ravages furent tels qu'ils ne laissèrent aucune maison debout au Mont-Notre-Dame, ni aucune ressource aux malheureux habitans de ce village.

Malgré la participation des pays voisins, cet état de ruine subsista long-tems. Il était question de le rétablir en 1594, mais on ne releva qu'une faible partie des chaumières détruites et cinq maisons canoniales. Depuis cette époque jusqu'en 1617, les habitans de ce pays ne furent pas trop inquiétés : ils rétablissaient peu à peu leurs maisons et commençaient déjà à oublier le passé. Mais un grand malheur les attendait encore. Le comte d'Auvergne bombardait Soissons; des bandes de pillards sortis de cette ville s'étaient répandus dans les plaines de Braine, de Bazoche et de Limé, et ravageaient toute cette campagne. Les habitans de ces contrées, craignant la destruction de leurs propriétés, avisèrent au moyen de prévenir ces désastres. Pour cela, ils convinrent entre eux d'un moyen fort simple. Le Mont-Notre-Dame, du haut duquel on découvrait tout le pays à quatre ou cinq lieues à la ronde, fut choisi pour donner le signal aux autres villages de l'approche des pillards. Sur le haut d'une des tours de l'église, on dressa une guérite d'où l'on apercevait de très-loin le mouvement des armées et les détachemens des partis.

Un guet permanent fut établi dans cette guérite, et celui qui était chargé de cette fonction avait plusieurs signaux convenus pour indiquer aux habitans des campagnes la nature du danger qui les menaçait. Dans le clocher de chaque village des alentours, il y avait un guet particulier pour recevoir ces signaux et les annoncer ensuite, par le tocsin, aux habitans dispersés dans les champs à leurs travaux journaliers. Ces choses se passaient vers la fin d'avril, et le froid, qui, à cette époque, se faisait encore sentir, fut cause d'un accident qu'on n'avait pas prévu. La guérite et tout le comble de la grande et belle église du Mont-Notre-Dame furent entièrement détruits par un incendie épouvantable.

Un nommé Clerginé, dont le tour était arrivé de faire le guet, avait apporté une provision de charbon pour faire cuire ses alimens et se garantir du froid; il laissa tomber par mégarde un peu de feu sur le combustible qu'il avait mis en réserve. A ce moment, comme par une étrange fatalité, le vent fit place à la pluie, qui n'avait cessé de tomber à flots depuis long-tems. Les rafales, qui venaient de toutes parts, allumèrent en un instant un incendie si violent qu'il fut impossible de l'éteindre dès qu'on s'en aperçut. En peu d'heures la charpente, atteinte par le feu, devint la proie des flammes. Les voûtes et une partie des murs furent aussi calcinés par la violence de cet incendie. Ce malheur n'entraîna pas la destruction du chapitre. On fit à l'église les plus urgentes réparations, et les chanoines, qui étaient au nombre de onze, furent seulement réduits à cinq.

La mort du maréchal d'Ancre, tué d'un coup de pistolet sur le pont du Louvre, vint mettre fin aux hostilités qui désolaient le Soissonnais. Pendant une trentaine d'années, Braine et ses environs jouirent d'une tranquillité parfaite qui finit par être troublée en 1650 par l'invasion des Espagnols. A cette époque, les troupes de l'archiduc Léopold qui était venues camper sur les bords de la Vesle, dans les plaines de Bazoche, portèrent de nouveau le fer et le feu dans le village du Mont-Notre-Dame.

A l'approche des Espagnols, les habitans, effrayés, cherchèrent un refuge dans les tours de l'église, et y déposèrent leurs meubles et leurs effets les plus précieux. Ces tours, quoique fort élevées, ne purent contenir tous les habitans, dont une partie prit la fuite dans les bois et dans les carrières. La servante d'un chanoine, ayant eu la témérité de rester et de se montrer, fit payer cher son indiscrétion aux malheureux qui avaient cru trouver une retraite sûre dans les tours de la collégiale. Les soldats s'étant emparés de cette femme, la mirent à la torture afin de lui faire avouer où étaient cachés ses compatriotes et leurs meilleurs effets; pour échapper aux tourmens les plus cruels et aux scènes les plus odieuses, elle révéla tout. D'après son indication, les Espagnols se rendirent aussitôt près des tours, sommèrent les assiégés d'en sortir et de livrer ce qu'ils possédaient. Ceux-ci, confiant dans la solidité des tours et dans l'épaisseur des portes qu'ils venaient de barricader avec leurs meubles, résolurent de ne pas se rendre. Les soldats, furieux de ce refus, usèrent d'un stratagème atroce. Ils enfoncèrent à coups de hache et de pioche les portes de l'église, brisèrent la chaire, les bancs et les confessionnaux; et, de ces débris, auxquels ils ajoutèrent d'autres matières combustibles, ils élevèrent un énorme bûcher sous la première voûte des tours et près des portes derrière lesquelles étaient les meubles servant de barricades. Ces dispositions prises, les soldats espagnols allumèrent cet amas de planches brisées, et en peu de tems le feu gagna les portes et s'étendit à l'intérieur. Les malheureux prisonniers, atteints par la flamme, cherchaient en vain une issue pour sauver leur vie; ne pouvant sortir de l'endroit où ils avaient cru trouver un asile assuré, ils furent tous brûlés vifs et ensevelis sous les ruines des tours qui s'écroulaient.

Ce tragique événement, qui se passait à l'approche de la moisson, après une saison pluvieuse, et les ravages commis par les troupes de l'archiduc Léopold, réduisit à la plus affreuse misère ceux des habitans du Mont-Notre-Dame qui étaient échappés par hasard à une mort certaine.

L'église du Mont-Notre-Dame, dont nous venons de signaler les désastres, et qui sert actuellement au culte divin, était un des plus beaux monumens du Soissonnais. Bâtis dans le courant des XIe et XIIe siècle sur l'emplacement de l'ancienne collégiale élevée par Gérard de Roussillon en l'honneur de sainte Madelaine, cet édifice du moyen-âge, appartenant au style romano-byzantin secondaire, fut construit sur le même plan et dans le même tems que la cathédrale de Soissons. On y remarquait deux portiques collatéraux; un grand portail aux deux côtés duquel s'élevait deux tours très-hautes, et enfin une église souterraine pour le service d'hiver. Tous ces précieux restes méritent encore l'attention de l'artiste et de l'archéologue, qui y trouveraient certainement des choses admirables.

ÉGLISE DU MONT NOTRE-DAME.

Le chapitre de cette collégiale fut réuni au séminaire de Soissons en 1674. Les pertes fréquentes qu'il avait essuyées pendant les guerres le forcèrent à réduire le nombre des chanoines à cinq. Ces derniers menèrent par la suite une vie séculière et exercèrent mal leurs fonctions. L'évêque de Soissons, ayant eu connaissance du scandale qu'ils causaient, résolut d'éteindre leur chapitre et d'annexer ses biens au séminaire de Soissons, qui avait besoin d'un surcroît de fonds. L'évêque se rendit, à cet effet, le 7 juin 1674, au Mont-Notre-Dame; et, le 2 août suivant, il rendit son décret, qui fut confirmé par des lettres-patentes datées du mois de décembre suivant. Après cette réunion, le curé du Mont-Notre-Dame conserva encore long-tems les droits qu'avait toujours eus le chef de l'ancien chapitre.

Il y avait autrefois au Mont-Notre-Dame un Hôtel-Dieu et une Maladrerie. Ces deux hôpitaux possédaient des rentes en biens-fonds provenant de legs faits en leur faveur. Par un arrêt du conseil (3 août 1617), ces revenus furent réunis aux Hôtel-Dieu de Soissons et de Château-Thierry. On voit encore au bas du Mont-Notre-Dame les anciens bâtimens de la Maladrerie, convertis en une ferme qui porte toujours le nom de *la Maladrerie*.

Nous avons cru devoir ajouter, aux particularités concernant le Mont-Notre-Dame, la généalogie des seigneurs de la maison d'Aumale, qui possédèrent pendant des siècles le domaine de ce pays.

Le premier seigneur du Mont-Notre-Dame du nom de d'Aumale fut Jean d'Aumale Ier, issu de l'illustre et ancienne maison d'Aumale. Il épousa, avant 1460, Jeanne de Moreuil, fille de Bernard de Moreuil-lès-Soissons, vicomte du Mont-Notre-Dame. Ce dernier donna pour dot à sa fille sa vicomté du Mont-Notre-Dame, et c'est à partir de cette époque que cette terre devint la propriété des seigneurs dont nous parlons. Jean d'Aumale Ier mourut le 24 novembre 1469, laissant cinq enfans, dont l'aîné, Jean II, continua la filiation de cette branche. Ce seigneur eut en partage la vicomté du Mont-Notre-Dame, et épousa, en 1491, Jeanne de Rasse : il mourut le 24 juillet 1528, et fut inhumé dans l'église du Mont-Notre-Dame. A sa mort, il laissa quatre enfans; l'aîné, Philippe, eut la terre du Mont-Notre-Dame, et se maria à Madeleine de Villiers-l'Isle-Adam; il fut tué à la bataille de Pavie en 1524. Il eut de son mariage deux enfans, Louis et François d'Aumale. Louis, devenu vicomte du Mont-Notre-Dame, épousa, en 1545, Antoinette d'Anglebermer. Un mémoire du tems rapporte qu'il fut tué à la bataille de Dreux en 1562. Il n'eut qu'un fils, Jacques d'Aumale, vicomte du Mont-Notre-Dame, seigneur de Châtillon-sur-Marne, de Lhuis, de Gregny, de Quincy; baron de Bazoche, gentilhomme de la chambre du roi et chevalier de l'ordre de Saint-Michel. Jacques épousa, en 1584, Marie de Boussut, et mourut sans enfans le 17 février 1625. La vicomté du Mont-Notre-Dame revint de droit au cousin de Jean-Gabriel d'Aumale, seigneur de Balatre. C'est ce dernier qui forma la branche des seigneurs de Balatre, vicomtes du Mont-Notre-Dame. Il épousa, le 27 février 1581, Catherine de Paillart, et eut de cette union cinq enfans, dont l'aîné, Philippe d'Aumale II, lui succéda. Philippe épousa, en 1630, Marie de la Fons; il mourut jeune encore, laissant six enfans de ce mariage. Catherine, leur mère et tutrice, acquit, la même année, de leur oncle Pierre d'Aumale, le quart de la terre du Mont-Notre-Dame, qui était échue à celui-ci par héritage direct. L'aîné des fils de Philippe, Louis d'Aumale II, fut vicomte du Mont-Notre-Dame, et épousa en premières noces, le 16 novembre 1673, Michelle-Elisabeth d'Harzilemont, fille unique de François d'Harzilemont, seigneur de Brange, de Lhuis, etc., et en secondes noces, le 21 décembre 1689, Marie-Charlotte Doucet, veuve de Christophe d'Harzilemont, seigneur de Loupeignes. A sa mort, il laissa dix enfans de ses deux mariages; Michel d'Aumale, l'aîné, devint vicomte du Mont-Notre-Dame, et se maria en 1718 avec Marie-Anne Oudan, de laquelle il eut six enfans, dont l'aîné, Louis-Michel-François d'Aumale, hérita de sa vicomté. Il fut d'abord garde-marine à Rochefort, et ensuite on le nomma lieutenant dans le régiment de Vermandois. Ce dernier eut pour héritier un fils nommé Louis-Antoine d'Aumale, qui mourut sans postérité le 18 juin 1821, laissant aux pauvres du Mont-Notre-Dame et à ses serviteurs une partie de ses biens.

CHAPITRE XL.

Chery-Chartreuve.

CHERY-CHARTREUVE *(Cheriacum Castrovorum)* est un village fort ancien. Les Romains y bâtirent un château; mais nous ne pouvons en donner l'époque précise. Après la conquête des Gaules par les Francs, Chery devint une terre du fisc, et fut donnée par la suite aux aïeux du seigneur Gomnoald. Sur la fin du VIIe siècle, ce dernier la vendit à saint Rigobert, archevêque de Reims, pour une somme de cinq sols d'or que le prélat lui paya comptant. Saint Rigobert acheta encore différens biens dont il enrichit son évêché. C'est vers le tems où la terre de Braine fut enlevée à l'évêché de Rouen, que des chevaliers, vassaux des comtes de Vermandois, enlevèrent à main armée la terre de Chery-Chartreuve à l'archevêché de Reims. Cette propriété passa au pouvoir des comtes de Champagne, puis à celui des seigneurs de Braine.

A la mort de Thibaud-le-Grand, comte de Champagne, son fils, Hugues-le-Blanc, frère de Guy et d'Agnès de Baudiment, eut le domaine de Chery-Chartreuve en partage. Ce seigneur, dont la dévotion était exemplaire, forma le dessein de placer des religieux à Chartreuve, même avant la fondation de l'abbaye de Braine. Pour exécuter son projet, il eut besoin du consentement de Guy et d'Agnès, ses frère et sœur, dont les biens dépendaient de ceux qu'il destinait à doter son nouveau monastère. Hugues eut encore besoin de l'adhésion de Henry Ier, roi d'Angleterre, qui sans doute avait des prétentions à exercer sur les mêmes biens.

Ayant obtenu ce qu'il désirait, il se mit à l'œuvre, et l'établissement des Prémontrés de Chartreuve suivit de près celui des Prémontrés de Braine. Quelques auteurs même ont prétendu que l'abbaye de Chartreuve est le premier monastère qui ait été fondé dans le Soissonnais. (CARLIER, *Hist. du duché de Valois.*)

Hugues-le-Blanc, ainsi que son frère Guy, mourut sans postérité, laissant à Agnès de Braine, sa sœur, tous ses biens, avec les droits particuliers qu'il s'était réservés sur l'abbaye de Chartreuve, d'où vient que les comtes de

Braine furent toujours reçus comme *patrons* à Chartreuve lorsqu'ils s'y présentaient aux mutations.

Après avoir pourvu aux besoins substantiels des religieux qu'il voulait faire venir à Chartreuve, Hugues fit le choix du chef qui devait gouverner la nouvelle communauté. Il jeta les yeux sur un Prémontré du nom d'Odon. Cet abbé, d'une rare intelligence et d'une vie sans reproche, fut chargé de l'achèvement des constructions et de l'installation des religieux qui devaient composer la nouvelle communauté. Nous ne pouvons préciser en quelle année Odon mit la dernière main à l'abbaye de Chartreuve. Ce fut Goislein, évêque de Soissons, qui confirma la fondation de ce monastère. Philippe d'Oulchy dota Chartreuve d'une rente en grains lorsque son fils y prit l'habit de religieux Prémontré. L'abbé Odon crut qu'il était de son devoir de former une communauté de femmes dans l'enceinte de son monastère. Cette communauté, qui fut supprimée par la suite, existait cependant encore vers la fin du XIIe siècle. Le trait que nous allons rapporter en donne la preuve.

On voit dans une charte de l'évêque de Térouanne, datée de 1196, que Fulbert et sa femme Heroea se sont retirés à Chartreuve avec Doline leur fille, et qu'ils ont donné tous leurs biens à l'abbaye avec ces restrictions : 1° Que Fulbert et sa femme resteraient dans l'abbaye sans prendre l'habit de l'ordre et qu'ils y mèneraient une vie séculière; 2° que Doline, leur fille, prendrait l'habit de religieuse, et qu'elle suivrait la règle des sœurs de l'ordre; 3° que le père et la mère de la religieuse conserveraient, leur vie durant, une partie de leurs biens, pour lesquels ils paieraient à l'abbaye une rente d'un marc d'argent.

Quelque tems après cette donation, les religieuses furent transférées en un endroit qu'on appelle aujourd'hui la *Ferme des Dames*, ou *les Dames-sous-Chery*. On voit encore en cet endroit les traces de l'ancienne église et des bâtimens conventuels.

En 1534, l'abbaye Notre-Dame de Chartreuve fut donnée en commende à Guillaume Petit, qui eut pour successeur Nicolas Guérin, docteur et professeur en médecine. Cet homme absorbait tous les revenus du monastère, et eut un différend fort sérieux avec les religieux de Chartreuve, auxquels il refusait la portion des biens qui leur appartenait. Ces derniers, l'ayant assigné devant le Parlement, eurent gain de cause et obtinrent qu'il fût remplacé; son successeur fut Jean Pannier, qui mourut à Chartreuve en 1578. Son corps fut inhumé dans l'église, et sur son épitaphe on lisait qu'il fut exécuteur testamentaire de Guillemette de Sarrebruche, comtesse de Braine. A cette époque, l'abbaye de Chartreuve jouissait des biens que les Templiers avaient eus dans le canton avant la destruction de leur ordre.

Comme à Braine, à Bazoche, au Mont-Notre-Dame et à Lhuis, il y eut aussi à Chery une maladrerie dont la fondation remontait à la fin du XIIe siècle. Ces maladreries n'étaient que des amas de loges, près desquelles étaient ordinairement une chapelle sous la dédicace de Saint-Lazare, de Sainte-Madeleine ou de Sainte-Marthe. Il y avait une police particulière pour les lépreux, alors en grand nombre. Avant leur entrée, ils devaient se faire une espèce de pacotille des choses nécessaires à leur subsistance, telles que *tartarelles*, souliers, chausses, robes de camelin, chaperon de camelin, un entonnoir, un baril, un couteau, une écuelle de bois, un lit garni, un bassin, *un pot à mettre cuire la chair*, etc., etc. On n'a que des renseignemens peu précis sur chacune de ces maladreries ou léproseries; l'horreur qu'inspiraient les lépreux faisait qu'on s'occupait peu de ce qui les concernait.

Les seigneurs de Chery-Chartreuve ont laissé peu de choses méritant d'être rapportées; cependant Jean Puy, l'un d'eux, eut en 1546 une affaire majeure avec Antoine de Louvain, seigneur de Rognac, au sujet du château de Longueville, habité alors par le seigneur de Chery. Les détails de cette affaire étant hors de notre plan, nous indiquons seulement qu'ils se trouvent dans le *Recueil des arrêts notables des cours souveraines de France*. (JEAN PAPON, liv. 23, tit. 5, art. 5.)

Les documens que nous avons trouvés sur Chery-Chartreuve s'arrêtent au XVIe siècle, et, depuis cette époque, nous ne voyons rien qui mérite d'être cité sur ce pays si pittoresque.

CHAPITRE XLI.

Pont-Arcy et Viel-Arcy.

E village de Pont-Arcy *(Pontis Arx)*, situé sur les bords de l'Aisne, à 6 kilom. N. E. de Braine, remonte à la plus haute antiquité. L'origine de ce nom vient d'un pont (*Pons Arcïs*) sur lequel on traversait la rivière d'Aisne pour arriver à une citadelle fortifiée qui se trouvait sur la rive gauche, au milieu d'un bois. Cette citadelle, qui présentait un carré allongé, et dont l'intérieur était distribué en allées alignées, fut appelée le Hazoy, mot tiré d'un vieux latin, *haga, haya*, qui signifiait forteresse ou château-fort environné de bois. La citadelle du Hazoy fut démolie vers le commencement du XVIII⁰ siècle, parce qu'il s'y était commis, disait-on, plusieurs assassinats, et qu'il n'y avait que vingt pas à faire pour précipiter les cadavres dans la rivière. En démolissant ce château-fort, dont il ne reste plus qu'une tour et la trace des fossés qui lui servaient de fortifications, on a trouvé des médailles consulaires, des chaînes de pont-levis, des javelots, des épées, des boulets et autres projectiles de guerre de différentes époques. Quand les eaux de l'Aisne sont basses, on aperçoit encore la fondation des arches du pont, qui fut entièrement détruit.

Autrefois le Pont-Arcy était une des quatre principales baronnies du Valois : nous n'avons pu remonter jusqu'à son origine, qui date de tems immémorial; mais nous pouvons affirmer que les premiers seigneurs de cette baronnie étaient les conseillers-nés des comtes de Braine, ainsi que ceux de Fère, de Nesle et de Fresne.

Vers le milieu du X⁰ siècle, la terre et le château du Pont-Arcy furent possédés par les comtes de Troyes en Champagne, qui soumirent cette seigneurie à la juridiction de leur châtelain d'Ouchy. Ensuite ils la donnèrent en fief à leurs sénéchaux. Le sénéchal de Champagne, André de Baudiment, comte de Braine, est le premier seigneur de Pont-Arcy qui nous soit connu. Il donna cette terre à sa seconde fille, Helvide, lorsqu'elle épousa Guy de Dampierre Ier. La terre de Pont-Arcy n'appartint pas long-tems à la maison de Dampierre; elle revint en la possession de Robert Ier, comte de Dreux et de

Braine, qui avait épousé la petite fille d'André de Baudiment, Agnès, de laquelle il eut un fils, Robert II, qui, comme son père, prit la qualité de seigneur de Pont-Arcy. A la mort de ce dernier, Pierre Mauclerc, son second fils, dont nous avons déjà parlé dans cette histoire, eut en partage les terres de Fère-en-Tardenois et de Pont-Arcy. Jean, son fils aîné, lui succéda à sa mort, et se maria avec Blanche, fille du comte de Champagne Thibaut VI. Ils eurent de cette union deux filles et six fils. Alix l'aînée des filles, épousa en 1254 Jean Ier de Châtillon, et reçut pour dot la seigneurie de Pont-Arcy : elle mourut sans postérité en 1298. Son domaine revint au connétable de Champagne, Gaucher de Châtillon, qui avait épousé Isabeau de Dreux, fille de Robert IV, comte de Braine. Isabeau et Gaucher eurent plusieurs enfans; et Hugues, l'un d'eux, reçut après la mort de ses parens les seigneuries de Pont-Arcy et de Rosoy (1324). Ce seigneur épousa Marie de Clacy, qui lui apporta en mariage la terre de Clacy et la vidamie de Laon. Plusieurs enfans sont issus de ce mariage : Marie de Châtillon, l'un d'eux, reçut en partage la terre de Pont-Arcy lorsqu'elle épousa le comte de Braine, Simon de Roucy. Leur troisième fils, Simon II, dit l'Insensé, eut cette terre en partage. On lui donna des curateurs qui administrèrent ses domaines jusqu'en 1402, époque à laquelle il mourut. Son frère aîné, Hugues, comte de Braine, hérita de tous ses biens et en fit don à son fils

Jean VI de Roucy, qui plus tard fut tué à la bataille d'Azincourt. Ce dernier laissa une fille unique qui épousa Robert de Sarrebruche, auquel elle apporta la seigneurie de Pont-Arcy et le comté de Braine. Leur fils aîné, Amé de Sarrebruche, fut possesseur de la terre du Pont-Arcy après leur mort, et la laissa en héritage à son fils unique Robert II de Sarrebruche, qui eut trois filles : la plus jeune, Guillemette, épousa Robert de la Marck, duc de Bouillon, auquel elle apporta le comté de Braine et la baronnie de Pont-Arcy. Charles-Robert, second fils du comte de la Marck, prit, en 1560, les qualités de duc de Bouillon, comte de Braine et de Maulevrier, et de baron de Pont-Arcy. On remarque que, depuis les comtes de Champagne, la baronnie de Pont-Arcy a toujours appartenu aux comtes de Braine ou à leur famille. Sous le comte d'Egmont, cette terre était encore un des nombreux fiefs du comté de Braine.

Après avoir été incendié en 924 par les Normands, dans leur incursion, le château-fort du Hazoy ou de Pont-Arcy eut encore des attaques à repousser à différentes époques. En 1411, notamment, le comte de Roucy, après la déroute de Saint-Cloud, revint dans le Valois avec les troupes qu'il commandait. En continuant sa marche le long de la rivière d'Aisne, il s'empara du château de Pont-Arcy. A cette époque, il s'était formé dans le Laonnois un parti nombreux de paysans qui couraient en armes dans les campagnes, sous le titre d'*enfans du roi.* Avertis que le comte de Roucy s'était rendu maître du château de Pont-Arcy, ils accoururent au nombre de quinze cents, sans chef, pour en faire le siége. Le château, défendu par d'épaisses murailles et par un large fossé rempli d'eau, résista long-tems aux efforts des *enfans du roi*, qui, cependant, vinrent à bout d'y faire une brèche. Sur ces entrefaites, le bailli de Vermandois et le prévôt de Laon vinrent se joindre, avec un renfort, aux quinze cents paysans. Ces deux officiers (à cette époque, dans le Valois, les officiers judiciaires exerçaient aussi les fonctions militaires), dont la valeur et les connaissances dans l'art militaire étaient reconnues, dirigèrent l'attaque avec une habileté énergique. Le comte de Roucy, quoique déjà mis à découvert par le mur renversé, repoussa les premiers efforts du bailli et du prévôt avec une vigueur incroyable. Cependant le comte, se voyant sur le point d'être pris, demanda à capituler; mais on ne lui accorda que la vie sauve, en exigeant toutefois qu'il se rendît avec ses troupes. Il fut emmené prisonnier à Laon, où il resta long-tems. Les *enfans du roi*, victorieux et encouragés par ce succès, continuèrent leurs ravages en attaquant d'autres châteaux, dont notre sujet ne nous permet pas de rendre compte.

En 1568, tandis que la garnison de Soissons faisait capituler celle de Fisme, commandée par le seigneur d'Erlon, ce dernier, en se repliant sur Laon, s'emparait du château de Pont-Arcy; mais la paix survint sur ces entrefaites, et on remit les choses telles qu'elles étaient avant la guerre. Plus tard, en 1590, cette place tomba encore au pouvoir du duc de Mayenne, qui ne la garda pas long-tems. Vers la fin du mois de novembre de cette même année, le roi Henri IV, après être venu au secours du baron de Biron, qui se trouvait engagé, dans les environs de Braine, au milieu des bataillons du duc de Parme, se rendit à Pont-Arcy, où il devait coucher et y retrouver le lendemain le duc de Nevers, Givry et Parabère avec leurs corps de troupes. Après l'entrevue, le monarque partit déguisé pour aller rendre une visite à sa maîtresse, *la belle* Gabrielle, au château de Cœuvres.

Le Viel-Arcy (*Vetus Archeium*) est situé au bas d'une montagne, entre Pont-Arcy et Dhuisel. Le domaine de ce village, dont le fief relève du comté de Braine, appartint pendant longues années aux seigneurs de Longueval. Le Viel-Arcy était autrefois le chef-lieu de trois villages, Dhuisel, Pont-Arcy et Saint-Mard. Il existait un prieuré, dont les dîmes se partageaient entre le prieur et les dames religieuses de Braine. Outre cela, il y avait encore six arpens de terre, dont le revenu était dû au maître d'école, pour l'instruction de quatre enfans pauvres du village.

CHAPITRE XLII.

Cys-la-Commune.

Ens le commencement du XIIe siècle, sous le règne de Louis-le-Gros, les populations des villes et des campagnes du Nord, étant réduites à la plus honteuse servitude par la tyrannie et le despotisme des seigneurs ecclésiastiques et laïcs, résolurent, dans leur désespoir, de chercher des garanties pour la conservation de leurs personnes et de leurs biens.

Le souvenir des anciennes institutions municipales, qui régnait encore par la tradition, réveilla tout à coup les idées d'indépendance dans les esprits. Les populations du Nord, depuis si long-tems opprimées, s'entendirent entre elles et se jurèrent un mutuel appui pour soutenir la lutte contre la puissance féodale et s'affranchir du joug opiniâtre qui les dominait. Cette lutte fut longue, et se termina enfin par des transactions qui eurent pour résultat l'établissement des *communes* dans un grand nombre de villes. Les autres villes ou bourgs qui n'obtinrent pas la *commune* reçurent du moins des *franchises* et des priviléges qui améliorèrent sensiblement leur position.

Ce fut pendant le cours de l'année 1116 que les habitans de Soissons réclamèrent l'affranchissement communal. Ils n'eurent pas besoin pour l'obtenir d'entrer en rébellion ouverte; car l'évêque et le comte de Soissons, intimidés par les exemples de violence et d'obstination que venaient de donner deux villes, Amiens et Laon, consentirent à l'établissement d'un gouvernement municipal dont le roi approuva la nouvelle charte, qui était *pour la paix du pays*.

Parmi les villages du Soissonnais qui suivirent l'exemple de la cité, en cherchant aussi à s'affranchir, se trouvaient Presle *(Preslæ)*, Cys *(Cicyacus)*, Saint-Mard (par abréviation de Saint-Médard, *Sanctus Medardus*), Rhu et les Boves, qui se réunirent en une seule commune, dont Cys fut choisi pour chef-lieu.

Cet établissement fut confirmé plus tard par des chartes des années 1191 et 1225 : la première est de

Thibaud V, et la seconde de Thibaud VII, tous deux comtes de Champagne. Les droits et priviléges furent encore confirmés par plusieurs lettres-patentes de nos rois jusqu'à la révolution de l'année 1789. Cette commune jouissait du droit de haute, moyenne et basse justice.

Les lieux qui la composaient était autrefois dépendans de la châtellenie d'Ouchy, et n'en furent séparés que par une espèce d'exemption, lorsque cette châtellenie fut donnée en apanage au duc d'Orléans, frère du roi (1354.) Ces villages furent soumis à la juridiction du prévôt de Fisme, et, par un privilége exclusif, les habitans devaient encore être traités selon les usages et les coutumes de la châtellenie d'Ouchy. Des lettres de confirmation, datées du 5 janvier 1355, furent délivrées à cet effet par le roi Jean-le-Bon, en faveur des habitans de ladite commune. En 1373, ces habitans portèrent plainte au bailly de Vitry, président des assises de Fisme, contre le prévôt de cette dernière ville, qui les privaient des anciens droits dont ils jouissaient quand ils étaient dépendans de la châtellenie d'Ouchy. Par son jugement, le bailly ordonna que lesdits habitans seraient maintenus dans leurs anciennes coutumes et franchises, qui subsistèrent très-long-tems dans la suite, malgré le changement et l'amélioration opérés dans les mœurs.

Il y avait à Cys un hôtel-de-ville où étaient renfermés les archives, et un beffroi où l'on montait la garde. Les habitans jouissaient en commun, et sans distinction d'état, du droit de tribunal, de sceaux, de cloches, de pêche et de chasse. La justice était rendue par le maire ou par son lieutenant, et par un procureur fiscal. Ces officiers devaient être renouvelés tous les ans, le lendemain de la Pentecôte, et étaient élus de cette manière. Les habitans se rassemblaient à l'hôtel-de-ville de Cys, et nommaient soixante députés, dont vingt de Cys, vingt de Presle, et vingt de Saint-Mard; les hameaux de Rhu et des Boves se réunissaient aux trois autres paroisses pour nommer les députés. Ceux-ci prêtaient ensuite serment devant le maire dont les fonctions expiraient, et promettaient de choisir pour officiers des hommes de capacité et de mœurs irréprochables. Chaque député venait ensuite présenter son suffrage au maire, au lieutenant et au procureur fiscal, et ceux des habitans qui avaient remporté le plus de voix étaient élus aux trois charges à remplir. Cependant, par un nouvel arrangement réglé en 1740, il fut décidé qu'à l'avenir les officiers municipaux seraient nommés par les curés, les gentilshommes, et par deux des principaux habitans de chaque paroisse, payant au moins quarante livres de taille. Les nouveaux officiers devaient être : un juge gradué, et les autres pris parmi les praticiens des villes voisines. Ils jugaient les causes civiles, à la charge de l'appel au bailliage de Fisme ; mais ils ne pouvaient condamner à des peines afflictives sans appeler le lieutenant-général dudit bailliage.

Les archives de cette commune renfermaient deux bulles; l'une, datée du 15 juin 1220, délivrée par le pape Honorius III, et l'autre, du 3 janvier 1236, du pape Grégoire IX, relativement à une léproserie établie aux Boves, pour les lépreux de la commune. Dans ces archives étaient aussi deux chartes, dont l'une, datée de 1287, faisait connaître que Gaucher de Châtillon et Isabelle de Dreux, sa première femme, vendirent aux jurés de la commune de Cys, Presle, Saint-Mard, Rhu et les Boves, tous les droits de *main-morte*, de *for-mariage* et tous les héritages qu'ils possédaient dans ladite commune, moyennant la somme de 2,000 livres tournois. L'autre charte, datée de 1312, est de Raoul de Presle et de Jeanne sa femme, qui fondèrent dans l'église de Presle deux chapelles, l'une en l'honneur de la Sainte-Vierge, et l'autre en l'honneur de Saint-Nicolas. Les revenus de ces chapelles ont été réunis à la fabrique de l'église par des lettres-patentes du mois de mai 1745. Ce Raoul est le même qui a fondé le collége de Presle à Paris, en 1313, en faveur des enfans de la commune. Il eut un fils naturel qui porta son nom, et que ses poésies ont rendu célèbre.

Dans le courant du XIVe siècle, le hameau des Boves étant considérablement augmenté, on y fonda une église, et on le sépara de la paroisse de Presle, dont il était dépendant. En 1434, cette paroisse était érigée, mais l'église n'était pas encore terminée; nous en trouvons la preuve dans l'acte d'une donation de 200 livres faite, cette même année, par Jean Moutarde, habitant de Saint-Precord-lès-Vailly, pour achever la construction de l'église des Boves. Plus tard ce changement revint dans son premier état, et l'église fut supprimée, parce qu'il ne restait plus qu'une seule maison dans le hameau. Le titre de paroisse que portait le hameau des Boves fut supprimé par un décret de M. Fitz-James, évêque de Soissons, daté du 17 mars 1735. Ce même décret, qui unissait de nouveau les Boves à la paroisse de Presle, et dans lequel il était dit que le curé devait au maître d'école un hemi-muid de blé méteil, pour l'instruction des enfans pauvres des deux paroisses réunies, fut confirmé par des lettres-patentes du mois de mai 1737, et homologué au parlement le 13 juillet de la même année.

CHAPITRE XLIII.

Des Fiefs et des Droits seigneuriaux.

L E comté de Braine et la tour du Pont-Arcy relevaient en plein fief du roi. Originairement, les fiefs ne pouvaient être érigés que par les souverains, qui les donnaient à vie à leurs *fidèles*, pour les récompenser de leurs bons services. Jusqu'au règne de Louis-le-Débonnaire (Louis-le-Pieux), tous les bénéfices provenant du fisc étaient le patrimoine de nos rois, et n'avaient jamais été donnés qu'à vie. Louis fut le premier qui accorda à ses *fidèles* l'hérédité des fiefs ou domaines du fisc qu'il avait reçus de ses aïeux.

C'est sans doute à cette époque que le comté de Braine et la tour du Pont-Arcy furent donnés en toute propriété aux comtes de Braine et à leurs descendans, qui ne possédaient auparavant ces domaines qu'en viager.

Les redevances envers les seigneurs et les fiefs mouvans d'un autre fief, tels que ceux qui relevaient du comté de Braine, et dont nous allons parler, ne furent érigés que vers la fin du règne de Charles-le-Chauve, lorsque nos rois étaient réduits à la nécessité de partager leur autorité avec les seigneurs particuliers.

Les fiefs relevant du comté de Braine étaient :

Les baronnies de Fère-en-Tardenois, de Pont-Arcy et de Nesle, y compris la forêt de la Petite-Daulle ;

Les seigneuries de Seringes, Barzy, Marcilly, Jaugonne; Villeneuve, Fresne, Courmont et Villommes-en-Tardenois; Mareuil, Chery, Desboulleaux, Cohan, Longueville, Draveny, Viel-Arcy, Vausseré, Augy, Courcelles, Vaustin, Vauberlin, Haute-Fontaine, Salsogne, Prompt-de-Paars et les seigneuries et vicomtés de Couvrelles, Quincy-sous-le-Mont et de Passy-sur-Marne ;

Les fiefs en mouvances de la Prairie, de la Petite-Croix et de Mathis, situés à Augy; de la Chapelle-de-Courcelles, du Grand-Marais et de Langlau, situés à Courcelles; de la Maison-Rousse de Vauberlin; de la Grange, dîmeresse de Paars; des fiefs Le-Comte de la Malmaison (1), de la petite Cense et du Moulin de Limé; de

(1) Ce fief est actuellement la ferme de Bruyères, près Limé, dont

Mussy à Cery; de la Bouche-à-Vesle à Salsogne; de Baleine; de Chassins, situé à Lesges, et du Moulin de Lesges; du Moulin de Cerseuil; de Canis au Mont-Notre-Dame; des Vaillons, d'Acre, de Gobaille, d'Abonvalle, de Ploisy et du Franc-Etalage, tous fiefs situés sur le territoire de Braine; des Courbes, de Conflans et de la Forte-Maison, à Chassemy; de la Mairie-des-Montagnes, à Margival; d'Essentis, à Charonne; de Vielmaison et du Pressoir de Cellis; des Colins de Vausseré; de Crèvecœur, près Courcelles; de Jean-Rouge au Viel-Arcy; de l'arbre Poulain, à Brenelle; de la Forte-Maison, à Chassemy; de Vezilly, de Chamery, d'Allemand, de Pavigny, de Romain, de Villery, Baillon, Brange, de la forêt de la Grande-Daulle et des fiefs et vicomtés de Condé-sur-Aisne.

Outre ces nombreux bénéfices, qui leur étaient d'un très-grand rapport, les comtes de Braine percevaient encore des droits seigneuriaux dans leurs dépendances, tels

nous avons déjà parlé dans le cours de cet ouvrage. On voyait autrefois près de Braine, sur les bords de la Vesle, du côté de Courcelles, les ruines d'une Malmaison, qui avait été un château-fort entouré d'un large fossé que la rivière remplissait de ses eaux. On ne connait pas bien l'origine du nom de Malmaison (*Mala-Domus*), qui était commun à plusieurs fiefs du Valois. Cependant CARLIER, dans son *Histoire du duché de Valois*, suppose que cette dénomination pourrait venir de ce que les manoirs de ces fiefs avaient servi de retraite, pendant les guerres, à des troupes de brigands et de factieux qui allaient par bandes faire du butin et ravager les lieux d'alentour.

que des tailles seigneuriales, des pressoirs banaux et des tanneurs, mégissiers, bonnetiers, boulangers, bouchers, charcutiers et marchands de poissons, etc.

Autrefois, le commerce des bestiaux était très-considérable à Braine. Les bouchers de la ville allaient de tous côtés chez les laboureurs acheter des bœufs, des veaux et des moutons, qu'ils engraissaient et vendaient ensuite aux foires et aux marchés de Braine.

On lit, dans un vieux *Dictionnaire du Commerce*, qu'il y avait chaque année à Braine trois foires de bestiaux, en mai, septembre et octobre, et que le bétail qu'on y vendait se répandait partout dans les provinces voisines, et même qu'une grande partie était conduite à Paris. Il est encore ajouté que le nombre de bêtes à laine qui s'y vendait « était comme l'infini. » Nous voyons dans un acte du 12 mars 1397, qu'il y avait à l'entrée de la halle de Braine, près des étaux de boulangers, des étaux de bouchers, et que le boucher de ce tems-là, Jehan Petitpas-le-Josne, devait payer tous les ans, le jour des Brandons (premier dimanche de carême), une somme de dix sols tournois au prieur de Saint-Remi de Braine.

Il y eut aussi à Braine une des plus fortes tanneries de la contrée. Cette manufacture, détruite vers l'an 1690, à la mort de son propriétaire, fut remplacée par un moulin à tan qui travaillait pour les marchands de Soissons, de Vailly, de Fère, etc. Ce moulin fut aussi abandonné lors de la révocation de l'édit de Nantes.

CHAPITRE XLIV.

Des Pélerinages.

ans le courant des XVIe et XVIIe siècles, les pélerinages étaient en grande vénération dans le Valois. On avait élevé sur plusieurs points des chapelles isolées, sans dotation et sans desservans, uniquement pour servir de stations aux processions et aux personnes qui honoraient d'un culte particulier le saint sous l'invocation duquel elles étaient construites. Dans les environs de Braine, outre les chapelles de Vauberlin, du Mont-Essart et d'autres lieux, Enguerrand, seigneur de Courcelles, pour

l'accomplissement d'un vœu qu'il avait fait aux croisades, en fit ériger une l'an 1265, près le village de Courcelles, sur un endroit élevé qui se trouvait au bord du grand chemin romain, actuellement la route royale de Paris à Reims, et lui donna le nom de Calvaire. Ce seigneur la fit solidement bâtir et lui donna une forme carrée se terminant en voûte : elle est à la même distance de Courcelles que le Calvaire l'était de Jérusalem. On y va tous les ans en pélerinage, le jour du vendredi saint, pour recueillir les offrandes des passans charitables.

Il y avait encore dans les environs de Braine d'autres pélerinages : ainsi, on venait de tous côtés à Serches pour les maux de gorge; à Saint-Rufin de Bazoche pour l'enflure; au Viel-Arcy et à Chery pour les enfans mourant de consomption, et à Limé pour se préserver de l'hydrophobie. On conserve encore dans l'église de ce lieu des reliques de saint Hubert, en l'honneur duquel on avait autrefois fondé une confrérie.

En terminant ce chapitre, le dernier de ceux dans lesquels nous avons particulièrement parlé des lieux environnant Braine qui nous offraient quelque importance, nous croyons devoir prévenir le lecteur que nous avons plutôt cherché à traiter de choses sérieuses que de choses frivoles. Nous avons rapporté les faits tels que les légendaires, les chroniqueurs et les généalogistes nous les ont transmis; il est du devoir de l'historien d'exposer et de respecter ces anciennes traditions, quelquefois pleines d'une naïveté toute poétique, comme elles nous ont été transmises de générations en générations.

Nous allons reprendre, au chapitre suivant, le cours de notre histoire, depuis l'époque de 1789.

CHAPITRE XLV.

Période de 1790 à 1845.

l'époque de la révolution de 1789, la dernière heure de la vieille monarchie était sonnée, et la France, changeant complètement de face, commençait une ère nouvelle. Cette révolution, qui eut pour premier effet la ruine du clergé et l'anéantissement des priviléges féodaux, fut suivie de l'entière suppression des chapitres et des ordres religieux. Tous les biens qui appartenaient alors au couvent des religieux de Saint-Yved de Braine et au monastère des religieuses de Notre-Dame furent aliénés en 1791 et dans le cours des années suivantes. L'é-

glise de Saint-Nicolas, située dans le faubourg Saint-Remi, qui avait jusqu'alors servi d'église paroissiale, fut vendue et démolie de fond en comble. L'église et les bâtimens conventuels de Notre-Dame, ainsi que l'abbaye Saint-Yved, furent seuls conservés.

Les habitans de Braine, désirant garder la magnifique abbaye de Saint-Yved, qui faisait le plus bel ornement de leur ville, adressèrent au district de Soissons une demande à l'effet d'être autorisés à en faire leur église paroissiale. Cette autorisation ayant été accordée, la translation eut lieu solennellement le 29 avril 1791, en présence de M. Marolles, évêque constitutionnel de Soissons, des principales autorités du district et de la ville de Braine. Le 8 mai suivant, on transporta dans la nouvelle église paroissiale les reliques, reliquaires et autres objets précieux qui se trouvaient dans l'ancienne église de Saint-Nicolas. Toutes les cérémonies du culte furent célébrées à l'abbaye Saint-Yved, depuis cette époque jusqu'en 1793, où les lois révolutionnaires ayant aboli le culte, les monumens religieux furent livrés à des usages profanes. Vers ce même tems, les dépôts des 3e et 4e régimens de chasseurs à cheval furent envoyés à Braine pour y tenir garnison et furent casernés dans les bâtimens de l'ancien couvent de Notre-Dame. L'église de ce couvent et l'abbaye Saint-Yved servaient de magasins, et étaient encombrées d'effets d'équipement, d'armes, de fourrages et de vivres pour ces escadrons.

Pendant la tourmente révolutionnaire, les habitans de Braine n'y prirent aucune part, et ne furent point inquiétés par rapport à leurs opinions politiques ou religieuses. Néanmoins, ils durent subir l'influence des circonstances et exécuter les décrets de la Convention nationale. Une éminence, appelée Autel de la Patrie, fut élevée sur la place publique, et les autorités de l'époque y célébraient solennellement la fête de *l'Etre-Suprême* ou de *la Raison*, dont Robespierre s'était fait le grand-prêtre.

Ces cérémonies sacriléges avaient cessé : l'an III de la république (1794-95) fut une cruelle année pour Braine et les pays environnans; la disette reparut à la suite des grandes pluies, qui n'avaient cessé de tomber sur la récolte de 1794, au moment même où les grains venaient d'être enlevés par la réquisition. L'administration municipale de la ville de Braine et des villages voisins parvint avec peine à pourvoir à la nourriture des malheureux habitans, qui se trouvaient dans la nécessité d'introduire des substances étrangères dans leur pain pour en augmenter la quantité. La récolte de 1795 fut plus heureuse, et apporta quelque soulagement aux souffrances du peuple.

La fin du XVIIIe siècle fut aussi calme qu'elle pouvait l'être dans ces tems orageux, et la paix intérieure ne fut raffermie sur des bases solides que par la main puissante de Bonaparte. Le commerce et l'industrie reprirent peu à peu un nouvel essor, et l'administration municipale fut organisée avec de nouvelles conditions. Au directoire électif du département on substitua un préfet et un conseil-général. Chaque arrondissement, dénomination qui prévalut sur celle de district, fut régi par un sous-préfet et un conseil d'arrondissement. Les mairies furent rétablies et reprirent leur ancien nom. Les juges de paix cessèrent d'être électifs, et leur nombre, dans l'arrondissement de Soissons, fut réduit à six : les justices de paix ont pour chefs-lieux les cantons de Soissons, Braine, Oulchy-le-Château, Vailly, Vic-sur-Aisne et Villers-Coterets. La loi du 4 mars 1790, qui divisa la France en 83 départemens, subdivisés en districts, classa Braine au rang des chefs-lieux de canton du département de l'Aisne. Ce canton est, après celui de Soissons, le plus important de l'arrondissement, tant en population qu'en superficie territoriale. Il contient 25,550 hectares, dont 18,500 en terres labourables d'un bon rapport, et le surplus en jardins, prés, vignes, bois et chemins.

Le rétablissement du culte catholique suivit naturellement le retour de l'ordre, et une grande partie du clergé était déjà réintégrée dans ses fonctions sous le Directoire. La plupart des temples non aliénés furent réparés et rendus à leur première destination. L'abbaye Saint-Yved de Braine aurait dû être choisie pour l'église paroissiale de cette ville; mais la caisse municipale n'avait pas les fonds nécessaires pour subvenir aux dépenses énormes que nécessitait la réparation de cet édifice, qui n'avait plus que quelques vestiges de son ancienne splendeur. On adopta donc pour paroisse la petite église de l'ancien couvent de Notre-Dame, qui seule servit à l'exercice du culte jusqu'en 1837.

Les revenus de la commune ne pouvant suffire aux dépenses annuelles, l'administration municipale se vit dans la nécessité, ainsi que d'autres villes voisines, Soissons, Laon, Château-Thierry, de recourir à l'établissement d'un octroi, afin de rétablir l'équilibre entre les recettes et les dépenses. Cet octroi, voté par délibération du 30 thermidor an XIII, et approuvé par le ministre des finances, fut mis en activité le 1er novembre 1806.

Depuis le consulat jusqu'à la fin de l'empire, le canton de Braine ne demeura pas étranger aux glorieux travaux de nos armées. Beaucoup de ses citoyens prirent une part honorable aux périls et aux victoires de nos soldats; plusieurs d'entre eux trouvèrent une mort glorieuse sur le champ de bataille. Braine eut aussi l'insigne honneur de recevoir dans ses murs Napoléon consul et empereur, et témoigna, par de vives acclamations, l'admiration que lui causaient le génie et la gloire de ce grand capitaine. Ce fut près de cette ville, au village de Courcelles, qu'eut lieu la première entrevue de Napoléon et de Marie-Louise d'Autriche, la veille de leur mariage, à la fin de mars 1810. L'empereur résidait à Compiègne, et devait y recevoir Marie-Louise, qui venait de prendre le titre d'impératrice des Français. Cette princesse quitta Vienne le 29 mars pour se rendre à Compiègne, où l'empereur l'attendait, entouré des membres de sa famille et d'une cour brillante. Napoléon, qui s'était aussi occupé du cérémonial pour l'entrevue fixée par lui, bravant toute étiquette, partit au lieu d'attendre au jour suivant et de se rencontrer avec l'impératrice « dans la tente du milieu, » où la princesse devait s'incliner pour se mettre à ge- » noux, et l'empereur la relever, l'embrasser et s'asseoir » à côté d'elle. » Il partit donc furtivement du palais, accompagné du roi de Naples, dans une simple calèche, sans livrée et sans escorte. La voiture, conduite avec rapidité, se brisa sur la limite des territoires de Braine et de Courcelles, sans qu'il en résultât cependant aucun accident. L'empereur, privé de moyens de transport, et vêtu de la redingote grise de Wagram, vint à pied jusqu'à Courcelles, et se mit à l'abri de la pluie sous le porche de l'église. Comme on attendait l'impératrice, dont la voiture devait relayer, le clergé sortit de l'église pour la recevoir à son passage. Napoléon, touché de cette démonstration, s'approcha d'un des chantres qui faisaient partie du cortége, et le complimenta sur la beauté des chapes dont tous étaient revêtus. Celui-ci, ignorant à qui il parlait, lui répondit qu'ils en avaient de plus belles, mais qu'ils ne les portaient que le jour de la fête de la Vierge. Napoléon répliqua : « Croyez-vous que l'impératrice ne soit pas vierge aussi? » A cet instant, Marie-Louise arriva, l'empereur monta brusquement dans sa voiture, et ils partirent avec rapidité pour Compiègne. C'est ainsi que se passa l'*entrevue de Compiègne*, que l'on appela la *surprise de Courcelles*.

Arrivons aux événemens de 1814. Cette année commença au milieu de graves dissensions, et les nouvelles les plus alarmantes arrivaient des divers points de notre frontière. L'invasion des puissances coalisées fit bientôt des progrès en France, et Braine et ses environs souffrirent aussi des désastres qu'elle apporta à sa suite.

Le 13 février, Napoléon étant à Château-Thierry, un fort détachement de cosaques vint faire à Braine sa première apparition, et en repartit immédiatement pour aller attaquer la ville de Soissons, qui fut prise après un siége de quelques heures. Le 15, les troupes étrangères évacuaient déjà Soissons et se dirigeaient sur Reims, en passant par Braine et Fisme. Jusqu'à la fin de février, le Soissonnais fut peu inquiété; mais, le 2 mars, les Russes et les Prussiens commencèrent à tirer sur Soissons, qui était gardée par une garnison française commandée par le général Moreau. Cet événement pouvait avoir pour Braine des suites funestes; car Napoléon, vainqueur à Champ-Aubert, à Montmirail, à Château-Thierry, à Vauchamps, à Nangis et à Montereau, poursuivait l'armée prussienne, commandée par le maréchal Blucher, qui venait de passer la Marne et qui fuyait en désordre dans la direction de Soissons. Cette armée, qui avait en face d'elle les remparts de Soissons, à sa gauche les troupes commandées par les ducs de Trévise et de Raguse, et à sa droite l'armée impériale, qui de Château-Thierry s'était portée sur Fismes, se trouvait cernée de toutes parts, et devait rencontrer une destruction certaine sur les bords de l'Aisne. Ce résultat paraissait inévitable, par suite des dispositions prises par l'empereur, et devait changer la face des événemens; car les ennemis, battus sur tous les points, n'auraient eu de ressource que dans une prompte retraite. Mais, tandis que l'armée française, enthousiasmée, désirait avec ardeur en venir aux mains et anéantir l'ennemi, le général Moreau, soit par crainte de ne pouvoir soutenir un assaut général, soit pour tout autre motif qu'il ne nous appartient pas de juger ici, consentit à une capitulation après avoir reçu les parlementaires étrangers. Pendant que les alliés prenaient possession de Soissons, le corps d'armée commandé par Blucher se trouvait de plus en plus compromis, et le gros de ses troupes gagnait avec précipitation Braine et Fismes par les chemins de traverse, pour aller gagner le pont de Berry-au-Bac. Napoléon se dirigeant sur les mêmes endroits avec son avant-garde, qu'il commandait en personne, arrivait sur lui pour le refouler sur Soissons; Blucher allait se trouver ainsi enfermé entre l'armée impériale, la ville de Soissons et la rivière d'Aisne, lorsqu'il reçut la nouvelle de l'événement si fatal pour la France. Echappé ainsi au péril certain où le désavantage de sa position l'avait placé, il se replia immédiatement sur Soissons.

Le 4 mars au matin, l'empereur apprit à Fismes la reddition de Soissons, au moment même où il croyait fixer la victoire et sauver l'empire. Cette nouvelle inattendue fut pour lui le coup le plus terrible de sa vie.

Le même jour (4 mars), dans la matinée, un convoi considérable de caissons et de chariots russes qui n'avaient pu traverser l'Aisne, arrive de Soissons à Braine, et y est rencontré par un détachement de cavalerie de la garde, envoyé de Fismes en éclaireur. Un combat s'engagea dans les rues de Braine, et les cris de : « Aux armes ! voilà l'empereur ! » mirent sur pied les habitans, qui s'armèrent et vinrent au secours de nos soldats, inférieurs en nombre aux Russes. Ce renfort instantané mit en fuite une partie des soldats étrangers, qui laissèrent des prisonniers, des blessés et un butin considérable en notre pouvoir.

Ce combat acharné coûta la vie à une dixaine de courageux Brainois, et le soir même de cette journée, dont le succès fut de peu de durée, les Russes, maîtres de Soissons, avertis par ceux des leurs qui avaient été vaincus à Braine, reparurent en force et menaçans devant cette ville. A leur approche, nos soldats, trop faibles pour résister à cette nouvelle attaque, battirent en retraite en se dirigeant sur Fismes; les habitans, qui avaient tout à craindre d'un ennemi vainqueur, et qui avait à venger sur eux une première défaite, n'eurent d'autre chance de salut que dans une fuite précipitée : favorisés par la nuit, ils se répandirent dans les villages et dans les bois environnans, entraînant les vieillards et les enfans avec eux. Braine, abandonnée par ses habitans, fut saccagée par les ennemis, et livrée au pillage pendant douze heures.

Napoléon, se voyant enlever le fruit de ses admirables combinaisons, essaya, avant de reprendre l'offensive, de retarder le mouvement de l'ennemi et de reprendre l'avantage par une prodigieuse célérité. Le 5 au matin, l'aile droite de l'armée française enleva Reims; la gauche, commandée par les maréchaux Marmont et Mortier, fondit en masse sur Soissons, et le centre vint occuper Braine en chassant impétueusement les Russes, qui se réfugièrent sur la rive droite de l'Aisne. Malgré les pertes énormes que les Brainois avaient faites, ils reçurent les troupes françaises avec enthousiasme et patriotisme. Leurs premiers soins furent de faire de nombreuses réquisitions nécessaires à la subsistance de nos soldats.

Le 7 mars, Soissons, évacué par les ennemis, resta au pouvoir de l'armée française, et pendant près de quinze jours, Braine fut délivrée de la présence des Russes. Mais le fléau de la guerre, à peine éloigné, revint de nouveau s'appesantir sur les malheureux habitans de Braine et des villages voisins. L'armée française, dirigée vers Paris et Fontainebleau, laissa le champ libre aux hordes ennemies, qui s'en emparèrent immédiatement. Le corps d'armée russe, commandé par le général Sacken, passa à Braine et y séjourna; les Prussiens, arrêtés dans leur marche vers la capitale par le siége de Soissons, soutenu avec un courage héroïque par le brave commandant Gérard, se répandirent dans tout le Soissonnais, s'établirent surtout en grand nombre à Braine et aux alentours, où ils restèrent, pillant et saccageant, jusqu'au jour de la capitulation de Paris, qui fut signée le 31 mars.

Pendant ce dernier séjour des ennemis à Braine, les habitans qui n'avaient pu prendre la fuite furent livrés à toutes les horreurs de la guerre : la plupart, craignant avec raison la vengeance de l'ennemi, suscitée par l'échauffourée du 4 mars, quittèrent de nouveau la ville, manquant de tout et réduits au plus affreux dénûment, pour se réfugier, les uns dans les bois et dans les carrières; les autres dans les villages voisins, notamment à Limé, où ils reçurent une généreuse hospitalité. Une pauvre femme que son grand âge avait forcé de rester dans la ville, eut à endurer les plus cruels supplices : avant de la faire mourir, ses bourreaux eurent l'atroce barbarie de lui brûler les pieds et d'autres parties du corps; d'autres femmes plus jeunes eurent aussi à endurer des outrages de la dernière violence, et que notre plume se refuse à retracer. Ces violences étaient, du reste, à redouter de la part d'ennemis qui prenaient avec usure la revanche de ce qu'ils avaient souffert à l'époque où Napoléon avait conduit ses armées triomphantes à travers l'Europe.

Après ces malheurs publics, Braine put enfin respirer; le traité de Fontainebleau, qui renfermait l'abdication de l'empereur, ayant été signé le 11 avril 1814, ramena la paix en France et rétablit les Bourbons sur le trône de leurs ancêtres. Les habitans de Braine conservèrent leurs sympathies pour cette glorieuse infortune à jamais mémorable, mais ils surent d'autant mieux apprécier les avantages de la paix qu'ils venaient de supporter les calamités d'une guerre désastreuse. Grâce à leur énergie et à leurs laborieux efforts, ils eurent bientôt réparé, du moins en grande partie, les pertes que leur avait causées l'invasion ennemie.

Tout n'était pas fini cependant. Le retour de Napoléon en France au mois de mars 1815, la fuite de Louis XVIII et les funestes événemens de Waterloo, ramenèrent à Braine les hordes étrangères; mais cette fois leur présence fut pacifique, quoiqu'il fallut pendant plusieurs mois les avoir en cantonnement, leur fournir des vivres et souffrir des réquisitions de toute nature. La France put voir alors combien le joug de l'étranger était pesant, et ce qu'il lui en coûtait pour satisfaire aux exigences du vainqueur. Aussi est-il à désirer pour elle que les hommes qui la gouvernent aujourd'hui mettent en usage tous les moyens honorables pour éviter une nouvelle invasion, dont les effets seraient peut-être encore plus désastreux.

La paix étant définitivement rétablie par le second retour de Louis XVIII, on s'occupa de fonder divers établissemens nécessaires aux besoins du commerce et de l'agriculture. Braine fut choisie pour former un dépôt royal d'étalons. Nous extrayons à ce sujet un passage de la *Statistique du département de l'Aisne*, publiée par M. J.-B.-L. Brayer :

« Indépendamment des réquisitions de chevaux dont
» le département de l'Aisne fut plus particulièrement
» frappé dans les premières guerres de la révolution,
» tout avait contribué à y faire dégénérer l'espèce. Le
» dépôt d'Abbeville envoya, à la vérité, pendant quel-
» ques années, un petit nombre d'étalons; mais le mal
» était trop grand pour être réparé par d'aussi faibles res-
» sources. Il fallait recourir à des moyens plus efficaces.
» Dès l'année 1811, l'administration avait déjà songé à
» former un établissement propre à satisfaire aux be-
» soins de l'agriculture. La ville de Chauny, située au
» centre de vastes prairies, avait d'abord été indiquée
» pour l'emplacement d'un dépôt d'étalons; mais ce pro-
» jet fut écarté, et tout se réunit en faveur de Braine, si-
» tuée sur les bords de la Vesle, et traversée par la route
» de Paris à Reims. En 1814 et depuis, le conseil-géné-
» ral renouvela le vœu qu'il avait émis dans ses sessions
» précédentes, et obtint enfin du gouvernement l'impor-

» tant établissement pour lequel il n'a cessé de faire des
» sacrifices. »

Ce dépôt royal d'étalons est construit sur l'emplacement des bâtimens du couvent des religieuses bénédictines de Notre-Dame, devenus depuis l'époque de la révolution propriété de l'état. Il est destiné à desservir les départemens de l'Aisne et des Ardennes, et la partie de celui du Nord qui est à la droite de l'Escaut; il est classé, d'après l'ordonnance du 16 janvier 1825, dans la circonscription du deuxième arrondissement, qui comprend les départemens du Pas-de-Calais, du Nord, de l'Oise, des Ardennes, de Seine-et-Oise, de Seine-et-Marne, de la Marne, de la Haute-Marne et de l'Yonne. Ce local, composé de bâtimens pour loger les employés supérieurs et les palefreniers, de belles écuries et d'un superbe manége couvert, a été organisé pour recevoir cinquante étalons.

L'histoire de Braine, devenue peu féconde en ces derniers tems, nous laisse peu de faits dignes de remarque. Cependant, à la mort de Louis XVIII, Charles X, en montant sur le trône, voulut suivre l'exemple de ses aïeux, qui avaient la coutume d'aller se faire sacrer à Reims au commencement de leur règne. Après d'immenses préparatifs, il se rendit dans cette ville, où la cérémonie de son sacre fut célébrée avec pompe le 29 mai 1825, dans l'antique et magnifique basilique, une des plus belles gloires monumentales de la France. Le 28,

Charles X, suivi d'une partie de sa brillante cour, passa à Braine, où une foule considérable, venue de tous les environs, s'était rassemblée, curieuse de voir un souverain qui, jusque-là, s'était fait aimer par ses manières affables et chevaleresques. Le jour du sacre fut marqué à Braine par un événement bien déplorable. Un violent incendie, dû à l'imprudence des palefreniers, qui avaient fait de nombreuses libations pour fêter le sacre du roi, consuma les écuries où étaient renfermés vingt magnifiques chevaux destinés à relayer les voitures royales; plusieurs bâtimens adjacens furent aussi la proie des flammes. Le roi, touché de ce désastre, accorda au propriétaire des bâtimens incendiés une généreuse indemnité. Cette année fut aussi marquée par une forte récolte en vins d'une qualité supérieure. Aussi l'appela-t-on, par antonomase, l'année de Charles X.

En 1827, l'administration municipale de Braine, dans sa sollicitude, songea à faire reconstruire la vieille halle, couverte en tuiles, qui datait du moyen-âge et exigeait de nombreuses réparations. Les gros piliers ronds bâtis en pierres de taille furent remplacés par une construction moderne couverte en ardoises. Cette nouvelle halle, élevée sur des proportions restreintes à cause de la pénurie de la caisse municipale, fut terminée en 1828.

C'est aussi cette même année, le 8 mai 1828, que fut posée la première pierre du rétablissement de l'église

Saint-Yved. Mais la révolution de juillet en interrompit les travaux, qui furent repris en 1832.

Les événemens de 1830 furent accueillis à Braine avec un vif enthousiasme. On organisa une garde nationale qui, de concert avec l'autorité municipale, donna des fêtes en réjouissance de l'avènement du nouveau gouvernement.

La libéralité d'un des principaux habitans de Braine vint améliorer la position financière de cette ville. M. Jean Denis Bailleux, ancien procureur au Châtelet de Paris, qui habitait Braine depuis près de trente-cinq ans, et qui y mourut le 11 février 1831, laissa, par testament olographe, aux pauvres de Braine, une rente de 800 fr. sur l'état, et institua la commune sa légataire universelle. Ce legs rapporta à la ville de Braine près de 100,000 fr., qui lui permirent de faire des dépenses considérables, tant pour l'acquisition et l'appropriation de ses écoles que pour la réparation des chemins et bâtimens communaux; dépenses qui, sans cette heureuse circonstance, n'eussent pas été possibles. Pour perpétuer le souvenir de ce bienfait, on éleva un mausolée à la mémoire du défunt, et le conseil municipal décida que la rue des Juifs, qu'habitait l'honorable et digne testateur, porterait à l'avenir le nom de rue Bailleux.

En 1836, un intelligent et estimable négociant, M. Loth, fonda à Braine une manufacture de sucre de betteraves. Cette fabrique est en activité depuis cette époque, et a l'avantage de procurer des travaux continuels à la classe ouvrière. Il est à regretter que d'autres négocians ne mettent pas à profit l'heureuse situation de Braine pour y construire des filatures ou autres établissemens industriels qui pourraient y trouver de grands avantages.

Il y a dans le canton de Braine, où le terrain est souvent argileux, plusieurs tuileries, briqueteries et fabriques de carreaux. On y rencontre aussi plusieurs exploitations de terres pyriteuses et alumineuses destinées à l'engrais. Ces matières, connues sous le nom de cendres noires, sont employées en agriculture comme engrais stimulans pour la culture. Cette substance fut découverte dans le département de l'Aisne en 1752, lorsqu'on était à la recherche d'une mine de charbon de terre, près de Noyon. On découvrit, à une profondeur d'environ vingt pieds, un banc d'une terre couleur brun-foncé. Cette matière, déposée en tas près du trou, et exposée au contact de l'air, se consuma vingt à trente jours après son extraction, et se réduisit en cendres. L'analyse de cette substance minérale démontra qu'elle renfermait des matières pyriteuses, bitumineuses, inflammables, dont les effets pouvaient favoriser avec succès la végétation. Quand on fut convaincu des avantages que l'agriculture retirerait de cette découverte pour l'engrais de certaines espèces de plantes, menus grains, lentilles, vesces, hivernaches, etc., et pour celui des prés naturels et artificiels, on obtint facilement du gouvernement des concessions pour l'exploitation de ces mines. Dès qu'on fut certain de rencontrer ailleurs des substances de même nature, on sollicita encore de nouvelles concessions.

Lorsque les terres pyriteuses, ou cendres noires, sont extraites, on les prépare, on les affine et on les réduit en poudre. L'usage de ces cendres, propres à rendre les récoltes plus abondantes, convient aux terres fortes et aux terres froides, où elles opèrent un effet extraordinaire. La manière de les semer est si variée dans les lieux où on en fait usage, qu'il est impossible de prescrire aucune règle à cet égard. On les sème ordinairement de la même manière sur les vesces, pois gris, bisailles, etc.; après avoir semé et enfoui ces graines, on répand les cendres, qu'on laisse à la surface de la terre. Il est cependant des cultivateurs qui, après les avoir semées, les hersent pour les enfouir avec le grain. Cette seconde méthode peut se pratiquer pour le jarrot, les lentilles et les hivernaches; mais on préfère le premier procédé, qui, par son opération, échauffe la surface de la terre, que l'effet de la pluie et du soleil dilate, et, par ce moyen, le sel de cet engrais pénètre jusqu'à la racine du grain. Ces cendres, répandues sur les prés naturels, produisent un effet beaucoup moins puissant que sur les prés artificiels, tels que trèfle, sainfoin et luzerne. C'est ordinairement à l'entrée du printems, ou plutôt dès que les gelées cessent, qu'on sème les cendres sur les prairies naturelles et artificielles. Le cultivateur ne doit les employer qu'avec un certain discernement; car si on les répand trop tard en saison sur les trèfles, les sainfoins ou les luzernes, et qu'il survienne des hâles ou sécheresses, elles brûlent et ne produisent aucun effet. Si, au contraire, elles sont détrempées par la pluie, on en obtient généralement de grands avantages. Il faut surtout, avant d'employer ces cendres, qu'elles aient été soumises au contact de l'air et aux rayons du soleil, afin de mettre en action les sels qu'elles renferment.

Le froment est la principale production du canton de Braine; mais il faut y ajouter le haricot, objet d'une culture importante, surtout à Vasseny, Courcelles et Limé. La vigne y est généralement cultivée. On récoltait autrefois des noix en grande quantité, achetées presqu'en totalité par des blatiers qui les expédient sur la Flandre, la Picardie, et souvent même sur Paris. Les arbres fruitiers sont à peu près de la même espèce que ceux des environs de Paris; cependant les fruits y sont moins précoces. Des plantations considérables, faites depuis plusieurs années sur le bord des routes, des chemins vicinaux, des chemins de traverse et dans tous les terrains incultes, ombragent actuellement le sol et le rendent très-pittoresque. Presque la moitié du beau parc de Braine vient d'être déboisée et rendue propre à la culture. Il en fut de même du riant coteau dominé par le vieux château de la Folie. Enfin une grande quantité de terrains sablonneux et incultes, comprenant les plaines de Ciry, de Chassemy, Presles, et le chemin qui conduit de Braine à Vailly, ont été défrichés et rendus à la culture depuis la nouvelle législation. Ces plantations et ces défrichemens, quoique imparfaits, ont considérablement augmenté la valeur du sol, grâce aux grands propriétaires, qui ont donné lieu à des expériences fructueuses. D'un autre côté, de grands avantages furent aussi obtenus par le morcellement des biens, dont beaucoup de cultivateurs sont devenus propriétaires par parties; cependant il reste encore à faire, dans les autres branches de l'économie rurale, des améliorations essentielles. Nous voulons parler du desséchement des marais. Il serait bon d'autoriser les maires, de les engager au besoin, à relever les anciens fossés qui entourent ces marais, à en creuser de nouveaux pour faciliter l'écoulement des eaux et la végétation des arbres que l'on pourrait planter sur le revers des fossés. Le rétablissement d'une partie des chemins vicinaux et de communication, si utiles à l'agriculture, n'est pas moins digne d'attention. Le besoin s'en fait sentir dans ce pays, où de grandes cultures sont exécutées, et dont trois superbes vallées, arrosées par l'Aisne, la Vesle, la petite rivière qui vient de Loupeignes, sont entourées de montagnes qui concourent à embellir cette pittoresque contrée.

Parmi ces importantes améliorations, la navigation de la Vesle mérite de notre part une mention particulière.

Cette rivière, pour la navigation de laquelle on avait autrefois exécuté de grands travaux (*Voyez* Chap. XXIX), a encore été depuis l'objet d'études sérieuses pour arriver à ce but. Les projets de canalisation soumis à l'examen de l'autorité nécessitaient sans doute beaucoup de sacrifices et rencontraient de graves obstacles; cependant ces projets, d'une haute importance pour tout le pays que la Vesle traverse, ne sont pas insurmontables, et il est à regretter qu'ils n'aient pas été mis à exécution. Si, avec l'aide du gouvernement, et au moyen d'une souscription, il était possible de rendre cette voie propre au commerce de transit, l'industrie manufacturière des pays riverains en obtiendrait de grands résultats, et ce serait aussi un moyen efficace de développer les productions agricoles. La Vesle baigne Reims, ville très-commerçante, et vient se jeter dans l'Aisne à Condé, près Vailly, en traversant les villes de Jonchery, Fismes et Braine. Cette ligne de navigation n'offrirait-elle pas à ces contrées, par la modicité du prix de transport, des débouchés qui activeraient encore la fabrication et rendrait plus facile la vente des produits agricoles? D'un autre côté, on pourrait objecter que les projets de chemins de fer menaçant de parcourir cette ligne pourraient faire une grande concurrence à cette voie de navigation, et même la suppléer; mais si les chemins de fer offrent une économie considérable sous le rapport de la circulation des marchandises, les canaux ne réalisent-ils pas aussi une économie incontestable d'argent plus grande par ses résultats? Du reste, ce rapprochement des voies de fer et des transports par eau constituerait un concours de circonstances favorables au développement de la circulation, en anéantissant l'espèce de monopole qui pourrait exister si l'une des deux voies n'était pas en concurrence avec l'autre. Nous regrettons que ces projets, dont il n'est plus question maintenant, n'aient pas été mis à exécution; et nous désirons ardemment que le pays attire l'attention des chambres sur un point si important de sa prospérité future.

CHAPITRE XLIV.

Personnages remarquables.

RAINE et ses environs comptent, parmi leurs enfans ou ceux qui y ont acquis le droit de cité par une longue résidence ou par les bienfaits qu'ils y répandirent, quelques noms recommandables qui jetèrent un certain éclat sur leur pays. Outre les personnages déjà cités dans ce livre, tels que Robert Ier de Dreux, Robert II, son fils; Philippe de Dreux, évêque de Beauvais; Henri de Braine, archevêque de Reims; Pierre de Braine, dit Mauclerc; Gervais de Bazoche, Gérard de Bazoche, évêque de Noyon; le comte d'Egmont Casimir Pignatelli, et d'autres, on trouve encore les noms qui suivent.

Mathieu Herbelin, né à Lesges, en 1520, selon quelques auteurs, et suivant d'autres en 1530, était fils d'un fermier de ce village. Aussitôt qu'il eut atteint l'âge requis et les connaissances nécessaires, il entra dans l'ordre des Prémontrés et fit profession. Ayant pris la résolution de se consacrer à l'étude, il choisit la maison de Braine pour y passer ses jours.

Au bout de quelques années, cette communauté, ayant reconnu en lui un esprit juste et éclairé, le nomma procureur et le chargea du soin des affaires. Il rendit d'éminens services dans cette charge. On lisait dans le Nécrologe de Saint-Yved de Braine qu'il établit un ordre parfait dans les archives de l'abbaye, qu'il fit établir des censiers et composa un Cartulaire, où les principaux titres des biens furent transcrits. Il découvrit, en faisant des recherches relatives aux intérêts de la communauté, un grand nombre de faits utiles et intéressans, et recueillit des pièces précieuses concernant les comtes de Braine, documens qu'il augmenta, corrigea et analysa jusqu'à ce qu'il eut perfectionné un ouvrage suivant ses vues.

Lorsqu'il eut atteint le but qu'il s'était proposé, il présenta son recueil à Guillemette de Sarrebruche, comtesse de Braine, qui en accepta la dédicace avec une vive satisfaction. Cette collection contient des documens importans sur le tems qui s'est écoulé depuis la mort d'André de Baudiment, comte de Braine, jusqu'au moment où il écrivait; mais ce qu'il rapporte des premiers âges de la ville de Braine et de ses fondateurs n'est qu'un tissu de fables. Mathieu Herbelin a suivi à ce sujet les faux principes d'Annius de Viterbe, en adoptant le système puéril de la fondation de Braine par le Gaulois Brennus.

La partie qui a trait aux seigneurs de la maison de Dreux et à leurs descendans, a été traitée par Herbelin d'une manière solide et satisfaisante. Duchesne dit, dans sa préface, que c'est d'après ce curieux et instructif manuscrit qu'il a composé son *Histoire de la maison de Dreux.* Dans le tome second de leur *Histoire généalogique de la maison de France*, MM. de Sainte-Marthe font un grand éloge de l'*Histoire des comtes de Braine*, par Mathieu Herbelin; ils ajoutent qu'elle est demeurée manuscrite, et que, de leur tems, elle était conservée dans la bibliothèque de Nicolas Camusat, chanoine de Troyes. Il est écrit, dans les annales des Prémontrés, que Mathieu Herbelin fleurissait en 1575 : « *Florebat hoc anno* 1575, *Matthæus Herbelin.* » Sa mort est ainsi rapportée dans le Nécrologe de Braine : « *Idibus aprilis, com° fratris Matthei Herbelin; sacerdotis et canonici nostri, de confratribus suis bene meriti.* »

On voit qu'il n'est pas fait mention de l'année de la mort de Mathieu Herbelin, dans le Nécrologe de l'abbaye Saint-Yved de Braine. Mais sur la pierre sépulcrale de son tombeau, qui a été retrouvée à Braine, il y a quelques années, dans une propriété particulière, on lit : « *Hic jacet frater Matheus Herbelin, hujus monasterii procurator, qui obiit anno Domini 1570.* »

Jardel (Claude-Robert), officier de la maison du roi, résidait ordinairement à Braine. Il s'occupa, dans des vues patriotiques, de plusieurs ouvrages intéressans pour le pays, notamment la *Description des tombeaux de l'église Saint-Yved de Braine;* des *Recherches sur les antiquités de Braine et de Fère,* qu'il publia en 1766, et des *Remarques sur la ville de Braine,* insérées dans les *Nouvelles Recherches sur la France,* que nous rapporterons à la fin de ce volume.

Ce savant antiquaire était constamment en relation avec les académies des provinces du Nord. Il leur procurait des renseignemens sur les antiquités et l'archéologie du Soissonnais; il les aidait aussi de sa bibliothèque et de ses manuscrits. La mort enleva cet homme de bien en 1788, âgé de 79 ans.

De Pienne, doyen du Mont-Notre-Dame, écrivit un mémoire chronologique et critique sur les lieux environnant sa résidence. C'est à lui, en partie, que nous devons les renseignemens relatifs aux guerres qui eurent lieu au Mont-Notre-Dame, à Bazoche et dans la vallée qui sépare ces deux pays. Il laissa aussi un ouvrage savant et instructif sur le martyre de saint Rufin et saint Valère. Cet homme de grand mérite, à qui l'abbé Carlier consacre de justes éloges dans sa préface de l'*Histoire du duché de Valois*, mourut, regretté universellement, le 5 mai 1764, âgé de 64 ans.

Nous ne pouvons non plus laisser dans l'oubli le nom d'un homme bienveillant et charitable, Raoul de Presles, qui fonda à Paris, dans le clos Brunel, un collége qui porta toujours son nom, en faveur des enfans de la commune. Raoul ordonna qu'à défaut de sujets capables d'y être admis, les places seraient accordées aux pauvres étudians des diocèses de Laon et de Soissons.

Nous ne terminerons pas ce chapitre sans acquitter une dette de reconnaissance envers les écrivains anciens et modernes qui nous ont servi de guides, et sans lesquels notre livre n'eût point été possible. L'*Histoire du duché de Valois*, de l'abbé Carlier, ouvrage excellent et utile, nous a été souvent d'un grand secours, et c'est d'après son texte que nous avons rédigé la plus grande partie de notre narration. Nous devons beaucoup à l'*Histoire de la maison de Dreux* et à l'*Histoire de la maison de Châtillon*, toutes deux de Duchesne, pour ce qui concerne les comtes de Braine et les seigneurs de Bazoche et de Villesavoye. N'oublions pas non plus M. Augustin Thierry, cet illustre maître, qui nous a éclairé d'une lumière si éclatante et si nouvelle sur le siècle de Grégoire de Tours, où il est tant parlé du *Palatium Brennacum*. Nous adressons aussi de vifs remercîmens à notre intime ami J. Roze qui a consacré ses momens de loisir à retracer, avec son intelligent et habile burin, les quelques vieux monumens que notre pays est fier de conserver.

Donnons enfin la liste des maires et adjoints de Braine, depuis la constitution de l'an VIII :

MAIRES.	ADJOINTS.
An VIII. M. Louis-Barbe Petit-Champlain, jusqu'au 14 septembre 1815.	An VIII. Pierre-François Gosselin, jusqu'au 14 septembre 1815.
14 septembre 1815. M. Georges-Antoine Masure, jusqu'au 8 décembre 1816.	14 septembre 1815. Louis-Nicolas Copineau, adjoint, jusqu'au 4 mars 1832.
8 décembre 1816. Louis-Georges Lebrasseur, jusqu'au 12 mars 1826.	
12 mars 1826. Georg.-Ant. Masure, jusqu'au 4 mars 1832.	
4 mars 1832. Louis-Georges Lebrasseur, premier conseiller municipal, remplissant les fonctions de maire, à cause des démissions de MM. Masure et Copineau, jusqu'au 20 juillet 1832.	
20 juillet 1832. M. Louis-Antoine Eugène Letourneur, remplissant les fonctions de maire, à cause des démissions de MM. Masure et Copineau, jusqu'au 5 nov. 1832.	
5 novembre 1832. M. Claude Ohier, maire jusqu'au 17 décemb. 1832.	5 novemb. 1832. M. Louis-Antoine-Olivier Guédon, adjoint jusqu'au 26 août 1840.
17 décembre 1832. M. Louis-Ant.-Eugène Letourneur, maire jusqu'au 18 mai 1834.	
18 mai 1834. M. Claude Ohier, maire jusqu'au 1er mai 1843.	
1er mai 1843. M. François-Eugène Lainé, maire jusqu'à ce jour.	26 août 1840. M. Chrétien-Antoine Placide, adjoint jusqu'à ce jour.

CHAPITRE XLV.

L'église Saint-Yved de Braine et les tombes royales qu'elle renferme.

'ANCIENNE église ou abbaye Saint-Yved de Braine n'a certainement pas la célébrité qu'elle mérite. Il est vrai qu'elle ne peut lutter ni en étendue, ni en élévation, avec les immenses cathédrales de Reims, d'Amiens ou de Beauvais; mais avant que le marteau destructeur ne l'eût mutilée en en retranchant le portail, chef-d'œuvre d'architecture et de sculpture, la beauté de son plan, la sévérité de ses formes et l'harmonie de ses proportions, lui donnait au moins le droit d'être comptée parmi nos monumens religieux de second ordre. Ajoutons qu'indépen-

ÉGLISE ST YVED À BRAINE.

damment de sa construction, dont certains détails en font un des types les mieux caractérisés du XIII⁰ siècle, cette église est surtout remarquable par les tombes royales qu'elle renferme. L'église de Braine peut prétendre au même honneur que la basilique de Saint-Denis, consacrée à la sépulture de nos rois; elle en devint une sorte de succursale en donnant successivement la sépulture à dix membres de la lignée royale. Depuis Agnès de Baudiment, épouse de Robert Ier de France, jusqu'à Robert IV, tous descendans de Louis-le-Gros et aïeux de Henri IV, on put compter dix tombes royales dans son enceinte, comme on pourra le voir d'après leurs épitaphes, que nous transcrivons plus loin. Les religieux bénédictins de la congrégation de Saint-Maur étaient à Saint-Denis les gardiens des tombes royales; les religieux Prémontrés l'étaient également de celles de l'église Saint-Yved de Braine.

Parlons d'abord de cet antique monument tel qu'il existait avant la révolution; nous reviendrons ensuite sur sa fondation et sur les changemens dont il fut l'objet jusqu'à sa prétendue restauration, qui eut lieu en 1829.

Du haut des vieilles tours du château de la Folie, on voyait s'élever au dessus des toits de la ville de Braine un dôme magnifique surmonté d'une belle lanterne à jour de forme carrée, et couronné d'une balustrade également à jour, au milieu de laquelle s'élevait une très-haute flèche en forme de croix *. Aux angles du clocher, sur la base du dôme, s'élançaient quatre autres flèches plus légères, terminées aussi par une croix. Derrière ce clocher, on voyait, comme on le voit encore aujourd'hui, se prolonger un gracieux édifice où toutes les proportions d'une architecture simple et majestueuse sont observées. Ce vaste corps d'église, terminé par un chevet fortifié de nombreux arcs-boutans, est interrompu vers le milieu de sa longueur par deux bras ou transepts, surmontés à leur extrémité de deux tourelles aiguës. Ces deux bras, par leur forme, communiquent à tout ce corps d'église une apparence de souplesse et de grâce qui concourent à persuader que c'est là une de ces brillantes églises créées dans les siècles où le style ogival unissait l'élégance à la fermeté; mais bientôt les yeux, se portant de l'ensemble sur les détails, faisaient apercevoir une espèce d'entablement sur lequel on pouvait faire extérieurement le tour de l'église, et des ouvertures à ogives existant encore, et qui, par la régularité de leur forme, font admirer leur élégante découpure.

Avant d'entrer dans l'intérieur de l'église, on remar-

* Le clocher de l'église Saint-Yved de Braine eut plusieurs fois sa flèche renouvelée depuis sa fondation. Jacques Bachimont, abbé de Braine, en fit construire une qui fut terminée en 1501. Elle fut renversée par la foudre le 17 avril 1626. Un vieux registre la nommait « un » ouvrage plein d'admirables artifices, et pour le moins aussi haute, par » dessus la tour, que le bâtiment d'icelle est élevé jusqu'à la tour. »

quait son magnifique porche, qui s'avançait en terrasse et abritait la porte de la nef sous son berceau de voûte, garni de figures allégoriques sculptées.

Il y a peu d'années encore, on pouvait admirer les peintures bien conservées de ce portail; le rouge et le vert avaient particulièrement conservé un éclat extraordinaire. Les vêtemens du Christ et de la Vierge étaient complètement dorés; les anges et les chérubins portaient des tuniques garnies de galons dorés : leurs cheveux étaient également rehaussés d'or. Il faut ajouter que la plupart de ces figures, en relief, étaient d'une exécution fine, gracieuse et élégante. Ce beau porche, dont les injures du tems et la main des hommes amenèrent l'entière destruction, était d'un effet imposant et préparait dignement à entrer dans le temple. En pénétrant dans l'église, un magnifique spectacle s'offrait aux regards. La largeur, la profondeur et l'élévation du vaisseau, sans être d'une dimension gigantesque, sont combinées avec une harmonie parfaite. Les voûtes et les arcades, d'un style ogival hardi et robuste, reposent sur des piliers de colonnes garnis de chapiteaux et d'archivoltes. La belle galerie à jour qui s'étend sur les collatéraux de la nef et du chœur, autour desquels règne un double rang de fenêtres symétriques et à ogives, était aussi d'un goût qu'on rencontre rarement. On remarquait, entre autres sculptures recherchées, une scène du Jugement dernier, dont la composition originale était d'une bonne exécution. Partout où le badigeon s'écaille, on trouve encore dans ce temple des restes de peintures primitives et quelques dépouilles de vieilles robes.

Cette église était éclairée par de superbes vitraux ornés de sujets pris de l'Ancien et du Nouveau Testament. Les vitraux du fond du sanctuaire représentaient le comte Robert II et son épouse consacrant la nouvelle église à la Vierge. Les vitraux des orgues représentaient le Jugement dernier. Les douze Apôtres et les quatorze vieillards de l'Apocalypse étaient figurés sur la rose du bras gauche. On remarquait, sur la rose de l'autre bras, un calendrier où étaient peints les signes célestes et les constellations, le triomphe des vertus sur les vices, et celui de la religion sur l'hérésie. Ces deux roses rayonnantes étaient un des plus beaux ornemens de cette église gothique.

Suivant le Cartulaire de Braine et l'*Index Cœnobiorum ord. Præm.*, ces vitraux, d'un grand prix, avaient été offerts à la comtesse de Braine par la reine d'Angleterre, sa parente, et étaient l'œuvre d'un peintre sur verre normand [*].

---

[*] Une grande partie de ces vitraux a été utilisée dans la restauration des fenêtres de la cathédrale de Soissons, et le bas-relief du Jugement dernier a été transporté de l'église Saint-Yved au musée de Soissons. Il serait bien urgent que la ville de Braine revendiquât ces précieux objets d'art, dont son plus beau monument fut jadis doté par une main royale.

Nous ne chercherons pas à rendre l'impression que produisait sur l'ame la vue de cette magnifique église; c'était, avant sa barbare mutilation, un temple digne de la majesté de Dieu, et faisant l'objet du respect de ceux qui le contemplaient.

Demandons maintenant à l'histoire par qui et comment ce monument fut élevé.

Vers le commencement du XIIe siècle, en 1130, André de Baudiment, un des descendans de Robert, duc de Normandie, avait épousé Agnès de Braine, fille de Thibaud-le-Grand, comte de Champagne, et par cette alliance était entré en possession de la ville et du comté de Braine (*Voy.* chap. XVI). Peu satisfait de la conduite des clercs qui desservaient alors la collégiale du château de Braine, ce seigneur résolut de supprimer le chapitre. Mais après avoir consulté Goislein, évêque de Soissons, il substitua aux chanoines séculiers des chanoines réguliers de l'ordre des Prémontrés. Après avoir comblé de bienfaits cette nouvelle communauté, André et Agnès, sa femme, songèrent à jeter les premiers fondemens d'une nouvelle église pour remplacer la collégiale du château, bâtie en bois, où étaient déposées les reliques de saint Yved et de saint Victrice, évêques de Rouen. Mais le comte et la comtesse de Braine, étant alors d'un âge fort avancé, se retirèrent chacun dans un cloître pour y terminer pieusement leurs jours, laissant à leurs descendans le soin de terminer la grande œuvre dont ils venaient de poser la première pierre.

Nous croyons devoir rappeler ici la marche suivie à cette époque lorsque l'on bâtissait des églises.

Avec le commencement du XIe siècle, les peuples virent arriver une nouvelle ère, et oublièrent bientôt le passé, qui n'avait été pour eux que misère et que ruine. Ainsi que le fait observer M. Guizot dans son *Cours d'histoire*, t. II, c'est d'alors que datent les commencemens de la civilisation moderne, et comme la société, l'art, en se transformant, sortait de sa longue léthargie. Les premières églises, la plupart bâties en bois, étaient tombées en ruines ou devenues la proie des flammes. Mais, par un élan qui devint général, les rois, les nobles et les riches bourgeois rivalisèrent de zèle et de magnificence pour réparer ces désastres et doter les monastères, afin que les moines priassent pour leur salut. Non contens de la reconstruction des principales églises, ils embellirent aussi tous les monastères dédiés à différens saints, et jusqu'aux chapelles de villages.

On sait que pendant les guerres internationales; les invasions des Barbares, à la suite desquelles la société européenne s'est reconstituée, l'étude des sciences, des lettres et des arts s'était réfugiée dans les monastères. Non-seulement on cultivait dans ces saintes retraites la peinture, la sculpture, la gravure, etc., mais encore l'architecture. Fallait-il construire une église? c'était presque toujours un ecclésiastique qui en fournissait le plan, et des moines qui en exécutaient les travaux sous sa direction. En voyageant de couvent en couvent, les religieux réguliers exerçaient les uns sur les autres une influence réciproque; d'où il résulte que les couvens d'un même ordre ont presque toujours mis le même style en vogue, et que l'art s'est à peu près modifié de la même manière. Il existait aussi hors des cloîtres des ouvriers laïcs qui travaillaient sous les ordres des moines. Ces hommes, qui venaient de la Lombardie, étaient formés à l'école italienne et faisaient partie d'une association de francs-maçons ou d'ouvriers qui, après avoir passé par les divers degrés d'apprentissage, étaient reçus maîtres et avaient droit d'exercer partout leur profession. Ces corporations, s'étant répandues en France, furent employées presque exclusivement, par les ordres religieux, à l'édification des églises, en dirigeant toutefois eux-mêmes le plan général des constructions. Les abbés et les prélats tenaient à honneur d'entrer dans la corporation des francs-maçons, ce qui ajoutait beaucoup à la considération de cette institution, dont tous les frères étaient liés par un contrat solidaire d'hospitalité. Partout où ils étaient employés, ils étaient sous la surveillance d'un chef qui les divisait en groupes de dix hommes, dirigés par un maître maçon. Ils campaient ordinairement autour des édifices qu'ils élevaient; lorsqu'ils étaient terminés, les frères se transportaient ailleurs. Souvent ils étaient secondés par les populations, qui charriaient les matériaux, et par les seigneurs, qui leur donnaient des gratifications en argent ou en objets de consommation nécessaires à leur subsistance. Il est digne de remarque que les papes avaient attaché à la construction des églises les indulgences accordées aux guerriers qui partaient pour la croisade. Aussi tous ceux qui ne pouvaient entreprendre le pélerinage dans les lointaines contrées de l'Orient s'empressaient-ils de concourir à l'édification des édifices religieux pour les obtenir.

Cette fraternité qui unissait tous les membres de la société franc-maçonnique explique comment il se fait que beaucoup de monumens élevés dans les divers pays offrent une analogie presque invariable dans leur style. Les frères étaient obligés de suivre le plan général adopté pour les monumens; mais ils avaient la faculté de suivre leurs propres inspirations en ce qui concernait les détails.

Terminons ici cette digression, dans laquelle nous avons cherché à établir la manière de procéder à la construction des édifices religieux au moyen-âge, et revenons à l'église Saint-Yved de Braine, qui en fait partie.

Les travaux de cet édifice, dont le plan avait été jeté par André de Baudiment, ne commencèrent pour ainsi dire qu'en 1180, sous les auspices du comte Robert de

Dreux et de Braine, fils de Louis-le-Gros et frère de Louis VII, et d'Agnès de Baudiment, son épouse. Après en avoir jeté les fondemens, ils la consacrèrent à saint Yved, et les reliques de ce bienheureux y furent transportées.

La mort, qui avait enlevé les fondateurs de l'église Saint-Yved, laissa à leur fils Robert II le soin d'en continuer les constructions, commencées à grands frais. Cette église, comblée des faveurs royales, n'était pas encore terminée lorsque l'archevêque de Reims et Haimard de Provins, évêque de Soissons, la consacrèrent en 1216. Cependant, depuis 1180, les travaux n'avaient pas été interrompus, et les largesses des fondateurs permettaient de les pousser avec la plus grande activité; il est vrai qu'elle fut exécutée avec un soin extrême, qui en fait un admirable modèle de ce style qui, quoiqu'entièrement à ogive, porte encore un léger caractère de transition. On peut remarquer que le plan et l'élévation de cette majestueuse église, qui était longue de 114 pieds et large de 70, atteste chez l'architecte un génie sinon hardi et élevé, du moins singulièrement précoce pour cette époque de tâtonnement.

Les travaux de l'abbaye Saint-Yved, dont on connaît l'histoire, durèrent environ quarante ans.

Il se passa à Braine, lors de la construction de ce monument, un trait caractéristique de piété exagérée. A la fin de ce siècle d'ignorance (1199), un bourgeois de Soissons, nommé Pierre, et sa femme Ade, se donnèrent à l'abbaye de Braine avec tout ce qu'ils possédaient en biens et en argent, voire même leurs enfans. Comprend-on cette piété mal entendue d'un père qui plonge ainsi dans une entière servitude de misérables et innocentes créatures? Quelques années étaient à peine écoulées que l'abbaye de Braine, dans un oubli complet de reconnaissance, cédait déjà à celle des Prémontrés, sans l'adhésion de Pierre et de sa femme, les biens qu'elle tenait de leur trop grande libéralité. Quelles mœurs que celles qui, au mépris d'un contrat, mettaient le sort de toute une famille dans le commerce, comme on l'aurait fait de la propriété d'un vil troupeau!

Six ans après, il se passait dans la même ville un fait d'une autre nature. Des gens accusés d'hérésie, parmi lesquels était un peintre célèbre par toute la France, nommé Nicolas, comparurent devant l'archevêque de Reims, Guy Paré, qui tenait sa *cour d'Eglise* à Braine, en présence du comte Robert II de Dreux, de la comtesse Yolande, sa femme, des officiers de leur maison et de tout le peuple assemblé. Les hérétiques ayant été *examinés sur la foi* et trouvés *infidèles,* on les condamna à être brûlés. Peu de jours après, ils furent conduits hors la ville pour être jetés dans les flammes, où ils furent consumés.

Depuis la dédicace de l'église Saint-Yved jusqu'à sa restauration, il ne nous en reste que très-peu de choses à dire; cependant nous croyons devoir signaler ici les noms de quelques religieux d'un mérite distingué qu'elle produisit dans le cours du XIII° siècle. Elle eut, entre autres, un de ses abbés, Pierre de Braine, qui composa quelques ouvrages manuscrits sur l'Ecriture sainte. Un autre religieux, nommé Jean d'Abbeville, laissa aussi seize volumes manuscrits sur les Pères de l'Eglise. Sur une épitaphe qui se trouvait dans la sacristie de Saint-Yved, et qui recouvrait les restes d'un abbé nommé Humbert, on lisait que cet ecclésiastique avait été l'un des hommes les plus accomplis de son siècle; on y louait aussi sa droiture, ses lumières, son zèle à maintenir les droits de l'Eglise, le rare talent qu'il avait de concilier les esprits et d'entretenir la paix et la concorde dans les familles et dans les cloîtres.

Parmi les abbés qui gouvernèrent cette abbaye dans le cours du XIV° siècle, Jean de Bourgogne, qui avait été élu avant 1295, établit une société de prières entre son abbaye et celle de Cuissy. Guillaume des Monts, son successeur, composa un livre d'homélies qu'il fit paraître en 1327, et qu'il signa Guillaume de Braine. Simon Aparis le remplaça; mais ce dernier et ses successeurs n'ayant rien fait qui fût digne de remarque, nous passons de suite au XVI° siècle, époque à laquelle les bénéfices des églises furent donnés en commende dans le Valois. Après la mort de Michel Coupson, qui arriva en 1540, l'abbaye de Braine fut donnée en commende à Claude de Longwi, cardinal de Givry. Cette donation obligea ce dernier à réduire le nombre des religieux, qui avait toujours été de trente-cinq. Le neuvième abbé commendataire de Braine, l'abbé Dosquet, ancien évêque de Québec, se distingua par les riches présens qu'il fit à l'église Saint-Yved, parmi lesquels on remarquait de superbes tableaux de l'école de Rome, signés par des noms célèbres.

N'oublions pas non plus de dire que le trésor de cette église possédait un grand nombre de reliques rapportées de l'Orient et de la Grèce par les comtes de Braine qui firent des voyages à la Terre-Sainte. On voyait dans ce trésor des choses très-curieuses, tels que des reliquaires d'or, d'argent et de cristal, et des petites boîtes revêtues d'ornemens que les comtes de Braine avaient coutume d'attacher à leur cou ou de placer sur leur poitrine lorsqu'ils partaient pour la guerre, pour une expédition ou pour un voyage lointain. Cet usage était généralement suivi par les grands seigneurs de ces tems-là. On regardait ces reliquaires comme des préservatifs contre les dangers spirituels et temporels. Ces mêmes comtes comblèrent aussi, comme nous l'avons déjà fait remarquer, l'église de Braine de grands bienfaits, en y fondant des chapelles auxquelles ils attachaient ordinairement des rentes. Ces chapelles étaient surtout remarquables par les nombreuses et belles tombes royales qu'elles renfermaient.

Revenons à notre sujet et parlons succinctement des événemens de la révolution, dont il a déjà été question dans le chapitre précédent. Lorsque les églises furent rendues au culte, l'abbaye Saint-Yved aurait dû être choisie pour église paroissiale; mais, soit faute d'argent pour la réparer, soit par suite de l'indifférence religieuse qui régnait alors, soit encore par le dédain que professait l'administration pour les antiques monumens, il en fut malheureusement décidé d'une manière contraire. Cela est d'autant plus regrettable qu'à cette époque l'église Saint-Yved était encore presque entière; qu'elle avait conservé son clocher, ses riches sculptures et les précieux vitraux dont nous avons déjà parlé. Enfin, son appropriation à la célébration des cérémonies religieuses eût été fort peu coûteuse. Il y a environ vingt ans, cette majestueuse église, malgré sa vétusté et ses dégradations sans nombre, était encore une ample matière à observations et un sujet d'études fécondes et sérieuses pour l'archéologue, l'antiquaire, l'artiste et l'historien. Cependant, en l'examinant attentivement, il était difficile de ne pas s'abandonner à de pénibles réflexions; car de nombreuses mutilations, œuvre du tems et des hommes, l'avaient presque entièrement défigurée. Aussi, à cette époque, fut-il question de la réparer. L'homme sage et religieux dont cette église faisait l'admiration dut lui adresser son dernier adieu avec un sentiment de douleur et d'inquiétude; car des vandales, sous le nom d'architectes, se préparaient déjà à y porter une main sacrilége, ainsi qu'on le verra plus loin.

Il est pourtant un homme à la mémoire duquel on doit particulièrement un souvenir de gratitude et de reconnaissance au sujet de cette prétendue restauration de l'abbaye Saint-Yved. L'abbé Beaucamp, curé-doyen de Braine à cette époque (1825), pénétré d'un sentiment religieux et patriotique, et déplorant l'abandon dans lequel on laissait cette église, qui menaçait à chaque instant de s'écrouler, forma le projet de sauver d'une entière destruction ce monument, qui servait, malgré son état, de remise et de magasin à fourrages. Encouragé par plusieurs habitans de Braine qui partageaient ses sentimens; aidé de la protection bienveillante de Mgr l'évêque de Soissons, de M. le comte de Floirac, préfet de l'Aisne, de M. le duc Mathieu de Montmorency et de M. le baron de Wolbock, alors inspecteur-général de la maison de Charles X, il obtint du gouvernement la promesse des fonds nécessaires pour parvenir au rétablissement de l'abbaye. Ajoutons que la commune et les habitans s'empressèrent de concourir, par leurs souscriptions, à l'exécution d'un projet dont la réalisation ne pouvait qu'honorer et embellir le pays. La restauration de l'église fut mise en adjudication le 11 septembre 1827, en présence de M. le préfet du département, et le prix en fut fixé à 72,319 fr.

Pour donner à cette entreprise importante tout l'éclat

et la pompe qu'elle méritait, la fabrique avait demandé qu'une première pierre fût posée par Madame la dauphine, duchesse d'Angoulême, qui portait un grand intérêt au rétablissement de cette église, qui renfermait plusieurs dépouilles de sa royale et illustre famille. Cette princesse ne pouvant se rendre à Braine, délégua, pour la représenter, Mme de Senneville, épouse de M. le sous-préfet de Soissons.

La cérémonie de la pose de cette première pierre fut célébrée le 8 mai 1828, en présence des autorités religieuses, civiles et militaires du département, et au milieu d'un grand concours de spectateurs. Mme de Senneville, représentant S. A. R. Madame la dauphine, posa la première pierre, sous laquelle ont été introduites plusieurs pièces de monnaie au millésime de 1828, avec une plaque de cuivre portant l'inscription suivante :

D. O. M.

SOUS LE RÈGNE DE CHARLES X,

LA PREMIÈRE PIERRE DE LA RESTAURATION

DE L'ÉGLISE SAINT-YVED

A ÉTÉ SOLENNELLEMENT BÉNITE

PAR Mgr J. F. DE SIMONY, ÉVÊQUE DE SOISSONS,

ET POSÉE,

AU NOM DE S. A. R. MADAME LA DAUPHINE,

PAR Mme DE SENNEVILLE,

EN PRÉSENCE

DE M. LE COMTE DE FLOIRAC, PRÉFET,

DE M. DE SENNEVILLE, SOUS-PRÉFET,

M. BEAUCAMP ÉTANT CURÉ DOYEN,

M. MASURE MAIRE,

M. GENCOURT, ARCHITECTE. — M. BRUNETEAU, ENTREPRENEUR.

LA PIÉTÉ DES AÏEUX DE NOS ROIS

AVAIT ÉLEVÉ CE TEMPLE MAGNIFIQUE;

LA RÉVOLUTION ET L'ANARCHIE

L'AVAIENT RENVERSÉ,

LA MAIN DE CHARLES LE BIEN-AIMÉ

LE RELÈVE

L'AN M.D.CCC.XXVIII, LE VIII MAI.

REGI SOECULORUM IMMORTALI

SOLI DEO

HONOR ET GLORIA IN SOECULA SOECULORUM.

Cette cérémonie terminée, les démolisseurs, sans respect pour les illustres fondateurs de ce monument, sans égard pour sa sombre couleur, héritage des siècles, se mirent à l'œuvre et rasèrent avec effronterie l'admirable portail gothique et la plus grande partie de la nef, pour en faire impunément, avec les pierres, diverses réparations et un autre portail, plutôt digne du *maçon* qui en dirigea la construction que du lieu saint qu'il déshonore. Les travaux étaient commencés lorsque les événemens de 1830 vinrent les interrompre : on les reprit en 1832, et l'église ne fut livrée au culte qu'en 1837.

Certes, on doit de grands éloges aux personnes bienveillantes qui demandèrent et obtinrent la restauration de cet édifice; mais il ne saurait en être de même à l'égard de ceux qui en dirigèrent les travaux; car il était impossible, nous le répétons, de défigurer avec plus de barbarie qu'ils ne le firent cette antique église de Braine : elle fut coupée, taillée et fracturée avec une témérité qui eût fait honte à un Vandale même. Ce n'est pas tout encore : si vous portez vos regards sur ce vénérable édifice, vous apercevez, non sans répulsion, un disgracieux campanille carré, laid et discordant, remplaçant la flèche élégante qui, en 1818, surmontait encore le clocher et s'élançait avec hardiesse vers le ciel. La balustrade en dentelle qui ourlait gracieusement le clocher, quoique dans un état parfait de conservation, fut remplacée par un grossier entablement en pierre de taille. Une pareille substitution n'est-elle pas un spectacle déplorable et scandaleux pour notre tems?

Enfin quand ces travaux, *d'un si bon goût*, furent terminés et que l'église put être rendue au culte, le gouvernement en fit la remise à la fabrique. Le clergé en prit possession le 18 juillet 1837, et abandonna la petite église Notre-Dame, qui fut vendue quelque tems après.

Cependant l'église Saint-Yved, malgré les mutilations barbares de toute sorte qu'elle eut à subir, intéressa encore le gouvernement, qui la plaça, pour de nombreux motifs, au rang des monumens historiques de la France, en lui accordant presque tous les ans une allocation pour subvenir aux réparations les plus urgentes. Un architecte de talent, appelé par sa vocation et par ses études à la connaissance des monumens des beaux-arts, est actuellement chargé de la direction des travaux. Maintenant, puisse la *Commission de conservation des monumens historiques* intervenir efficacement en faveur de cette église, et nous aurons lieu d'espérer qu'un jour, par la restauration de la nef, par la reconstruction du portail et du clocher gothique, elle recouvrera en grande partie sa noble et antique splendeur.

Nous donnons ici la description des tombes royales de l'église Saint-Yved, d'après celle que Jardel, officier de la maison du roi, a recueillie en 1776, avec une notice circonstanciée sur chacun des tombeaux. (Voyez dans le 3ᵉ volume de l'*Histoire du duché de Valois.*

Les anciens tombeaux des comtes de Braine, qui étaient répandus dans le chœur, dans la nef et dans la chapelle des comtes, étaient sans contredit le principal et le plus riche ornement de cette église. C'était autant de monumens élevés à la grandeur et à la puissance de ces illustres morts.

Lorsque les Espagnols, sous la conduite de l'archiduc Léopold, entrèrent en France en 1650, ils vinrent camper dans la plaine de Bazoche pendant quinze jours. Les soldats se répandirent, pillèrent et désolèrent tout le pays. L'abbaye de Braine fut entièrement ravagée; tout fut pillé, l'église servit d'écurie, et l'on n'épargna pas même les tombeaux, dont quelques-uns, qui étaient d'un cuivre doré fort riche, furent totalement détruits et emportés. Il resta des marques de cette barbarie sur celui de Marie de Bourbon, qui ne fut pas entièrement détruit. Nous allons parler de chacun de ces tombeaux en particulier.

Au milieu du chœur existait le tombeau de la fondatrice, Agnès de Baudiment, qui avait épousé en secondes noces Robert de France 1er, comte de Dreux, fils de Louis-le-Gros et frère de Louis VII[*]. Cette tombe, de

[*] Nous n'avons pu découvrir le lieu où furent inhumés les restes de Robert 1er. Ce prince eut à subir plusieurs excommunications de la part de l'évêque Ancoul de Pierrefonds, ainsi que de l'évêque Nivelon de Cherisy, qui lui en fulmina une, en 1175, au sujet du célèbre tournoi qui eut lieu cette même année entre Soissons et Braine. Ce tournoi fut proposé par Yves de Nesle, qui, malgré son grand âge, se plaisait encore au spectacle de la guerre. Plusieurs milliers de combattans prirent part à cette fête guerrière. Le comte de Hainaut, Baudoin V, dit le Courageux, s'y rendit avec deux cents cavaliers, entre lesquels on distinguait Raoul de Coucy, Bouchard de Montmorency et Raoul de Clermont, et douze cents hommes à pied : il forma son camp à Soissons, chez son beau-frère, Yves de Nesle. Le camp opposé, tenu par les *Français et Champenois*, à la tête desquels était le comte Robert 1er, fut établi dans les murs de Braine. Le comte Baudoin, avec

pierre dure, était peu élevée; la tête d'Agnès était d'une grande beauté. Le bas n'était qu'ébauché, et sans inscription. Dans un tems plus reculé on voyait, entre la tombe d'Agnès et celle de Robert son fils, une pierre longue sous laquelle était enterrée, dit-on, cette fille juive dont il est fait mention dans l'histoire du miracle.

Au bas du sanctuaire, on voyait la tombe en bronze de Robert II, fils d'Agnès et de Robert Ier. Ce prince tenait de la main droite une fleur de lis, citée par Mézeray, t. I, p. 262 de ses *Mémoires historiques*, où on lit Brême pour Braine. Aux deux côtés de la tête étaient deux écussons en ovale, aux armes de Dreux, échiquetés d'or et d'azur. C'étaient les armes de Braine, et Robert Ier les avait prises en épousant Agnès, suivant l'usage de ce tems-là, qui ne permettait pas aux enfans de France de porter les fleurs de lis dans leur écu. On lisait autour de la tombe de Robert II l'épitaphe qui suit, en lettres romaines :

> Stirpe satus regum, pius et custodia legum,
> ' Branæ Robertus Comes hic requiescit opertus :
> Et jacet Agnetis situs ad vestigia matris.
> Anno gratiæ milleno ducenteno xviii die Innocentum.

son armée, avança jusqu'aux vignes de Braine, où il demeura tout le jour, attendant les Français et Champenois. Au moment des vêpres, Baudoin, voyant que nul ne sortait de la ville de Braine, résolut de retourner vers Soissons. Les Français, apercevant ce mouvement, se mirent à sa poursuite; mais le courageux et cruel Baudoin revint sur ses pas, les envahit et remporta une éclatante victoire.

(*Illust. de la Gaul. belg.*, liv. XVIII, ch. IV.

A gauche du tombeau de Robert était celui d'Yolande de Coucy, sa seconde femme. Il était de cuivre doré et enrichi de plusieurs ornemens. Voici l'épitaphe :

> O fidei sanæ lux quondàm maxima Branæ
> Quæ tumularis ibi, pax sine fine tibi!
> Nobilis hic Yoles sita carnis libera mole :
> Sed veluti sol, est generosà lucida prole. Obiit an. 1224.

Aux deux côtés du banc des chantres étaient deux tombes plates de cuivre; l'une à droite, celle de Robert de Dreux, second fils de Robert III, avec cette épitaphe :

> Anno milleno sex ac vicibus quoque deno
> Cum bis centeno demptis octo duodeno,
> Nobilis et gratus fuit hàc tellure locatus
> Robertus, vita pensis bona condere gesta
> Drocensis frater Comitis, fortes prece sitis
> Hoc vos qui legitis, missus in alta sit is.

L'autre, à gauche, était celle de Clémence de Châteaudun, sa femme, avec cette épitaphe :

> Pace clementissa jacet ista proxima missa
> Et sponsi lateri non posset plus bona quæri,
> Nobilis et clemens ob bona plus vehemens.
> Qui transis ora, in pace sit absque morà
> Spiritus istius, det Deus ipse pius,
> Dicat quod fiat quisque, morique sciat.

A la grille qui séparait la nef d'avec le chœur, on voyait

la tombe plate en bronze de Robert III, surnommé Gâte-
Blé par quelques historiens, autour de laquelle on lisait
cette épitaphe, qui contient en peu de mots le plus bel
éloge qu'on puisse faire d'un prince :

> Hic jacet illustris ex regum semine natus
> Drocarum Branæque Comes Robertus humatus :
> Hic in amicitiâ Theseus fuit : alter in armis
> Ajax ; consilio pollens fuit alter Ulisses.

Au côté droit de cette tombe était celle d'un prince
célèbre dans l'histoire par ses démêlés avec saint Louis,
nous voulons dire Pierre de Dreux, surnommé Mauclerc, second fils de Robert II, et duc de Bretagne par le
mariage qu'il fit avec Alix, héritière de ce duché, fille de
Constance de Bretagne et de Guy de Thouars, son second
mari. Claude Blondeau, dans sa *Bibliothèque canonique*,
dit que Pierre de Dreux fut un des premiers qui s'opposa
aux entreprises des ecclésiastiques sur la juridiction séculière : de là vient qu'il fut appelé *Mauclerc*. Cette tombe
était aussi de bronze. Le duc Pierre y était représenté en
bosse, avec l'écu de Dreux au franc-quartier de Bretagne
pendu au bras gauche. Il mourut sur mer en revenant de
la Terre-Sainte, en 1250, le 22 juin, suivant le vieux
Calendrier de Paris, et selon d'autres en 1252. Le Père
Anselme s'est bien trompé quand il a dit que Pierre de
Dreux est enterré à Villeneuve, près Nantes. Ce prince
ordonna par son testament à Jean, surnommé le Comte-
Roux, son fils aîné, qui lui succéda au duché de Breta-

gne, *de conduire et amuer son corps après sa mort en l'abbaye de Saint-Yved de Braine, et être mis au plus près de ses prochains parens.*

Voici l'épitaphe qu'on lisait autour de sa tombe :

Petrus, flos Comitum, Britonum Comes hic monumentum
Elegit, positum juxta monumenta parentum,
Largus, magnanimus, audendo magna, probatus :
Magnatum primus regali stirpe creatus,
In sanctâ regione, Deo famulando, moratus,
Vitæ sublatus rediens, jacet hic tumulatus :
Cœli militia gaudens de milite Christi,
Summâ lætitiâ Comiti comes obviet isti.

On voyait dans la chapelle de Saint-Sébastien une haute tombe de cuivre doré avec une profusion de rosettes. C'était celle de Marie de Bourbon, femme de Jean, comte de Dreux et de Braine, lequel s'étant embarqué avec saint Louis, en 1247, pour la Terre-Sainte, mourut dans l'île de Chypre, et fut inhumé dans l'église de Nicosie, capitale de l'île, excepté son cœur, qui fut rapporté à Braine. Cette tombe était belle et rare. L'effigie de cette princesse, en sculpture gothique, était mal représentée. La bordure de la tombe était enrichie et ornée de pierres précieuses. On voyait autour de la base trente-six petites figures en relief d'un pied de haut environ, et on lisait en lettres d'or émaillées avec soin les noms des princes et princesses ses alliés, représentés chacun avec leur écusson, aussi en or et en émail, au dessus de chaque figure. On lisait aux pieds de la grande figure cette inscription : « Ci git Madame Marie, Comtesse de Dreues » et Dame de Braine, fille à Monseigneur Erchambaud » de Borbon. Proiez pour s'ame. Elle trépassa la vigille » S. Berthelemi, l'an de grâce 1274. »

Situation des trente-six petites figures représentant les alliances de Marie de Bourbon, avec leurs noms.

Au chevet.

Messire Archambaud (neuvième du nom), fils de Messire Archambaud.

La femme du fils de Messire Archambaud, sœur de Messire Gaucher de Châtillon.

Messire Archambaud de Bourbon, père de Madame de Dreux (huitième du nom, dit le Grand).

La mère de Madame de Dreux, femme de Messire Archambaud (Béatrix de Montluçon).

Le Roi de Navarre Thibaud (c'est le chansonnier, mort à Troyes, le 10 juillet 1254, après avoir été marié trois fois).

Au côté droit.

La Reine de Navarre, fille de Messire Archambaud, femme du Roi Thibaud (Marguerite, fille aînée d'Archambaud VIII, surnommé le Grand).

Le Roi Thibaud de Navarre, fils du Roi et de la Reine de Navarre dessusdits (Thibaud II le Jeune, qui épousa Isabelle, fille de saint Louis).

La Reine de Navarre, fille du Roi Louis de France (c'est cette même Isabelle).

Le Roi de Navarre, fils aîné du Roi et de la Reine dessusdits.

La Reine de Navarre, fille du Comte Robert d'Artois, frère du Roi Louis de France.

Le duc de Bourgogne.

La Duchesse de Bourgogne, fille du Roi et de la Reine de Navarre dessusdits.

Le Duc de Lorraine (Frédéric II).

La Duchesse de Lorraine, fille du Roi et de la Reine dessusdits, femme du Duc; c'est sa troisième femme, appelée Marguerite.

Messire Pierre, Ecuyer, fils du Roi et de la Reine de Navarre dessusdits.

Messire Guillaume Clerc (aliter de Clèves), fils du Roi et de la Reine de Navarre dessusdits.

Messire Guillaume de Bourbon, fils du Seigneur de Bourbon dessusdit.

La femme de Messire Guillaume, fils du Seigneur de Bourbon dessusdit.

Au côté gauche.

Le Comte Jean de Dreux, mari de Madame de Dreux.

Le Sire de Mareuil (Béraud, Sire de Mercœur).

La femme du Sire de Mareuil, fille de Messire Archambaud de Bourbon le père, c'est-à-dire le huitième du nom et l'Ancien, pour le distinguer de son fils, qui est le neuvième et appelé le Jeune. Cette fille est Béatrix, sœur de Marie de Bourbon, dont il s'agit.

Le Comte de Nevers, fils du Duc de Bourgogne. C'est Eudes, fils aîné du Duc Hugues IV.

La fille de Messire Archambaud-le-Jeune, femme audit Comte de Nevers. (C'est Mahaud.)

Messire Jean, frère dudit Comte de Nevers.

La Dame de Bourbon, femme du susdit Jean, sœur de la Comtesse de Nevers. (C'est Agnès de Bourbon, sœur cadette de Mahaud.)

Le Roi de Sicile (Charles, frère de saint Louis).

La Reine de Sicile, fille du Comte et de la Comtesse dessusdits.

Le fils du Roi Louis, Messire Jean. C'est Tristan, fils de saint Louis.

La Comtesse de Nevers, sœur de la Reine de Sicile, femme de Messire Jean dessusdit. C'est Yolande, fille desdits Eudes et Mahaud, Comtesse de Nevers.

Messire Jean de Châlons (ou plutôt de Charolais), frère dudit Comte de Nevers.

La femme de Messire Jean dessusdit, sœur de la Reine de Sicile. (Les deux frères, Eudes et Jean, avaient épousé les deux sœurs, Mahaud et Agnès. La première eut Nevers en partage, et la cadette eut Bourbon : c'est pourquoi elle est appelée ici la Dame de Bourbon.)

Aux pieds.

Madame de Montfort, femme du Comte Robert, fils du Comte Jean dessusdit.
Le Comte Robert de Dreux, fils du susdit Comte Jean.
La Comtesse de Dammartin, sœur du Comte Robert.
Le Comte de Dammartin, mari de la Comtesse susdite.
Frère Jean le Templier, fils du Comte Jean dessusdit.

Au côté droit du tombeau de Marie de Bourbon, on voyait celui de Robert, quatrième du nom, fils du Comte Jean et de la Comtesse Marie. Il était aussi de cuivre doré et surdoré, fort riche et bien émaillé, dit un Nécrologe qui était à l'entour de la généalogie du comte par personnages, avec les armoiries tant en haut qu'en bas. Le Comte Robert y était représenté au naturel, tenant de la main gauche l'écu aux armes de Dreux et de Braine, et de l'autre une épée. Voici l'épitaphe :

> Magnus in orbe Comes morum gravitate disertus,
> Justitiæ cultor, jacet hac in parte Robertus,
> Pulcher et illustris, constans nec fraude palæstris,
> Christum mente piâ coluit cum matre Mariâ.
> Hunc Dominum Clarimontis fortisque Drocarum,
> Et Branæ didici, sancti simul et Valerici ;
> Compatiens miseris quibus et miserando mederis,
> Munus opis celere tribuens Deus huic miserere.

Obiit xviii. Kal. Decembris anno Domini mcc° octuagesimo secundo.

La chapelle des comtes offrait aux yeux des curieux des

monumens dont la richesse répondait à la grandeur de ceux pour qui on les avait élevés. On y remarquait surtout celui de Madame Guillemette de Sarrebruche et celui de Madame de Brézé, duchesse de Bouillon, desquels nous parlerons ci-après. On descendait, sous cette chapelle, dans des caveaux où on déposait depuis quatre siècles les corps embaumés des comtes et comtesses de Braine avec leurs enfans.

Le premier, le second et le troisième tombeau qu'on y trouvait étaient de même forme et structure. Les figures sculptées étaient de pierre dure en ronde-bosse, les hommes armés de toutes pièces, les femmes avec des draperies assez vraies et bien formées. Elles étaient peintes, excepté le masque et les mains, qui étaient d'albâtre, et étaient couchées sur de grandes tables de marbre noir, élevées sur des socles gothiques et grossiers : des chiens sculptés étaient adossés à leurs pieds.

Au devant de l'autel et au côté droit, on voyait deux tombes plates de bronze, dessinées et gravées avec beaucoup de soin. C'était un travail gothique, excellent et curieux. On lisait autour que Jean de Roucy, évêque et duc de Laon, les fit faire, en 1412, pour son frère Hue, comte de Roucy et de Braine, et Charles de Saluces, son neveu [*].

Dans le bas de la chapelle, à gauche, était un tombeau

[*] Ces tombeaux sont gravés dans le tome III des *Monumens de la monarchie française*, par Montfaucon, page 192.

de pierre dure, fort exhaussé et décoré de huit petites figures et de vingt-quatre colonnes d'ordre dorique. Ces figures représentaient à la tête la Charité, au côté droit l'Humilité, la Force et la Patience ; aux pieds la Simplicité, et au côté gauche l'Espérance, la Foi et Attrempance (la Modération); on admirait aux pieds de la grande et belle figure un grand chien d'un beau travail, et on lisait autour de la table cette épitaphe :

Ci-gît haute et puissante Dame Madame Guillemette de Sarrebruche, en son vivant Comtesse de Braine, Dame de Pontarcy, Montagu, Neufchâtel, la Ferté-Gaucher, Villomer et la forêt de Daulle; Dame d'honneur de la Reine et Gouvernante de Mesdames filles de France, veuve de feu haut et puissant seigneur Messire Robert de la Mark, Maréchal de France, laquelle trépassa en son château de Braine, le jeudi 20 septembre 1571.

Son cœur était enterré devant la sainte hostie.

De l'autre côté, à droite, était le magnifique tombeau de Madame la duchesse de Bouillon, Françoise de Brézé. On reconnaissait dans ce riche monument le bon goût que François Ier avait fait passer au delà des Alpes.

Les vers suivans servaient d'épitaphe, et étaient gravés sur deux tables de marbre noir, partie d'un côté et partie de l'autre :

> Franciscæ jacet hic Brezæ corpus utrinque
> Nobilis, à Petri Brezei stirpe paternâ ;

> Armis qui primus pro Rege iit obvius Anglis,
> Restituitque suis urbes ex hoste receptas :
> Nec stirps inferior materna à Pictone ducta
> Guillermo Comite sanctorum in templa recepto.
> Talibus orta, Duci nupsit Bullonio, eumque
> Captivum, nullo victum pretioque minisque
> Emptum multo auro, moribundumque recepit :
> Sed patris orba, tamen sua pignora texit et auxit,
> Conjugio affines jungens per regna potentes :
> Sic rexitque domum, coluit sacra, fovit Egenos.

On voyait encore beaucoup d'autres tombes, tant dans la nef que dans les bas-côtés, sans celles qui étaient disparues; mais elles étaient pour la plupart fort maltraitées, et on ne pouvait plus déchiffrer que quelques mots sans suite sur les épitaphes.

A l'époque de la restauration de l'abbaye, tous ces précieux restes furent levés avec soin sous les ordres de l'abbé Baucamp, et quand les travaux furent à peu près terminés, on les replaça avec précaution dans un endroit particulier.

LETTRE DE JARDEL

Contenant des remarques sur la ville de Braine *.

La ville de Braine a été connue de tout tems sous le nom de *Brennacum* ou *Brinnacum*; c'est ainsi qu'elle est nommée plusieurs fois dans Grégoire de Tours, où elle est qualifiée de maison royale dans laquelle les rois de Soissons faisaient élever leurs enfans et même conserver leurs trésors. Tous les historiens et les géographes ont suivi ce sentiment : M. Le Bœuf seul les a contredits, et a placé le *Brennacum* à un certain Bargny, village à deux lieues de Crépy en Valois; mais on sait combien le savant antiquaire s'est trompé de fois, et on a déjà reconnu et relevé plusieurs de ses méprises, surtout dans l'*Histoire du diocèse de Paris*.

Quoi qu'il en soit, l'auteur de la *Nouvelle Histoire du Valois*, qui vient de paraître, a aussi suivi ce sentiment, que j'ai combattu par d'assez fortes autorités dans les mémoires que je lui ai fournis pour son histoire; mais il a mieux aimé suivre le plan qu'il avait pris sur ceux de M. Le Bœuf et d'autres, au lieu de suivre les remarques que j'avais eu l'honneur de lui envoyer, et qui étaient toutes tirées des sources mêmes; au reste, son Histoire est remplie de choses curieuses, et, pour ce qui regarde la ville de Braine, cet historien est entré dans tous les détails qui peuvent en donner connaissance, soit pour l'histoire ecclésiastique et civile, soit pour l'histoire naturelle. Pour les deux premières, on peut encore consulter les historiens de la nation, à commencer par Grégoire de Tours, Frodoard, la Table chronologique de l'histoire de Reims, par Coquant; *Thesaurus ancedolorum*; les Monumens de la monarchie française, du père Monfoulon; les Lettres des maisons royales de la première race; Froissart, Monstrelet, Du-

---

* Cette lettre se trouve aussi dans le recueil intitulé : *Nouvelles Recherches sur la France.*

teller, Histoires des maisons de Dreux et de Châtillon ; les frères de Sainte-Marthe, le père Anselme, le Mémoire de l'Académie des inscriptions, et toutes les Histoires qui ont parlé de l'histoire et topographie de France.

Ce qui pourrait prouver l'antiquité de Braine, c'est la quantité de médailles romaines, consulaires et impériales qu'on y a trouvées et qu'on y trouve encore de tems en tems. Cette année, en y faisant creuser les fondations d'une maison, on en a trouvé neuf, dont une de la colonie de Nîmes, avec les lettres d'Auguste et d'Agrippa, deux de Claudius, une de Galba, une de Germanicus, une de Néron, une de Julia uxor, Septima Severi et Maximum.

J'ai formé dans mon cabinet une collection assez considérable de médailles trouvées à Braine et dans les environs, avec quelques antiquités, entre autres une Abraxas, égyptienne ou perse, que j'ai envoyée à Mgr le comte de Caylus, qui l'a fait graver dans le tome IV, pages 62 et 63 de ses *Antiquités égyptiennes, étrusques, grecques, romaines et gauloises*.

Bergier dit aussi que la chaussée de Brunehaut allait de Fisme à Soissons par la ville de Braine.

Pour ce qui concerne l'histoire ecclésiastique de Braine, il y a dans cette ville deux maisons religieuses : un prieuré, ordre de Saint-Benoît Cluny, et une paroisse. La première maison religieuse est une abbaye d'hommes, ordre des Prémontrés, dont on peut voir l'origine dans la *Nouvelle Histoire du Valois*, ainsi que de la seconde, qui est une communauté de femmes gouvernée par une prieure perpétuelle, sous la règle de saint Benoît. Le prieuré, sous le titre de Saint-Remi, dépend de la Charité-sur-Loire, et son origine se perd dans la plus haute antiquité.

La tradition du pays l'attribue à Chilpéric, roi de Soissons, et cela ne ferait que confirmer le *Brennacum* en notre faveur ; ni le *Gallia christiana*, ni les auteurs qui ont écrit sur cette matière n'ont pu en découvrir les commencemens, et j'ai vu par des titres que, dès le 12ᵉ siècle, la communauté de Saint-Benoît, dont il était composé, ne subsistait déjà plus; il ne restait qu'un prieuré et un sacristain, et ce prieuré avait de très-beaux droits dans Braine même et les environs, suivant un ancien dénombrement fourni à la chambre des comptes, que j'ai vu : il était encore seigneur sur vingt-et-une paroisses dans le 15ᵉ siècle : ce n'est plus qu'un prieuré simple, tenu en commende depuis cent quarante ans.

Voyez et consultez, sur tout ceci, l'ouvrage déjà cité et intitulé : *Histoire du Duché de Valois*, orné de cartes et de gravures, contenant ce qui est arrivé dans ce pays depuis le tems des Gaulois et depuis l'origine de la monarchie française jusqu'à l'année 1703, par M. l'abbé Carlier, prieur d'Andrezy. L'auteur est né à Verberie, près Compiègne ; il est entré dans tous les détails possibles, peut-être même s'est-il trop appesanti par une quantité de petites remarques, ce qui rend son ouvrage lâche et diffus dans bien des endroits ; néanmoins, on peut dire qu'il s'y trouve des choses excellentes ; ce n'est peut-être pas un ouvrage de goût, mais c'est un ouvrage certainement curieux.

Braine, ma patrie, a donné le jour à quelques hommes connus dans l'histoire, entre autres au fameux Philippe de Dreux, évêque de Beauvais, né à Braine vers l'an 1160, et qualifié par Thomas Valmigham d'homme courageux et vaillant aux armées, cousin du roi de France, et plus adonné à Mars qu'à la vénération des martyrs : c'est lui qui se servait si habilement d'une massue à la bataille de Bouvines, avec laquelle il assomma autant d'ennemis qu'il en trouvait, ne voulant pas les frapper de l'épée. Guillaume Longue-Épée, comte de Salisbury, frère naturel de Jean, roi d'Angleterre, en fit une rude épreuve, lorsqu'il l'étendit sur la place et le fit faire prisonnier par Jean de Nesles, qui était à côté de lui.

Le célèbre Pierre Mauclerc, duc de Bretagne, neveu de ce Philippe de Dreux, était aussi né à Braine.

Claude Blondeau, dans sa *Bibliothèque canonique*, dit qu'il fut appelé Mauclerc parce qu'il fut un des premiers qui s'opposa aux entreprises des ecclésiastiques sur la juridiction séculière : il est enfin fort connu par les démêlés qu'il eut avec saint Louis.

L'abbaye des Prémontrés a produit quelques écrivains distingués par leur savoir, parmi lesquels on compte Jean d'Abbeville, dont on conserve quinze ou seize volumes manuscrits in-folio sur les Pères, vers l'an 1210; Jean de Livac, qui a écrit plusieurs volumes d'Annales et de Vies des Saints; Pierre de Braine, très-connu pour l'excellence de ses mœurs, lesquels sont entre les mains des jésuites, dit un auteur du dernier siècle; Humbert, abbé de Braine, vers 1260; Guillaume de Braine, dont on a un livre d'homélies qu'il écrivit en 1337; Amé de Lafontaine, qui a encore de ses descendans à Braine, homme docte et fort versé dans toutes sortes de connaissances; Michel Coupson, professeur de théologie, d'abord abbé de Braine, et ensuite général des Prémontrés; et enfin Mathieu Herblin, qui a écrit l'*Histoire de la maison de Dreux et de Braine*, discuté souvent par Duchesne; le père Anselme est né d'ailleurs à mépriser, disent de lui les frères de Sainte-Marthe, dans l'*Histoire généalogique de la maison de France*, t. II, édit. de Paris, 1628.

La seigneurie de Braine est un des plus anciens comtés du royaume; il est ce qu'on appelle aborigène. Depuis le 11ᵉ siècle que Robert de France, comte de Dreux, fils de Louis-le-Gros, épousa l'héritière de Braine, Agnès de Champagne, fille ou nièce de Thibaud-le-Grand, comte de Champagne, cette seigneurie n'a jamais été vendue ni aliénée, et qu'elle a passé, par successions ou alliances, de la maison de France dans celles de Roucy, de Sarrebruck, de la Marck, de Bouillon, de Duras, de Lorraine, et enfin dans celle d'Egmont, à qui elle appartient aujourd'hui. Les comtes de Braine étaient pairs des comtés de Champagne. (V. Piton.)

PIÈCES JUSTIFICATIVES.

VERS ADRESSÉS AU ROI CHILPÉRIC PAR VENANTIUS FORTUNATUS,
A L'OCCASION DU CONCILE DE BRAINE [*].

Ad Chilpericum regem, quando synodus Brinnaco habita est.

    Ordo sacerdotum, venerandaque culmina Christi,
        Quos dedit alma fides relligione patres.
    Parvulus opto loqui regis præconia celsi,
        Sublevet exigui carmina vester amor.
    Inclyte rex armis, et regibus edite celsis,
        Primus et antiquis culmina prima regens.
    Rector habes nascendo decus, moderando sed auges,
        De radice patris flos generate potens.

[*] Fortunati opera omnia, ed. Luchi, pars prima, p. 502.

Æquali serie vos nobilitando vicissim,
 Tu genus ornasti, te genus ornat avi.
Excepisti etenim fulgorem ab origine gentis,
 Sed per te proavis splendor honore redit.
Te nascente patri, lux altera nascitur orbi,
 Nominis et radios spargis ubique novos:
Quem præfert oriens, Lybies, occasus et Arctus:
 Quo pede non graderis, notus honore venis.
Quidquid habet mundus, peragrasti, nomine princeps,
 Curris et illud iter, quod rota solis agit.
Cognite jam Ponto et Rubro, Pelagoque sub Indo,
 Transit et Oceanum fulgida fama sopho.
Nomen ut hoc resonet, non impedit aura, nec unda,
 Sic tibi cuncta simul, terra vel astra, favent.
Rex bonitate placens, decus altum et nobile germen,
 In quo tot procerum culmina culmen habent.
Auxilium patriæ, spes et tu tamen in armis,
 Fida tuis virtus, inclytus atque vigor.
Chilperice potens, si interpres barbarus extet,
 Adjutor fortis, hoc quoque nomen habes.
Non fuit in vanum, sic te vocitare parentes,
 Præsagium hoc totum, laudis et omen erat.
Jam tunc judicium præbebant tempora nato,
 Dicta priora tamen dona secuta probant.
In te dulce caput, patris omnis cura pependit,
 Inter tot fratres sic amor unus eras.
Agnoscebat enim, te jam meliora mereri,
 Unde magis coluit, prætulit inde pater,
Præposuit genitor, cum plus dilexit alumnum,
 Judicium regis frangere nemo potest.
Auspiciis magnis crevisti, maxime princeps,

Hinc in amore manens plebis et inde patris.
Sed meritis tantis subito sors invida rerum,
 Perturbare parans regna quieta tibi,
Concutiens animos populorum, et fœdera fratrum,
 Ludere dum voluit, prosperitate favet.
Denique jam capiti valido pendente periclo,
 Quando ferire habuit, reppulit hora necem.
Cum retinereris mortis circumdatus armis,
 Eripuit gladios sors, operante Deo.
Ductus ad extremum, remeas de funere vitæ,
 Ultima quæ fuerat, fit tibi prima dies.
Noxia dum cuperent hostes tibi bella parare,
 Pro te pugnavit fortis in arma fides.
Prospera judicium, sine te, tua causa peregit,
 Et rediit proprio celsa cathedra loco.
Rex bone, ne doleas, nam te fortuna querelis,
 Unde fatigavit, hinc meliora dedit.
Aspera tot tolerando diu, modera læta sequuntur,
 Et per mœrores gaudia nata metis.
Multimodas per opes seminans, tua regna resumis,
 Namque labore gravi crescere magna solent.
Aspera non nocuit, sed te sors dura probaavit
 Unde gravabaris, celsior inde redis.
Altior assiduis crescis, non frangeris armis,
 Et belli artificem te labor ipse facit.
Fortior efficeris per multa pericula princeps,
 Ac per sudores dona quietis habes.
Nil dolet amissum, te rege superstite, mundus,
 Qui se servarunt debita regna gradu.
Consuluit domui, patriæ populoque Creator,
 Quem gentes metuunt te superesse virum.

Ne ruat armis per Gallica rura rebellis,
    Nomine victoris hic es, et ampla regis.
Quem Geta, Wasco tremunt, Danus, Estio, Saxo, Britannus
    Cum patre quos acie te domitasse patet.
Terror et extremis Frisonibus atque Suevis,
    Qui neque bella parant, sed tua fræna rogant.
Omnibus his datus es timor, illo judice campo,
    Et terrore novo factus es altus amor.
In te, rector, habet regio circumdata murum,
    Ac levat excelsum ferrea porta caput.
Tu patriæ radias adamantina turris ab Austro,
    Et scuto stabili publica vota tegis.
Neu gravet hæc aliquis, pia propugnacula tendis,
    Ac regionis opes limite forte foves.
Quid de justitiæ referam moderamine, princeps?
    Quo male nemo redit, si bene justa petit :
Cujus in ore probo mensuræ libra tenetur,
    Rectaque causarum linea currit iter.
Nec mora fit, vero falsus nihil explicat error,
    Judiciisque tuis fraus fugit, ordo redit.
Quid? quoscunque etiam regni ditione gubernas,
    Doctor ingenio vincis, et ore loquax.
Discernens varias sub nullo interprete voces,
    Et generum linguas unica lingua refert.
Erigit exiguos tua munificentia cunctos,
    Et quod das famulo, credis id esse tuum.
Qualiter hinc itidem tua se præconia tendunt,
    Laudis et hoc cumulo concutit astra fragor.
Cui simul arma favent, et littera constat amore,
    Hinc virtute potens, doctus et inde places.
Inter utrumque sagax, armis, et jure probatus,

Belliger hinc radias, legifer inde micas.
De virtute pater, reparatur avunculus ore,
 Doctrinæ studio vincis et omne genus.
Regibus æqualis, de carmine major haberis,
 Dogmatæ vel qualis non fuit ante parens.
Te arma ferunt generi similem, sed littera præfert,
 Sic veterum regum par simul, atque prior.
Admirande mihi nimium rex, cujus opime
 Prælia robur agit, carmina lima polit.
Legibus arma regis, et leges dirigis armis,
 Artis diversæ sic simul itur iter.
Discere si possit, rector, tua singula quisquis,
 Ornarent plures, quæ bona solus agis.
Sed tamen hæc maneant, et crescant prospera vobis,
 Et liceat solio multiplicante frui,
Conjuge cum propria, quæ regnum moribus ornat,
 Principis et culmen participata regit.
Provida consiliis, sollers, cauta, utilis aulæ,
 Ingenio pollens, munere larga placens.
Omnibus excellens meritis, Fredegundis opima,
 Atque serena suo fulget ab ore dies.
Regia magna nimis, curarum pondera portans,
 Te bonitate colens, utilite juvans.
Qua pariter tecum moderante palatia crescunt,
 Cujus et auxilio floret honore domus.
Quærens unde viro duplicentur vota salutis,
 Et tibi mercedem de Radegunde facit.
Quæ meritis propriis effulget gloria regis,
 Et regina suo facta corona viro.
Tempore sub longo hæc te fructu prolis honoret,
 Surgat et inde nepos, ut renoveris avus.

Ergo creatori referatur gratia digne,
  Et cole rex regem, qui tibi præbet opem.
Ut servet, cumuletque bonum; nam rector ab alto
  Omnia solus habet, qui tibi multa dedit.
Da veniam, victor, tua me præconia vincunt,
  Hoc quoque, quod superor, fit tibi major honor.
Parvulus opto tamen, sic prospera vota secundet,
  Ut veniant terris hæc pia dona polis.
Aera temperie faveant tibi, tempora pace,
  Frugibus arva micent, fœdera regna ligent.
Edomites omnes, tuearis amores fideles,
  Sis quoque catholicis relligionis apex.
Summus honor regis, per quem donantur honores,
  Cui longæva dies constet, et alma fides.
Regibus aurum alii, aut gemmarum munera solvant,
  De Fortunato paupere verba cape.

EXTRAITS DU CARTULAIRE DE L'ABBAYE DE SAINT-YVED DE BRAINE.

Pris dans l'*Histoire de la maison de Dreux* (Duchesne).

Ego Goislenus, Suessionensis episcopus, etc. Tunc temporis ecclesia Sanctæ Mariæ, santique Euodij, quæ intra muros Branæ sita est, per seculares canonicos amministrabatur, cam dominus Andreas de Baldimento et Agnes uxor ejus, assentientibus eorum filiis, qui tunc superstites erant, in manu nostra reddiderunt. Nos verò divina opitulatione regulares canonicos ibi substituimus, etc. ; Curtiaut dedit vobis Nicolaus de Corlandon, etc. ; Yuo Suessionensis comes, etc. Huic donationi de Cortiaut interfuerunt, Hugo, comes de Roceio, Walterus, comes Barri, et Milo filius ejus. Item Suessionis habetis modium salis, quod dedit vobis, me annuente, Rainaldus Suessonum comes. Actum anno gratiæ MCXLV, pontificatus nostri anno XII. Testes Hugo, Præmonstratensis abbas; Walterus, abbas Sancti Medardi; Ernaldus, abbas Sancti Crispini; de militibus, Yuo, comes Suessionum, Girardus de Chyrisi, Petrus de Brana. (1145.)

EXTRAIT DU CARTULAIRE DE L'ABBAYE DE PRÉMONTRÉS,

Decensibus Branæ et Branella.

In nomine sanctæ et individuæ Trinitatis. Ego Theobaldus, Blessensium comes. Notum fieri volo tam futuris, quam præsentibus, quod Aelidis uxor Widonis, domini de Brana, post mortem viri sui, ipsius videlicit Guidonis, omnes census quos iste habebat infrà ambitum Branæ castri et Branellæ villæ dedit Premonstratæ ecclesiæ possidendos ob remedium animæ viri sui, et ob amorem Theobaldi fratris præfati Guidonis ibidem Conuersi, annuente patræ eorum Andrea de Baldimento, et matre eorum Agnete, et ipsorum fratre Vualeranno Ursicampi abbate, et sororibus eorum Helvuide et Hubelina, et earum maritis Waltero, comite de Brienna, et Guidone de Dampierre, citerisque heredibus, et ipsius castri nobilibus, de quibus quosdam in testimonio subscripsimus, etc. Actum est hoc domum, anno Domini MCXLIV, et confirmatum anno MCXLV. Epacta XXV. Indictione VIII. Concurrente VII.

EXTRAIT DU CARTULAIRE DE L'ABBAYE SAINT-YVED.

In nomine sanctæ et individuæ Trinitatis. Goislenus, Dei patientia Suessorum vocatus episcopus, Radulpho, venerabili abbati de Brana, omnibusque successoribus ejus canonice sustitutis in perpetuum. Notum fieri volo tam præsentibus quam futuris, quod Agnes Branæ, domina ab remedium animæ suæ prædecessorumque suorum, et Milonis mariti sui, comitis de Barrono, vivarium quod est apud Aucy, et piscaturam cum viniversa superiore aqua quæ ad eam pertinebat, Ecclesiæ Sanctæ Mariæ, sanctique Euodij de Brana dedit, et ut firmius esset super altare de Bruieriis per librum posuit. Hujus rei testes sunt Hugo abbas de Præmonstrato; Godefridus, abbas de Castro Theodorici; Girelmus, abbas de Carthovoro; Gilbertus miles de Fermitate, Ado de Corlandon. Actum anno incarnationis Dominum MCL.

EXTRAIT DU MARTYROLOGE DE L'ABBAYE SAINT-YVED.

XIV. Kal. augusti. Commemoratio Andræ de Baldimento domini hujus castri, et Agnetis uxoris ejus, qui dederunt Ecclesiæ nostræ totius terræ suæ redecimationem, pro anniversario eorum singulis annis solemniter faciendo, tam in Refectorio quam in Ecclesia.

VI. Kal. octobris. Commemoratio Widonis militis patris Comitissæ de Brana, pro quo data sunt nobis prata juxta Curcellas, in terra quæ ascendit à Quinci, et descendit in locum, qui dicitur Ancis, usque ad rivum qui dicitur Motus, et decurit juxta domum nostram.

XIII. Kal. nov. Commemoratio Aladis matris Comitissæ Branæ.

XVII. Kal. aprilis. Commemoratio Petronilla Comitissæ Barri, filiæ Comitissæ Branæ.

XV. Kal. novemb. Commemoratio Mariæ, filiæ Comitissæ Branæ.

EXTRAIT DU CARTULAIRE DE LA MÊME ABBAYE.

Litteræ Roberti fratris Regis, et Branæ domini, quibus meminit Rainoldi cognoti sui, Widonis de Garlanda, et Alberici de Ulcheio. Anno MCLII.

(1092.) Ex Chartis Majoris monasterii.

NOTITIA DE ECCLESIA SANCTI THEOBALDI DE BASILICIS.

Notum sit tam præsentibus quam futuris, quod Manasses de Basilica, sicut legitimè donaverat auctorizante et laudante domino Rainaldo, tunc temporis Remensi archiepiscopo, et auctore D. Hilgaudo Suessonensium episcopo, monasterium sancti Theobaldi quod situm est juxta illud idem castrum Basilicas beato Martino Majoris monasterii et monachis suis, cum omnibus quæ pertinent ad illud monasterium, vidlicet omnes oblationes quæcumque ibi afferuntur, et sepulturam, et burgam, et molendinum, et fumum, et flagnum, et omnes consuetudinis, vineas quoque, et prota, et terras et domos : ita postea propter quamdam invasionem quam injuste indè fecerat, ivit Suessionis, et pœnitentia componetis de injusta invasione, guerpivit omnia quæ supra commemoravimus, beato Martino et monachis suis, nullo contradicente et nullo calomniate, in præsentià domini Hainrici, tunc temporis Suessorum episcopi, et in presentià istorum testium, Fulconis, archidiaconi; Bonardi Nigri; Lisiardi, præposite; Roaldi, filii Garnerii succentoris; Petri de Basilica; Hugonis, scholastici; Archenaldi, diaconi; Johannis Moielet. Fuerunt etiam testis de monachis Raherius, prior Sancti Theobaldi; Andreas, frater domini; Hilgodi; Guillelmus de Paccio. De laïcis et famulis Hugo de Haugiis; Martinus de Boeria; Gualterius Clarellus; Gaucherius de Taverno; Archenaldi, diaconi. Signum Tebaldi, subdiaconi. Signum Anselli, subdiaconi. Signum Roberti, subdiaconi. Signum Bernardi, acolythi. Signum Hugonis, acolythi. Signum Gualteri, acolythi. Signum Rainaldi, Remorum archiepiscopi. Signum Elinandi, Laudunensium episcopi. Signum Falconis, Belvacensium episcopi. Signum Gervini, Ambianensium episcopi. Signum Ratbodi, Novionensium episcopi. Signum Gerardi, Morinorum episcopi. Signum Henrici, Sancti Remigii abbatis. Signum Odonis, Sancti Medardi abbatis. Signum Johanni, Sancti Nicosii abbatis. Signum Nocherii, Sanctæ Helenæ abbatis. Signum Burchardi, Sancti Basoli abbatis. Signum Baldrici, Burgolii abbatis. Actum anno Incarnationis Dominicæ MXCIII. Indict. prima, regnante Philippo anno XXXIV, episcopante domino Hogone anno primo. Ego Hugo, episcopus tunc temporis decanus et cancellarius, scripsi et subscripsi. Confirmatum in concilio Remis celebrato, hebdomada tertia quadragesimæ ; et ut irrevocabile permaneat anathematis est opposita sententia.

(1093.) Ex Chartis eisdem.

HUGO EPISCOPUS CONFIRMAT BONA SANCTI THEOBALDI DE BASILICIS.

Ego Hugo, Dei gratiâ Suessionensis episcopus, notum fieri volo omnibus ecclesiæ filiis, tam præsentibus quam futuris, quod omnia quæ antecessores mei videlicet Suessionenses episcopi, monachis Majoris monasterii in monasterio S. Theobaldi, juxta Basilicas sito, Deo famulantibus concesserunt, et in posterum rata fore sanxerunt, ego pari assertione concedo et confirmo. Culturam quoque quæ dominnoturam Suessionensis episcopi contingere dicebatur, super quæ quibusdam suggerentibus columniam faciebam, postulante domino Willelmo ejusdem loci priore, rogantibus et consiliantibus domino Rainoldo,

Remorum archiepiscopo, et domino Ingelranno, archidiacono nostro, annuentibus etiam clericis nostris, prædictis monachis quiete et libere jure perpetuo possidendam attribuo ea devotione, ut spiritualis beneficii quod prædecessoribus meis et ecclesiæ nostræ contulerunt, me participem faciant, et post obitum meum suis orationibus apud Deum fnsis animæ meæ subveniant. Ut igitur hæc nostra concessio roboretur, et roborata ad posterorum notitiam derivetur, sigilli nostræ auctorictatis impressione firmamus et propria manu signamus. † Signum Hugonis, episcopi tunc temporis decaniam et cancellariam in manu sua tenentis. Signum Ingelranni, archidiaconi. Signum Falconis, archidiaconi. Signum Eboli, archidiaconi. Signum Lisiardi, præpositi. Signum Rogerii, abbatis et canonici. Signum Hugonis, præcentoris et presbyteri. Signum Adam, presbyteri. Signum Hugonis, presbyteri. Signum Roberti, diaconi. Signum Petri, diaconi.

La pièce qui suit contient l'histoire et l'origine de l'Hostie miraculeuse de Braine. Nous rapportons cet écrit parce que l'événement principal qui y a donné lieu est certain. Cette pièce est la même qui a été dressée sur les lieux en 1163, en présence des personnes qui y sont dénommées.

Insigne miraculum corporis Domini nostri Jesu-Christi quondam sicut hic patet celebratum in hac Ecclesiâ Sancti Ivodii de Brana.

Anno Dominicæ Incarnationis MDCLXIII, illustris et potens domina D. Agnes, comitissa Drocarum et Branæ, igne divini amoris accensa, cujus corpus in medio chori ecclesiæ beati Ivodii de Brana in tumbâ lapideâ tumulatum est : ecclesiam prefatam ex immensâ devotione fundavit et ædificavit ac canonicorum Præmonstratensis ordinis conventum instituit in eadem. Quo tempore placuit illi cujus sapientiæ non est numerus, et qui vult omnes salvos fieri, sui sacro sancti corporis miracula suscitare. Erant nempe eodem tempore multi Judæi cum uxoribus suis et filiis commorantes in Brana interquos erat quædam juvencula non modicum speciosa quam dicta comitissa tenerrime dilexit : cupiens ipsam de parentum suorum perfidiâ ad fidem Christi convertere et speciosum corpus ejus speciosori fidei nostræ pulchritudine decorare, quam dicta comitissa de domo suorum parentum abstractum et violenter per servientes et familiares ad propriam domum adductam, una cum puellis suæ cameræ suo proprio obsequio mancipavit eamque coegit singulis diebus una secum ad Ecclesiam pergere, et divinis serviciis interesse : consulenstilli ut in remissione peccatorum baptismi gratiam perciperet et fieret christiana : monstrans eidem et prædicans quod in sacrosancto Eucharistiæ sacramento non fantasticum, sed verum corpus Christi formatum manu spiritus sancti in utero Virginis, et pro redemptione humani generis confixum in arâ crucis, infaillibiliter continetur, qui et tertiâ die resurgens ascendit in cœlum et sedet ad dexteram Dei patris, inde venturus judicare vivos et mortuos. Hæc et his similia cotidie dictam judæam edocens, nichil omnino proficere potuit : dicta judæa in pristinâ permanente perfidiâ et dicente quod nunquam premissa crederet nisi corpus Christi inter manus sacerdotis cum carne et sanguine in ara crucis aspiceret. Quo audito dicta comitissa a suo sancto proposito non desistens, divinum auxilium invocavit, et accedens ad dominum Ansculphum tunc episcopum Suessionensem diocesanum suum, premissa omnia et singula eidem luculenter aperiens, consilium et adjutorium ejus suppliciter imploravit. Prænominatus vero episcopus dictæ comitissæ devotionem tam ardentem attendens, aures benevolas ejus precibus inclinavit : et solempnes processiones in locis circumvicinis indicens omnes populos ad certam diem ad dictum monasterium Sancti Ivodii convenire precepit. In præsentiâ igitur dominorum Henrici, archiepiscopi Remensis fratris, præfatæ comitissæ, Ansculphi, episcopi prædicti, Petri, abbatis dicti loci, comitissæ sæpedictæ, plurium nobilium virorum et mulierum quos dicta comitissa eodem convocaverat, nec non totius populi et Judæorum prædictorum; quidam devotus religiosus dicti monasterii, missam de Sancto Spiritu solempniter celebravit in majori altari prefatæ ecclesiæ, inter cujus manus, horâ immolationis, sacrosanctum Christi corpus in cruce suspensum, omnibus ibidem existentibus visibiliter apparuit in modum cujusdam pueri : prout omnes tam Christiani quam Judei qui tunc ibidem erant, veraciter sunt testati ; et clamaverunt dicti Judei cum uxoribus et filiis incessabili voce dicentes : *Videmus, videmus ipsum corpus Christi carnaliter et corporaliter extensum in cruce sicut domina comitissa totiens nobis indicavit et ita firmiter esse credimus et petimus omnes baptisari in nomine Patris et Filii et Spiritus Sancti qui cæcam nostram perfidiam gratiæ et fide suæ lumine sic misericorditer dignatus est illustrare.* Et quidem omnes una cum uxoribus et filiis fuerunt ilico baptisati. Sacramentum vero per quod miraculum istud apparuit, de consilio archiepiscopi et episcopi prædictorum et juxta voluntatem comitissæ propter honorem et nobilitatem ipsius miraculi, custoditum fuit, et positum in proprio calice illo quo consecratum existit, in quadam techâ aureâ, et recunditum in armario ipsius Ecclesiæ, ubi absque quavis corruptione permansit usque in præsentem diem, sicut datur oculariter intueri. Dederunt que præfati domini archiepiscopus et episcopus, et etiam aliqui romani pontifices multas indulgentias omnibus qui de bonis suis dictæ ecclesiæ in honore præfati miraculi, darent eleemosynas, in laudem ipsius cui est honor et gloria per infinita sæcula sæculorum. Amen.

LETTRES DE FONDATION D'UN HOPITAL OU MAISON-DIEU A
BRAINE, DÉLIVRÉES PAR LA COMTESSE AGNÈS, FEMME DU
PRINCE ROBERT 1ᵉʳ, DONNÉES EN L'AN 1201.

Ego Agnes, comitissa Branæ, notum facio universis tam præsentibus quam futuris, quod pro remedio animæ Roberti comitis quondam domini et mariti mei et animæ meæ et prædecessorum meorum et hæredum meorum, in castro meo Branæ domum domini ad suscipiendum pauperes stabilivi et constitui et furnos meos dicti castri bannales sicut eos hactenus possederam, et vineas meas quas habebam in Orpheniis et apud Curceles et decem arpenta pratorum in pratis de Gwaillons eidem domui dedi et concessi et singulis diebus unam quadrigatam lignorum in nemoribus meis videlicet de mortuo nemore in perpetuum donavi. Concessi etiam dictæ domui decem libras pruinenses in pedagio arseti annuatim recipiendas de quibus dicta domus sex libras retinebit et pro eis tres modios annonæ et totidem vini capellano in eàdem domo ad serviendum domino, per me constituto singulis annis reddere tenebitur. Et reliquas quatuor libras prædicto capellano annuatim conferet et exsolvet. Dictorum vero nemorum medietatem in festo Sancti Remigii, et aliam medietatem in Nativitate Domini dicta domus singulis annis est perceptura. Quod ut ratum et inconcussum permaneat, sigilli mei munimine confirmavi. Actum est hoc anno ab Incarnatione Domini millesimo ducentesimo primo, ij Kal. Maii. Luna tertia.

LETTRES DE NOMINATION D'UN CHAPELAIN DE LA MAISON-DIEU
DE BRAINE, DÉLIVRÉES PAR MARIE, COMTESSE DE DREUX,
DAME DE SAINT-VALERY ET DE BRAINE, EN L'ANNÉE 1249.

Universis præsentes litteras inspecturis et audituris Maria, comitissa Drocarum, domina Sancti Walerici et Branæ, salutem in Domino. Notum vobis facimus, quod nos caritatis intuitu et pro remedio animæ nostræ et antecessorum nostrorum concessimus et contulimus in puram et perpetuam elemosynam dilecto et fideli nostro Adæ, clerico de capella Igerii, capellaniam nostram sitam in Domo Dei de Brana, quam Rogerius, capellanus qui in partibus transmarinis decessit, possidebat. In cujus rei testimonium præsentes litteras sigilli nostri munimine confirmavimus. Datum apud Branam anno Domini MCCXLIX, mense februario.

ACTE CONCERNANT DES ÉTAUX DE BOUCHERS SOUS LA HALLE DE BRAINE, PASSÉ LE 12 MARS 1397.

A tous ceux qui ces présentes lettres verront et orront, Jehan d'Acy, garde, de par Monseigneur le comte de Braine, du scel et contre-scel établis en icelle comté, de par icellui seigneur; Salut. Sachent tuit, que pardevant Thomas Tuasne et Jehan Briet, tabellions jurés dudit Braine, vint et fut pour ce présent en sa propre personne Jehan Petitpas-le-Josne, demourant audit Braine, et recognut de sa bonne et libérale volonté, sans aulcune force ou contrainte, que il a prins et détenu, prent et détient à toujours perpétuellement et véritablement, pour lui et ses hoirs ou ayans cause de lui, de religieuse et honnête personne Monseigneur Damp-Durant, chevalier, humble prieur du prieuré de Saint-Remy de Braine, un estal à bouchier, qui jadis fut Jehan Glainsel d'une part, à l'entrée de la halle, joignant aux étaux des boulangiers d'autre part, à tels cens et rentes que ledit estal puest devoir par an, pour le prix et somme de dix sols tournois, que ledit Jehan, ses hoirs et ayans cause de lui ou les possesseurs dudit estal en rendra et payera, rendront et payeront chacun an audit Sieur ou ses successeurs prieurs, ou au porteur de ces présentes, au jour des Braudons, dont le premier terme et payement sera et écheoira au jour des Brandons prochain, venant après la datte de ces présentes, et ainsi d'an en an et de terme en terme à toujours, mais perpétuellement ; et promist icelui Jehan, preneur, par la foi de son corps, pour ce donnée ès mains desdits jurés, à rendre et payer chacun au audit prieur, ses successeurs prieurs ou au porteur de ces lettres, auquel il promit à répondre sur tout le contenu en icelles, sans autres lettres montrer fors ces présentes, la somme de dix sols tournois au jour et comme dessus dit, sous l'obligation de tous ses biens et des biens de ses hoirs, meubles, non meubles, présens et à venir, quels qu'ils soient, lesquels, quant ad ce, il a soubmis et obligé à la jurisdiction et contrainte de mondit seigneur le comte et de tous autres justiciers, soubs quelque jurisdiction ils pourroient être trouvés et assis. Avecques ce rendra tous cousts, frais, mises et dépens qui fait et encourus, seront en ce pourchassant par le deffaut de paye, desquels sera creu partout le porteur de ces lettres, par son simple serment, sans autre preuve traire fors ces présentes : et rendra expressément ledit preneur et par sadicte foy, à toutes exceptions, déceptions, cavillations, raisons, barrez et difficultés, à toutes autres de fait et de droit, à toutes graces, respis et indulgences impétrés ou à impétrer, mesmement au droit dict, de renonciation non valu et à toutes autres choses quelconques, qui contre ces présentes lettres pourroient être dictes ou proposées.

En témoing de ce, nous, garde dessus nommez, au rapport desdits tabellions jurés et de leurs signes et sings manuels mis à ces présentes lettres, avons scellé icelles dudit scel et contrescel. Ce fut fait l'an mil trois cens quatre-vings et dix-sept, douze jours, ou mois de mars. Signé, Thomas Tuasne et J. Briet. Scellé et contrescellé du scel du comte de Braine, attaché à une bande de parchemin.

PIÈCE DU 20 JUILLET 1503, CONCERNANT LES PATURAGES DE
PAARS, PRÈS DE BRAINE.

A tous ceux qui ces présentes lettres verront ou orront, Achan Bocheron, garde de par le Roi notre sire des sceaux de la prévôté de Fisme, salut. Sçavoir faisons que pardevant nous et Husson Myellot, juré du Roi notre dit seigneur en ladite prévôté, furent présens, en leurs personnes, vénérable et discrette personne Messire Jehan Fontenaille, prebtre, chapellain de Paars; Messire Robert Foucquet, aussi prebtre; Husson Buzot, Bernard Caillet, Jehan de Jumancourt, Gilles-le-Roux et autres, tous manans et habitans de la ville de Paars-lès-Bazoches, si comme ils disoient, lesquels et chacun d'eulx, tant en leur nom que comme manans et habitans du lieu de Paars, et aussi tant conjointement comme divisément, et du consentement exprès du procureur desdits de Paars, ont fait, ordonné, constitué et établi leurs procureurs-généraux et certains messagers espéciaux, l'ung l'autre et l'autre l'ung, avec honorable homme et saige Maistre Jehan Hadnet, Jacques le Pelletier, Husson Buzot et Jehan Mesnart, auxquels procureurs et à chacun de iceulx, l'ung l'autre et l'autre l'ung; lesquels constituans ont donné et donnent, par ces présentes, plein pouvoir, puissance, auctorité et mandement espécial d'estre et comparoir pour eulx partout en jugement et sort, pardevant tous juges et commissaires, tant d'église que séculiers, en assises, hors eulx et la communauté dudit Paars, excuser, essonger et jurer de l'enssogne, parlant, entendant, mener à fin, connoitre, nier, répliquer, dupliquer, tripplicquer, opposer, poursuivir, s'opposer, advouer, desadvouer, jurer en l'ame d'eulx, requérir leur renvoy, muer, continuer, soustraire et produire témoings, lettres et instrumens en forme de preuves, veoir jurer les témoings de partie adverse, dire contre eulx, et le reprocher avec leurs dicts et déposition, requérir garand, prendre frais et charge de garandie, faire vue, astention de lieux, conclure en cause, ouir droict, arrêt, jugement interlocutoire et sentence deffinitive, appeller, relever, pursuir l'appel ou appeaulx, et y renoncer si mestier est, demander despens, jurer sur iceulx, et les recepvoir s'aulcuns en sont adjugez, de substituer ung ou plusieurs autres procureurs qui aient ou auroient le pouvoir dessus dit ou partie d'icelluy, et les révocquer quand mestier sera. Ces présentes demoureront en leur forme et vertu, et par espécial ont lesdits constituans donné et donnent, par ces présentes, plein pouvoir et auctorité et mandement espécial audit Jehan Mesnard, Husson, Bouzot, Oudin, Foucquet et Gérard de Court, de transiger, pacifier et accorder, et appoincter avec noble homme Louis d'Aultry, seigneur de Courcelles, touchant les différends et procès à mouvoir entr'eulx à cause de leurs pasturages, et de tenir à fait, ferme et stable, ce que par lesdits Jehan Mesnard, Husson, Buzot, Oudin, Foucquet et Gérard de Court sera fait et appointé, et généralement de faire ès choses dessus dictes et dépendances d'icelles, tout aultant et autre et comme lesdits constituans feroient et faire pourroient, se présens partout y estoient supposés, quand le cas requis mandement partie espécial, promettant lesdits constituans, de bonne foi et sous l'obligation de tous leurs biens, à tenir et avoir pour agréable, ferme et stable à tousjours, tout ce que par les dessusdits procureurs substituans l'ung l'autre, l'autre l'ung, sera fait dist, plaidoïer, procurer et besongner les choses dessus dictes et ès dépendances d'icelles, être à droict et paier l'adjugé, si mestier est. En tesmoing de ce, nous, garde dessus nommé, au rapport de nous et dudit juré, par nos seignés, seings manuels cy mis, icelles avons scellées des sceaulx de ladite prévôté. Ce fut fait le 20ᵉ jour de juillet de l'an 1503.

Signé J. Bocheron, H. Myellot.

NOMENCLATURE

ET

POPULATION DES COMMUNES DU CANTON DE BRAINE.

	habitans.
Braine (chef-lieu).	1,574
Acy.	691
Augy.	177
Barbonval.	75
Bazoches.	397
Blanzy.	105
Brenelle.	313
Bruys.	114
Cerseuil.	230
Chassemy.	705
Chery-Chartreuve.	562
Ciry-Salsogne.	635
Courcelles.	440
Couvrelles.	296
Cys-la-Commune.	222
Dhuizel.	275
Glennes.	364

348   NOMENCLATURE ET POPULATION, ETC.

	habitans.
Jouaignes.	306
Lesges.	192
Lhuis.	254
Limé.	348
Longueval.	434
Merval.	86
Mont-Notre-Dame.	646
Mont-Saint-Martin.	66
Paars.	331
Perles.	85
Presles et Boves.	408
Quincy.	99
Revillon.	89
Saint-Mard.	279
Saint-Thibaut.	145
Serches.	377
Sermoise.	421
Serval.	125
Tannières.	96
Vasseny	221
Vauxseré.	210
Vauxtin.	134
Viel-Arcy.	339
Villesavoye.	156
Villers-en-Prayères	172

En 1800, 11,698 habitans. — En 1806, 11,792 h. — En 1820, 11,646 h., et, en 1845. 13,174

TABLE DES MATIÈRES.

	Pages.
Introduction.	7
Invasion des Romains.	12
Gouvernement et administration romaine.	16
Des grands chemins romains.	18
Du Paganisme.	22
Établissement du Christianisme.	25
Institutions romaines.	31
Établissement des Francs.	35
Braine habitée par Clotaire.	37
Chilpéric à Braine.	42
Sigebert à Braine.	48
Concile tenu à Braine.	52
Mort des fils de Chilpéric.	61
Mort de Chilpéric, premier concile du Mont-Notre-Dame et règne de Clotaire II.	65
Donation de la terre et du château de Braine.	72
Les comtes de Braine.	76
Reliques de saint Rufin et saint Valère; seigneurs de Bazoche.	83
Histoire du Mont-Notre-Dame.	98
Bruyères et le Pont-Arcy.	108
Robert Ier et Agnès de Braine.	111

TABLE DES MATIÈRES.

	Pages.
Philippe et Henri de Dreux.	121
Robert II.	129
Yolande de Couci, Pierre, Henri et Jean de Braine.	136
Robert III.	141
Jean Ier.	145
Robert IV.	149
Jean II.	152
Robert V et Jean V, comte de Rouci.	155
Simon de Rouci.	158
Hugues et Jean de Rouci.	162
Robert de Sarrebruche.	166
Robert II de Sarrebruche, comte de Braine et de Rouci.	171
Robert de la Marck.	174
Braine sous Charles-Robert de la Marck.	177
Henri-Robert de la Marck.	185
Braine sous le comte d'Egmont.	205
Suite des seigneurs de Bazoche ; seigneurs de Villesavoye et de Lhuis.	215
Suite de l'histoire du Mont-Notre-Dame.	233
Chery-Chartreuve.	242
Pont-Arcy et Viel-Arcy.	247
Cys-la-Commune.	253
Des fiefs et des droits seigneuriaux.	259
Des Pélerinages.	263
Période de 1790 à 1845.	266
Personnages remarquables.	288
L'église Saint-Yved de Braine et ses tombes royales.	294
PIÈCES JUSTIFICATIVES.	309
NOMENCLATURE ET POPULATION DES COMMUNES DU CANTON DE BRAINE	347

ERRATA.

Page 20, ligne 2 : Rhône... *lisez :* Rhin.
— id. — 21 : Rhin... *lisez :* Rhône.
— 169, — 9 : 1443... *lisez :* 1423.
— 214, — 1 et 2 : furent acquis par les... *lisez :* furent rendus aux...
— 269 et 270, lignes 27 et 1re : n'avait plus que quelques vestiges de son ancienne splendeur.... *lisez :* qui, bien qu'à peu près complet, exigeait de grands frais.

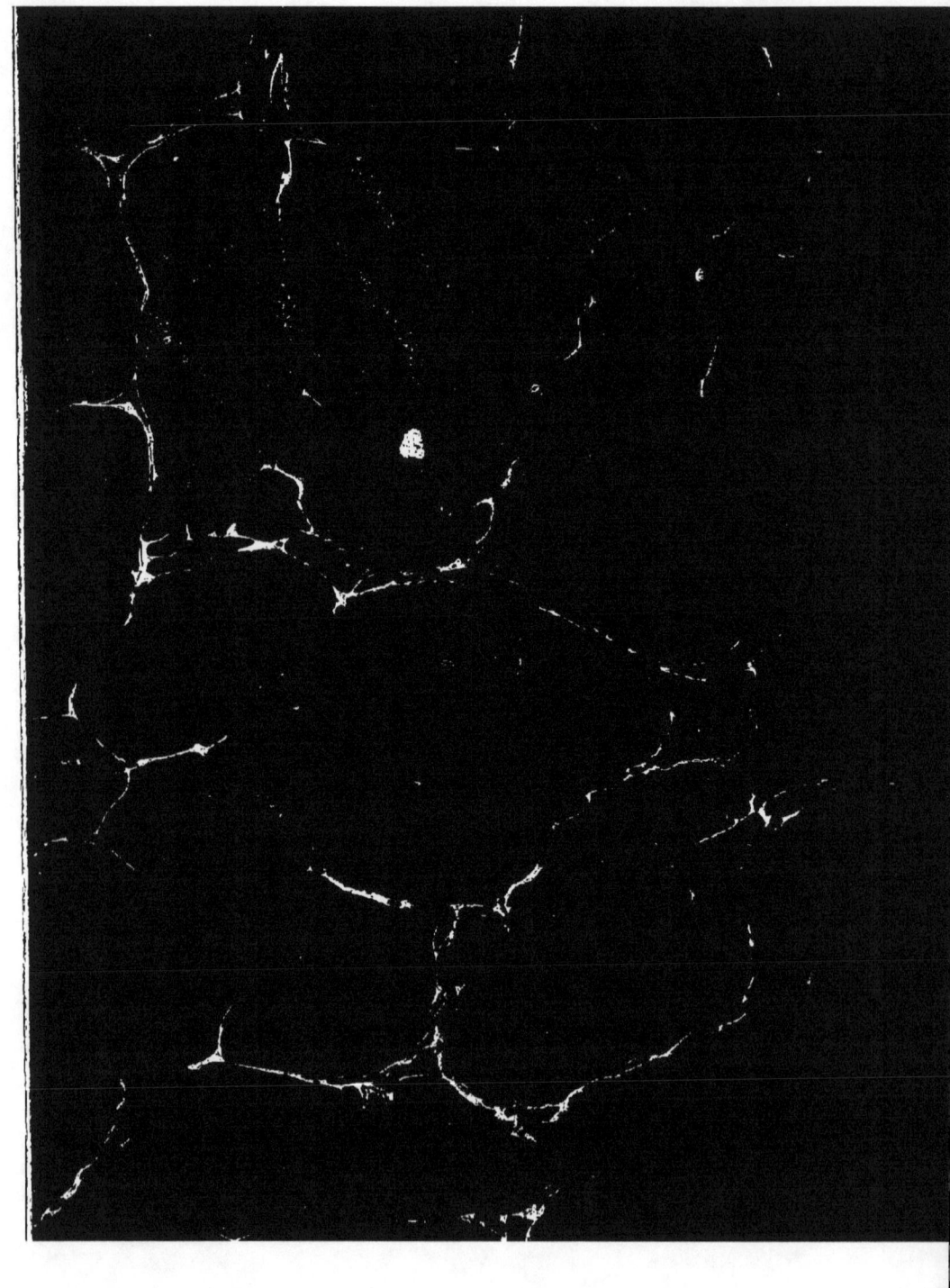

www.ingramcontent.com/pod-product-compliance
Lightning Source LLC
Chambersburg PA
CBHW050537170426
43201CB00011B/1463